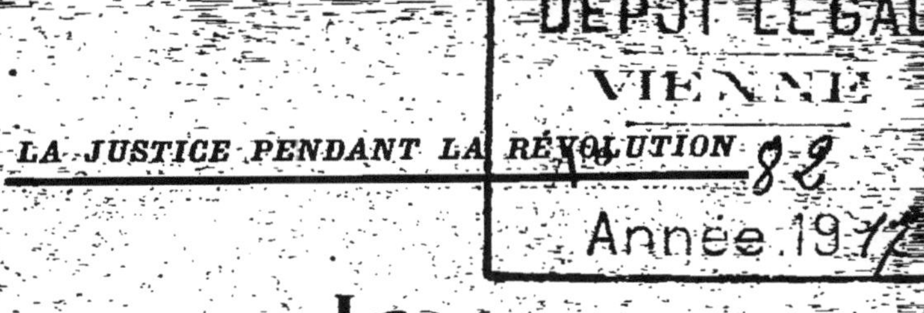

La Déportation Révolutionnaire du Clergé Français

—

IIᵉ PARTIE

Déportation violente et Capti
sous la Convention et le Directoire

AUX PRISONS DE BORDEAUX, DE BLAYE, DE BROUAGE, DE ROCHEFORT
A BORD DES NÉGRIERS — SUR LES PONTONS — A LA GUYANE
AUX ILES DE RÉ ET D'OLÉRON
A LA MÉMOIRE DES MARTYRS — NÉCROLOGE DES VICTIMES

—

par A. G. SABATIÉ

PROCUREUR DE SAINT-SULPICE
ANCIEN SUPÉRIEUR DES GRANDS SÉMINAIRES DE REIMS ET DE TOULOUSE

PARIS

Librairie Lecoffre

J. GABALDA, ÉDITEUR

90, RUE BONAPARTE, 90

LA DÉPORTATION RÉVOLUTIONNAIRE

DU CLERGÉ FRANÇAIS

II PARTIE

DÉPORTATION VIOLENTE ET CAPTIVITÉ
SOUS LA CONVENTION ET LE DIRECTOIRE

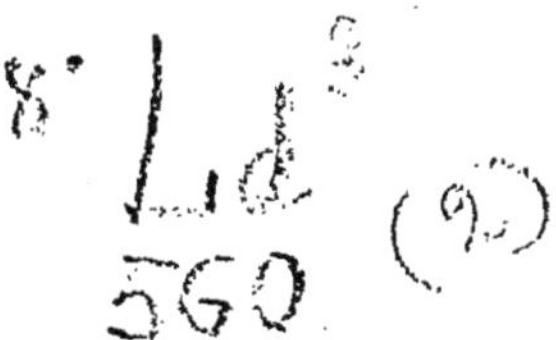

DÉCLARATION DE L'AUTEUR

Quand nous avons l'occasion, dans le cours de cet ouvrage, d'employer les expressions de *vénérable*, de *martyr* ou de *saint*, nous n'entendons aucunement prévenir les jugements du Siège Apostolique. Nous affirmons notre pleine et entière soumission au décret d'Urbain VIII.

La
Déportation Révolutionnaire
du Clergé Français

IIᵉ PARTIE

**Déportation violente et Captivité
sous la Convention et le Directoire**

*AUX PRISONS DE BORDEAUX, DE BLAYE, DE BROUAGE, DE ROCHEFORT
A BORD DES NÉGRIERS — SUR LES PONTONS — A LA GUYANE
AUX ILES DE RÉ ET D'OLÉRON
A LA MÉMOIRE DES MARTYRS — NÉCROLOGE DES VICTIMES*

—

par A.-C. SABATIÉ

PROCUREUR DE SAINT-SULPICE
ANCIEN SUPÉRIEUR DES GRANDS SÉMINAIRES DE REIMS ET DE TOULOUSE

—

PARIS

Librairie Lecoffre

J. GABALDA, ÉDITEUR

90, RUE BONAPARTE, 90

OUVRAGES DU MÊME AUTEUR

La Révolution et l'Église en Province

Debertier, évêque constitutionnel, ET LE CLERGÉ DE RODEZ. — Documents inédits. — Etat général de l'épiscopat constitutionnel.

Un vol. in-8° de 518 pages *avec portrait* (1912). .   **5 fr.**

Les Massacres de Septembre

Les Martyrs du Clergé. — Serment — Persécution — Massacres dans chaque prison — Statistique — Les grands coupables — Les assassins — Biographies — Gravures — Procès pour la béatification.

Un vol. in-8° (1912) . . . .   **5 fr.**

La Justice pendant la Révolution

Le Tribunal révolutionnaire de Paris. — Origine. — Évolution. — Principaux procès. — Ses victimes dans le Clergé.

Un fort volume in-8° (1914) . . . .   **6 fr.**

Les Tribunaux révolutionnaires de Province. — Sommaire historique — Tribunaux divers — Commissions militaires — Exécutions — Déportations — Statistique pour chaque département. — État des victimes dans le Clergé pour chaque diocèse

2 vol. in-8° carré (1915). . . . .   **10 fr.**

Séparément { Tome Ier. *Provinces du Nord.* . .   **6 fr.**

{ Tome II. *Provinces du Midi.* . .   **6 fr.**

La Déportation révolutionnaire du Clergé Français. — *1re Partie.* Déportation générale à l'étranger par la loi d'exil.

Un vol. in-8° . . . .   **5 fr.**

1. Tous les ecclésiastiques tenus au serment et qui ne l'avaient point prêté étaient sommés de se déporter eux-mêmes, de sortir de leur département dans la huitaine, et d'être dans la quinzaine hors du royaume (1).

2. Passé ce délai, tous les ecclésiastiques non assermentés qui n'auraient pas obéi aux dispositions précédentes, seraient arrêtés et déportés à la Guyane.

3. Tout ecclésiastique qui serait resté dans le royaume après avoir fait sa déclaration de sortie, et obtenu un passeport, ou qui serait rentré après sa sortie serait condamné à la peine de détention pendant dix ans.

4. Les prêtres infirmes ou sexagénaires seront réunis au chef-lieu du département, dans une maison commune, sous la surveillance de la municipalité.

5. Les ecclésiastiques et religieux, même simples clercs et frères-lais, non assujettis au serment, pourront cependant être déportés s'ils sont dénoncés comme perturbateurs, ou si leur éloignement est demandé par six citoyens domiciliés dans le même département.

Ces mesures déjà si rigoureuses devaient être complétées et rendues plus cruelles encore par la loi du 22 octobre 1793. Elle portait en effet que :

« les prêtres non assermentés étaient assimilés aux émigrés ; s'ils rentraient en France, ils devaient être arrêtés, livrés aux tribunaux pour subir un interrogatoire. Dès que les juges auraient déclaré qu'ils étaient sujets à la déportation, ils seraient dans les 24 heures livrés à l'exécuteur des jugements criminels et guillotinés, sans autre forme de procès » (2).

Pendant le cours de la première année de la Convention, les tribunaux révolutionnaires appliquèrent dans leurs sentences les dispositions décrétées contre les prêtres réfractaires par la Législative.

Le tribunal de Paris lui-même, malgré son extrême docilité à l'égard de Fouquier-Tinville, altéré de sang, prononça plusieurs condamnations qui ne

(1) V. *Moniteur* du 28 août 1792.
(2) V. *Moniteur* des 23 et 24 octobre 1793.

furent point capitales et se limitèrent à la déportation des prêtres insermentés ou suspects.

C'est ainsi que, le 16 août 1793, trois prêtres de Nantes, les deux frères Bascher, chanoines, et le vicaire Deschauffour, réfugiés à Paris et arrêtés comme réfractaires, furent condamnés, non pas à mort, mais à la déportation. Le 3 septembre, la même peine était portée contre le chanoine Courtois, dénoncé par la municipalité de Nogent-le-Rotrou. Enfin, le 12 septembre, un ancien curé de Mormant, Jean Thomas, qui avait combattu à la Constituante la Constitution du clergé, avait refusé le serment et persistait à résider à Paris, rue de Seine, échappa encore à la mort. Il était pourtant dénoncé comme fanatique et royaliste ; malgré tout, il ne fut condamné qu'à la déportation et enfermé provisoirement à Bicêtre.

Dans les départements, les tribunaux révolutionnaires agirent de même, presque tous, jusqu'au nouveau décret de la Convention du 22 octobre 1793. Citons, en particulier, celui du Calvados, siégeant à Caen et à Vire, qui usa généralement de modération envers les ecclésiastiques ; celui d'Arras, qui avant l'arrivée de Le Bon encourut un blâme pour n'avoir condamné qu'à la réclusion ou à la déportation des prêtres que le proconsul qualifiait « *ennemis les plus dangereux pour la patrie* ».

Les juges d'Amiens furent mandés à la Convention pour y recevoir des reproches, avec avis de se montrer désormais plus sévères et plus patriotes.

A Auxerre, le tribunal n'appliquait pas les lois avec rigueur et se contentait d'emprisonner les prêtres réfractaires ; aussi fut-il dénoncé au comité de salut public, qui envoya un agent pour le surveiller.

Dans le cours de 1793 et jusqu'à la Grande Terreur, les juges de Metz n'agissaient pas en toute rigueur et se bornaient à condamner les ecclésiastiques à la déportation (1).

Les archives nationales conservent aussi trois sentences de Langres, portant la déportation, une fois à temps et deux fois à vie, contre des réfractaires qui ailleurs auraient laissé la tête sur l'échafaud (2).

Même dans les plus mauvais jours de la Terreur, alors que la peine de mort était décrétée d'avance, sans procès et sans jury, sur un simple interrogatoire, contre les prêtres insermentés rentrés en France ou soumis à la déportation, il y eut un certain nombre de tribunaux assez courageux pour sauver la vie des accusés en les envoyant seulement en déportation.

Nous citerons en première ligne le tribunal criminel de Poitiers, qui eut à juger, le 18 mars 1794, en pleine Terreur, vingt-trois prêtres réfractaires et sujets à la déportation. La loi décrétait la mort sans débats. Or, Thibaudeau, député de la Vienne à la Convention, certifie, dans ses *Souvenirs*, qu'ils furent tous condamnés à la déportation ou à la réclusion perpétuelle, et il donne les noms. Les accusés étaient : Bertrand, Blondel, Brunet, Bruneval, Charpigny, Duvigneau, Cherbonnières, Chevalier, Doré, Druet, Dupont, Gautron, Gonnet, Jolivard, Labaye de la Poupardière, de Luzines, Lebleu, Leboux, Lecomte, Messais, Neveux et Paris.

Nous retrouvons tous ces noms dans les listes funèbres de Prudhomme, et l'abbé Guillon les a insérés dans les notices sur les *Martyrs de la foi*. Le jugement est certain à la date indiquée, mais il y a erreur sur

(1) V. C. Sabatié, *Les tribunaux révolutionnaires en Province*, t. I, p. 230, 266, 273, 327, 333, 356, 393.
(2) Arch. Nat., BB³ɪɪ.

la nature de la sentence ; c'est à tort que ces deux auteurs les portent comme guillotinés.

Thibaudeau était en situation pour être bien renseigné, et il a inscrit dans ses *Éphémérides*, comme déportés et non exécutés, ces mêmes ecclésiastiques.

Les juges d'Angoulême, jugeant après le décret de mort, se refusèrent aussi à envoyer au bourreau deux prêtres dénoncés comme réfractaires et suspects ; ils les condamnèrent à la déportation.

A Limoges, le tribunal criminel avait eu pareillement à se prononcer sur un religieux réfractaire qui tombait sous le coup de la loi ; il l'avait simplement déporté. Aussi les juges et l'accusateur public furent-ils déférés, pour crime de forfaiture, au tribunal de Fouquier-Tinville. L'affaire traîna en longueur et n'eut pas de suite, grâce au 9 thermidor.

Le tribunal de l'Ain condamna aussi deux prêtres réfractaires, non à mort, mais l'un à la déportation et l'autre à la réclusion ; il fut plus sévère pour les émigrés.

Dans le Gers, le nombre des suspects et des prêtres réfractaires fut tel que les prisons étaient encombrées et qu'on dut transférer les détenus au collège et à l'Archevêché. Cependant le tribunal se montra très modéré et encourut les reproches et les menaces des représentants en mission.

Les tribunaux et les commissions révolutionnaires du Rhône et de la Loire ont acquis une sinistre célébrité. Et cependant plusieurs départs de prêtres réfractaires condamnés à la déportation eurent lieu dans les premiers mois de 1794. M. Gardette, mort Supérieur du grand séminaire Saint-Irénée de Lyon, nous a laissé le journal de son voyage. Arrêté le 6 décembre 1793, il fut joint à un groupe destiné à Cayenne, partit le 4 mars 1794, arriva à Bordeaux le 18, et fut enfermé dans la prison de Saint-Raphaël.

Dans le même mois de décembre 1793, le tribunal de Bourg en Bresse condamnait aussi à la déportation deux prêtres réfractaires : M. Jean-Baptiste Guérin, que Guillon porte par erreur comme guillotiné à Paris à la même date, et M. Charles Solland, que le même auteur appelle à tort *Solone* et qu'il donne aussi par erreur comme livré au bourreau de Bourg. La minute des deux jugements rétablit la vérité (1).

Dans les premiers mois de 1794 (le 22 nivôse et le 19 floréal), nous constatons encore deux sentences de déportation contre deux prêtres réfractaires jugés à Carcassonne : Méric *Labatut*, vicaire, et Louis *Serres*. Ici encore il faut relever la double erreur de Prudhomme reproduite par Guillon : tous deux portent à tort les deux prêtres comme guillotinés (2).

Dans les Alpes, les tribunaux de Gap et de Digne se refusèrent à condamner à mort les prêtres insermentés. Ce fut en vain que les représentants en mission tentèrent d'y établir le règne de la Terreur. Dherbez-Latour s'avouait vaincu le 16 juillet 1794, et déclarait que ni les tribunaux ni les commissions militaires n'avaient voulu fonctionner dans cette région. Le tribunal de Digne ne porta qu'une sentence contre un prêtre réfractaire, Joseph *Mollet*, curé de Castéret, mais ce ne fut pas pour le livrer au bourreau, ainsi que le dit encore Guillon ; il le condamna à la réclusion perpétuelle qui devait se traduire bientôt par la déportation (3).

En Corse, le clergé et les religieux refusèrent en grand nombre le serment, et cependant ne quittèrent

(1) V. Wallon, *Justice révolutionnaire*, t. III, p. 262.
(2) Voir le jugement dans Berriat, t. I, p. 160.
(3) V. Berriat, t. I, p. 413.

point le pays. Quatre évêques, sur les cinq qui se partageaient alors le territoire de l'île, restèrent aussi sur place et ne jurèrent jamais. Le tribunal criminel ne voulut point les condamner ni les faire arrêter ; il se borna toujours à poursuivre les malfaiteurs de droit commun, et le proconsul Lacombe, malgré tous ses efforts, ne put rien obtenir contre les réfractaires au serment.

Les sentences de déportation prononcées contre les ecclésiastiques dans toute la France par les divers tribunaux révolutionnaires furent assez nombreuses. Cependant le chiffre n'est pas, il s'en faut de beaucoup, en proportion des centaines et des milliers de déportés dont nous aurons à raconter les dures épreuves. Le plus grand nombre devait provenir des maisons de réclusion où avaient été enfermés, sans jugement préalable, beaucoup de prêtres insermentés, la plupart sexagénaires ou infirmes, quelques-uns aussi demeurés en France, contre la loi d'exil, pour assister les fidèles.

Généralement ceux que les tribunaux avaient condamnés à la déportation restèrent dans les prisons locales, en attendant les départs des prêtres renfermés d'abord dans les maisons communes, au chef-lieu de chaque département. Le Comité de salut public n'avait pas encore réglé les conditions et les lieux de déportation.

Nous allons pénétrer d'abord dans ces maisons pour y étudier la triste existence des reclus, connaître leurs épreuves, la surveillance exercée sur eux par les municipalités, et les privations qui leur furent imposées.

Ensuite nous exposerons les causes de leur départ pour la déportation, les souffrances de leur voyage, et l'accueil parfois sympathique, mais trop souvent hostile, qui leur était réservé dans les différentes régions qu'ils eurent à traverser.

CHAPITRE II

Préparation de la déportation violente
et arbitraire

Certaines municipalités appliquent la loi de la réclusion aux prêtres insermentés avant qu'elle soit décrétée. — On passe même aux mesures arbitraires de déportation, à Angers, au Mans, à Saint-Brieuc, etc. Ailleurs on garde les reclus, mais on les traite avec une extrême rigueur. Procédés odieux à Arras, à Montpellier, au Puy. — Les quatre maisons de réclusion de Rodez. Règlement sévère. — Excès tyranniques des clubs et des administrateurs sectaires. Ils provoquent et obtiennent la déportation violente et générale.

L'Assemblée législative, dans sa loi persécutrice du 26 août 1792, qni ordonnait à tous les prêtres fonctionnaires non assermentés de sortir de France dans la quinzaine, avait admis une exception dans l'article huitième ainsi conçu :

« Sont exceptés des dispositions précédentes les infirmes, dont les infirmités seront constatées par un officier de santé nommé par le conseil général de la commune ; sont pareillement exceptés les sexagénaires. »

Mais l'article neuvième allait écarter toute faveur et toute illusion par ces mots :

« Tous les ecclésiastiques d'un même département qui se trouveront dans le cas des exceptions portées par le précédent article, seront réunis au chef-lieu du département, dans une maison commune, dont la municipalité aura l'inspection et la police. »

C'était condamner à une dure réclusion ceux à qui on semblait témoigner un reste d'humanité.

La suite ne tarda pas à démontrer que la condition de ces malheureux reclus serait pire que l'exil. Nous verrons aussi que cette captivité provisoire n'était que la préparation d'une déportation générale qui devait atteindre tous les ecclésiastiques réfractaires au serment schismatique.

Dans plusieurs départements les autorités révolutionnaires n'avaient pas attendu le vote de la loi pour procéder à l'arrestation des prêtres fidèles.

Dès le mois de mai 1792, les administrateurs du département de Maine-et-Loire avaient pris sur eux de céder aux instances des jacobins pour obliger tous les ecclésiastiques non assermentés à se réunir à Angers. Ils devaient comparaître tous les jours, à des heures fixes, répondre à l'appel nominal, avec défense de s'éloigner à plus d'une demi-lieue de la ville, sous peine d'emprisonnement.

La populace, excitée par les clubs, accablait d'outrages ces malheureux internés et les poursuivait de ses huées quand ils se rendaient à l'appel obligatoire. Le 17 juin, un groupe de gardes nationaux cerna les prêtres, les poussa en groupes pressés dans l'église des Bénédictins, les enferma et les déclara prisonniers. Ce fut en vain que la municipalité blâma cette violence ; vainement aussi le ministre Roland écrivit au maire une lettre de réprimande contre les vexations infligées aux prêtres qu'on avait fini par interner dans les deux séminaires.

« Ils ont été mis, disait-il, pendant dix jours de suite, à la paille, au pain et à l'eau, et plus de la moitié sont âgés de 60 à 80 ans et sont infirmes. La justice et l'humanité exigent du moins que les mesures prises ne soient aggravées par aucun acte de persécution et de barbarie. »

Les reclus ne furent pas délivrés, et après quelques mois on les dirigea sur Nantes, où Carrier leur fit subir dans la Loire ce qu'il appelait, dans son sinistre langage, « la *déportation verticale* ».

A Laval, le 20 juin, une troupe de cinq cents jacobins réclamait des mesures rigoureuses contre les prêtres, et le directoire fléchissait devant l'émeute, il remplissait deux couvents de réfractaires déclarés suspects.

Dans le Finistère, dès le 1er juillet, on enfermait au château de Brest tous les prêtres qui refusaient le serment; une prime était offerte aux patriotes qui leur donnaient la chasse dans les campagnes et les arrêtaient.

Un prêtre de Saint-Brieuc écrivait, le 2 août 1792 :

« Nous sommes continuellement harcelés et injuriés. Nous n'avons garde de paraître dans les villes ou sur les routes; on couche dans le foin, au pied d'un arbre ou dans quelques bois. Les enfants nous accablent d'injures et nous couvrent de boue, tandis que leurs pères nous montrent la hallebarde et le sabre (1). »

Cette persécution allait devenir plus âpre et plus odieuse sous la Convention. Dans tous les départements, on ouvrit au chef-lieu ces maisons communes qui ne tardèrent pas à être transformées en dures prisons.

Les municipalités invitèrent d'abord les prêtres sexagénaires ou infirmes à se rendre de leur propre mouvement dans ces prétendus asiles qui les abriteraient, disait-on, contre la fureur populaire. Quelques-uns, les vieillards surtout, répondirent à cet appel; mais un très grand nombre d'autres manquaient de confiance et redoutaient à bon droit les traitements

(1) V. Sciout, *Constitution civile*, t. III, p. 196-198.

qu'on leur réservait dans la suite. Alors ce fut de tous côtés une recherche active, conduite par les patriotes, des perquisitions de la force armée à domicile, des dénonciations perfides, dont le but était d'arrêter les réfractaires et de les amener de force dans les maisons de réclusion.

Pendant les premiers mois de 1793, les Sociétés populaires, dans tous les départements, provoquèrent, par leurs instances et leurs délégations auprès des autorités, un redoublement d'activité sectaire. C'est ainsi qu'à Arras, une seconde visite domiciliaire fut exigée et ordonnée le 26 mars. Sous prétexte de mesure de sécurité publique, les demeures de tous les honnêtes gens, particulièrement celles des religieux et des prêtres, furent examinées et fouillées minutieusement; les ecclésiastiques découverts furent mis en réclusion et leurs chambres livrées au pillage.

Bientôt la maison commune, connue sous le nom *du Vivier*, fut entièrement remplie, et il devint nécessaire de lui donner un supplément dans l'ancien couvent des Capucins. Or, dans ce local avait été accumulée déjà une quantité énorme de mobilier enlevé aux églises : ornements, linge, tapisseries, étoffes brodées. Le procureur syndic, afin de rendre les pièces libres, ne trouva rien de mieux à faire que de brûler toutes ces broderies pour en retirer l'or et l'argent et l'envoyer à l'hôtel des monnaies.

Pour diriger ces maisons de réclusion, garder les portes et donner le strict nécessaire aux détenus, la plupart infirmes, malades ou vieillards, les jacobins choisirent leurs créatures les plus dévouées. A Arras, ce fut le père du proconsul Lebon, si connu pour sa cruauté, qui fut nommé, le 5 mai 1793, directeur de la maison principale *du Vivier*, aux appointements de 900 livres. Aux Capucins on nomma le sectaire Meurice ; les infirmiers et les gardiens choisis pour chaque prison étaient aussi des révolutionnaires des plus avancés (1).

On imposa aux reclus un règlement dont chaque article avait été discuté par les administrateurs du département. Les articles suivants permettent de juger dans quel esprit il allait être appliqué :

« Étant donné les inconvénients que la loi veut empêcher par la réclusion de ces êtres antisociaux, remuants et fanatiques, on rendra l'entrée d'un très difficile accès, sinon ces êtres pervers feront, étant reclus, autant de maux que vivant dans la société ; aussi faudra-t-il, pour entrer, une autorisation du conseil général ou du conseil municipal, signée du maire et de la moitié du conseil général, s'il est en permanence : sinon du maire et des trois quarts du corps municipal.

« Toutes les lettres adressées aux reclus seront remises au conseil général ou à la municipalité, pour qu'elles y soient ouvertes et que lecture en soit faite publiquement. Les lettres que les reclus écriront, si on juge à propos de leur en laisser écrire, seront soumises aux mêmes lois. Quiconque sera convaincu d'avoir favorisé la communication des lettres sans avoir pris ces mesures, sera destitué, s'il est fonctionnaire, et renvoyé au tribunal pour subir la peine infligée à ceux qui communiquent avec les ennemis de la République.

« Les individus reclus ne pourront sortir, sous aucun prétexte que ce soit. Tous seront traités de la même manière. Il faut leur prouver que l'égalité n'est pas un vain mot.

« Un rapport hebdomadaire instruira les administrateurs de tout ce qui se passera dans ces maisons (2).

A Montpellier on déploie la même rigueur contre les ecclésiastiques reclus ; on les confond d'abord avec les suspects mis en arrestation et on désigne trois lieux de réclusion : l'ancien palais épiscopal, le couvent des Récollets et la maison de Saint-Ruf. Le sieur Roussel, architecte, chargé de tout disposer pour

(1) V. Deramecourt, *Le Clergé d'Arras pendant la Révolution*, t. II.

(2) V. Deramecourt, *Le Clergé d'Arras pendant la Révolution*, t. II, p. 498.

empêcher les communications avec le dehors, se montre rude envers les détenus ; il fait resserrer les barreaux des fenêtres, supprime des portes, place des verrous ; voici que, par une singulière ironie du sort, il devient suspect et il est enfermé derrière les barreaux resserrés par lui-même.

Les directoires font apposer les scellés sur les meubles, effets et valeurs des prêtres déclarés sujets à la déportation, en attendant que la Convention les confisque, par son décret du 12 mars 1794.

Bientôt le conseil municipal assigne l'ancien séminaire comme lieu de réclusion spéciale pour les ecclésiastiques, et aussitôt le procureur syndic appelé *Pavée* réclame tous les travaux de sûreté, portes, grilles, serrures et verrous. Il faut enfermer solidement toutes ces victimes destinées à une prochaine déportation à la Guyane.

Le couvent de la Visitation fut encore désigné pour recevoir les prêtres reclus ; et comme le local était très vaste, on finit par y recevoir aussi des soldats atteints de gale. Cette promiscuité fut évidemment fort désagréable pour les ecclésiastiques ; de plus, la maladie se communiquant rapidement, il devint nécessaire de retirer les prêtres, qui furent transférés à l'ancien collège des Jésuites. Dans ce dernier local, les reclus ne disposaient que d'un espace fort étroit et n'avaient qu'une quinzaine de cellules au troisième étage. Dans l'une d'elles on avait entassé six vieillards vénérables, anciens supérieurs ou vicaires généraux. Une seule fenêtre donnait un peu d'air et de lumière ; on eut la barbarie de la faire murer aux deux tiers de sa hauteur pour empêcher de voir au dehors.

Cependant les prêtres sexagénaires ou infirmes n'avaient pas encore été tous déportés ou reclus. Au commencement de l'année 1794, il y eut une nouvelle pression exercée par les clubs contre quelques pauvres vieillards qui vivaient encore péniblement chez eux, occupés à soigner leurs misères et à se préparer à la mort. Ils furent saisis, enlevés et portés de force dans la maison de réclusion. L'abbé de Gohin, vicaire général d'Agde, fut conduit, à 77 ans, par un gendarme, à Montpellier où il trouva au collège des Jésuites 43 prisonniers. Après lui arrivèrent encore 32 autres prêtres, et pour loger ces 76 infirmes il fallut rapprocher les matelas. Un de ces malheureux avait été porté presque mourant ; il rendit le dernier soupir le surlendemain de son entrée ; c'était le onzième décès dans cette maison. Les fenêtres étant en partie murées, l'air était méphitique, et l'on ne pouvait circuler que dans un étroit couloir où se prenaient encore les repas. La nourriture était aussi malsaine ; on ne donnait qu'une miche par jour pour trois personnes, et le pain était un noir composé de grossière fécule mêlée avec du seigle ; on ne le laissait pas même cuire, et cette pâte molle moisissait bientôt.

On porta la cruauté jusqu'à dépouiller ces vénérables prêtres de tous les objets nécessaires pour la célébration de la sainte messe dans leurs chambres. Ce fut le jour même de Pâques 1794, qu'on vint ajouter encore à leur douleur en leur ravissant les calices et les ornements dont l'usage faisait leur unique et suprême consolation (1).

Au Puy, un certain nombre de prêtres insermentés, pour éviter la confiscation de leurs biens, s'ils étaient portés sur la liste des émigrés, se rendirent volontairement à la maison de réclusion. Enfermés à Saint-Maurice, ils espéraient que leur démarche leur éviterait de plus grands maux, et ils étaient persuadés

(1) V. Saurel, *L'Hérault pendant la Révolution*, t. III, p. 63-67.

que leur captivité serait de courte durée. Ils furent
bientôt cruellement déçus ; on les traitait avec rigueur,
en ennemis de la République, et ceux qui furent tirés
de prison étaient conduits au tribunal révolutionnaire
du département, ou dirigés sur Paris, vers Fouquier-
Tinville, qui les livrait au bourreau. Quelques vieillards de ce diocèse avaient obtenu, à raison de leurs
infirmités, d'être reclus dans leur propre demeure.
Mais ceux qui avaient besoin d'un infirmier furent
contraints d'accepter celui que le comité révolutionnaire avait choisi pour eux. Or, ces gardiens, pris
dans les rangs infimes de la société, se montraient
exigeants et grossiers. Ils prenaient toute liberté dans
la maison, parlaient avec audace, mangeaient et bu-
vaient à leur gré devant les malades et leur rendaient
la vie dure. Il fallait tout supporter et se taire, sans
quoi on aurait été dénoncé, calomnié et jeté en prison.

Quelques autres prêtres, qui avaient obtenu la même
faveur de rester reclus chez eux, mais sans avoir besoin d'infirmiers à gages, étaient contraints de payer
une contribution quotidienne de douze ou quinze
francs (1).

A Rodez, où le nombre des jureurs était fort res-
treint, beaucoup de prêtres avaient pris le chemin de
l'exil, et cependant les reclus se trouvèrent encore en
si grand nombre qu'on dut les répartir dans quatre
maisons communes.

La première fut le couvent de *Sainte-Catherine*, situé
dans la cité, rue de la Paix, avec un enclos qui s'étendait jusqu'au boulevard. Les religieuses Dominicaines
qui l'occupaient depuis 1668 avaient été chassées et
dispersées le 1er octobre 1792. On y enferma jusqu'à
300 ecclésiastiques qui y furent comme entassés.

(1) V. *Conférences du Puy* de 1845, p. 120.

Ensuite on remplit le monastère des *Annonciades*, qui se trouvait sur l'emplacement du grand séminaire, désaffecté actuellement par la loi de Séparation. Il ne put suffire, et il fut nécessaire de donner encore aux prêtres reclus le couvent de Notre-Dame (aujourd'hui place de la Préfecture) et le couvent de l'Union de la rue Saint-Just. Le 1er novembre 1793, pour assurer de nouvelles places aux réfractaires encore en liberté ou cachés dans les campagnes et arrêtés tous les jours, il fut décidé que 163 prêtres déjà détenus et tous âgés de plus de 60 ans seraient envoyés à Figeac pour y être maintenus en réclusion. On en choisit 51 dans le couvent de Sainte-Catherine, 43 dans celui de l'Annonciade, 63 à Notre-Dame, et 6 seulement au couvent de l'Union.

Le règlement, élaboré par le conseil général de la commune dans les premières semaines de la réclusion, était déjà conçu en termes sévères; mais les dispositions qu'il contient rédigées par des administrateurs girondins ne tardèrent pas à être aggravées par des mesures nouvelles, au temps de la Terreur. Voici les principaux articles qu'on avait d'abord affichés dans les quatre maisons :

1. Deux commissaires municipaux étaient élus tous les mois pour inspecter les maisons et y faire la police.

2. Les prêtres devaient élire tous les trois mois, à la pluralité des voix, un chef responsable, chargé de maintenir parmi eux l'ordre et la discipline intérieure.

3. Un portier était désigné pour chaque maison avec ordre de garder les clefs, de fermer les portes à 5 heures du soir en hiver, à 7 heures après Pâques. Passé ces heures, s'il ouvrait à n'importe qui, sans autorisation des commissaires, il était passible de destitution.

4. Le matin, les portes ne pouvaient être ouvertes avant 7 heures en hiver, avant 6 heures en été, à partir de Pâques jusqu'à la Toussaint.

5. Aucune personne du sexe ne pouvait entrer, sous aucun prétexte; les hommes, sauf ceux de service, ne pouvaient être admis

sans une carte spéciale délivrée par les commissaires pour chaque cas particulier.

6. Défense aux prêtres de dire la messe autrement qu'à huis-clos ; ils ne peuvent pénétrer dans les chapelles, et personne ne peut être admis auprès d'eux pendant leur messe. Les portiers sont responsables de toute infraction.

7. Les dimanches et fêtes, défense expresse de sortir en ville.

8. S'ils sortent les autres jours, défense de se réunir au-delà de deux dans une maison de la ville. Défense surtout de confesser, de dire la messe au dehors, de tenir des propos suspects. S'ils sont dénoncés et convaincus sur ces divers points, ils seront privés de sortie pendant un an, sans préjudice des poursuites judiciaires.

La même peine est encourue par ceux qui ne rentreraient pas pour passer la nuit dans la maison commune. Après l'heure réglementaire les retardataires ne peuvent entrer qu'avec un billet signé des commissaires.

Ces règlements, qui dans le commencement étaient à peu près les mêmes dans tous les départements, parurent bientôt trop modérés et trop doux aux membres des sociétés jacobines. Presque partout les clubs protestèrent et envoyèrent des délégations aux municipalités pour obtenir contre les prêtres un régime plus sévère et plus rigoureux.

Déjà au mois d'août 1793, le club de Rodez dénonce les portiers des maisons de réclusion, notamment celui de Notre-Dame, parce qu'ils permettent trop facilement les communications du dehors avec les détenus. La municipalité obéit à l'injonction, fait appeler le portier et le menace d'expulsion s'il donne lieu à de nouvelles plaintes. Les commissaires eux-mêmes sont avertis qu'ils doivent redoubler de vigilance et garder dans leurs mains les clefs des parloirs et des sacristies.

Le 9 septembre, le club renouvelle ses accusations et ses plaintes ; il ne veut pas qu'on tolère pour les reclus un régime et une nourriture que les meilleurs patriotes ne peuvent se procurer pour eux et leur famille.

Enfin, le 1er octobre, ils reviennent à la charge, ils accusent les prêtres de jeter au dehors, par-dessus les murs de clôture, des papiers incendiaires, des écrits fanatiques et contre-révolutionnaires. En conséquence, ils demandent que toutes les fenêtres donnant sur les rues soient murées au plus tôt (1).

Cette fois la municipalité refusa d'obéir ; elle opposa un refus formel en le motivant par les nécessités d'hygiène.

Le conseil général d'Arras eut moins de courage et consentit à murer les fenêtres qui apportaient l'air et la lumière aux détenus (2).

Un des vénérables reclus de Rodez, l'abbé Cassagnes, mort vicaire général en 1833, nous a laissé une relation authentique et d'un vif intérêt sur le traitement rigoureux que les jacobins de 1794 infligèrent aux prêtres reclus. En voici quelques extraits :

« La république courant alors de grands dangers (par les guerres), et le nombre des reclus augmentant tous les jours, les maisons communes furent sous peu strictement fermées, soigneusement gardées et renfermèrent environ 500 prêtres, à Rodez. La plupart, âgés et infirmes, purent à peine trouver une place supportable pour y mettre un matelas. Les chambres un peu plus vastes en renfermaient quelquefois huit ou dix.

« Nous eûmes néanmoins, pendant quelque temps, la liberté de voir nos parents et nos amis à la porte et au parloir. Très unis entre nous, quoique en assez grand nombre, nous vivions pour ainsi dire en communauté, nous réunissant tous les jours, au moins pour une conférence sur l'Écriture sainte.

« Mais ensuite notre tranquillité fut troublée. Rodez fut encombré de soldats nationaux toujours prêts à piller. Des commissaires furent chargés de venir visiter nos papiers. Ils nous appelèrent tous dans une salle dont la porte fut gardée par des gens armés, dès qu'on fut assuré, par l'appel nominal, que nous y étions tous. De là, on nous faisait sortir l'un après l'autre. Les commissaires nous suivaient dans nos chambres, fouillaient nos malles, nos

(1) V. Registre de la Société populaire, publié en 1913.
(2) Deramecourt, t. II, p. 498.

portefeuilles, cherchaient dans tous les coins, saisissaient jusqu'à des papiers évidemment inutiles. Ils mettaient tout ce qu'ils croyaient suspect en une liasse qu'ils cachetaient et étiquetaient sous le nom de celui à qui ils appartenaient. Ils étaient si soupçonneux, que je fus obligé de déplier devant eux un corporal qui n'avait pas encore servi. A mesure qu'on avait fouillé dans une chambre, on y consignait celui ou ceux qui y étaient logés ; et on en faisait monter d'autres ; ce qui alarma ceux qui attendaient leur tour dans la salle et qui n'en voyaient revenir aucun...

« Au bout de quelques jours, tous ceux chez lesquels on avait trouvé des lettres ou des brochures furent conduits par petites bandes devant un comité chargé d'ouvrir et d'examiner le paquet d'un chacun. Heureusement on n'y trouva rien de répréhensible, ce qui nous rassura, et couvrit de confusion nos bons amis les démagogues.

« On s'attendait sans doute à nous trouver plus aisément en faute, dans notre correspondance avec les personnes qui nous portaient notre repas. En conséquence, pendant plus de quinze jours, de nobles commissaires vinrent, de onze heures à midi, et de cinq à six heures du soir, visiter les plats, les pots, les assiettes et les écuelles dans lesquelles on nous portait notre petite ration. Pour leur épargner la peine de faire cette visite deux fois le jour, nous primes pour la plupart le parti de ne nous faire porter que le dîner.

« Vers le commencement d'octobre, arriva, si je ne me trompe, l'armée dite de Viton. La ville fut dans la plus grande alarme. On ne savait où loger cette horde qui ne parlait que de tuer, piller et brûler. Tout ce qu'il y avait de bien pensant à Rodez et aux environs tremblait pour nous. Notre geôlier même crut devoir nous prévenir et nous donner un signal auquel nous ferions bien de chercher à nous évader. La Providence ne permit pas cependant que la rage de ces furieux vînt à son comble. Nous en fûmes quittes pour une visite que nous fit faire le comité quercinois, présidé par un certain Taberly. Ce qu'il y a de bien vrai, c'est que les étrangers faisaient alors la loi à Rodez.

« Les émissaires arrivent vers la fin du jour, escortés, comme il convenait, d'un assez bon nombre de leurs braves. On nous rassemble tous dans une salle. Les fusiliers se placent le long des murs, on nous met au milieu. Un ex-prêtre du Quercy, originaire du Rouergue, mais qui croyait nous être inconnu, digne organe du comité, vomit contre nous toutes les gentillesses que se permettait la secte des impies contre les prêtres insermentés : le *rasoir révolutionnaire*, le *niveau révolutionnaire*, nous fut souvent présenté comme prêt à nous frapper. Plus cet énergumène se montrait furieux, plus les prêtres parurent intrépides ; il y en eut même qui rirent de ces rodomontades. Toute sa harangue, qui tout au plus aurait dû sortir de la bouche d'un cannibale, se termina par l'ordre de nous tenir prêts à quitter une ville que notre présence rendait fanatique et contre-révolutionnaire (1). »

Le jour de la Toussaint avait été choisi pour le premier départ des reclus, et on avait désigné parmi eux 163 des plus anciens, tous sexagénaires. Le temps était mauvais, la neige tombait à gros flocons. Dès six heures du matin, les soldats arrivent, on fait l'appel, on enlève les paquets et les malles, on les charge sur des charrettes. Les prêtres sont groupés sur la place de la cité, ceux qui ne peuvent pas marcher sont hissés sur les bagages, les tambours battent la marche, et on part.

C'est à Figeac que furent emprisonnés ces premiers déportés. Ils firent la route presque tous à pied, et quand ils arrivèrent harassés de fatigue, ils furent accablés de huées, d'injures et de menaces par la lie du peuple.

Les prêtres demeurés encore à Rodez furent presque tous entassés dans le couvent de Sainte-Catherine, sous la garde d'un geôlier qui agissait en vrai cerbère. Il lui arriva plusieurs fois de lever son bâton sur des vieillards respectables, en les injuriant avec fureur. Quelques amis fidèles tentèrent de l'apaiser et lui offrirent de l'argent pour obtenir une entrevue avec les détenus. Il prenait la monnaie et chassait aussitôt les solliciteurs, sans rien leur accorder.

Bientôt on fit subir un interrogatoire inquisiteur à tous les prêtres, pour connaître leurs biens et leur patrimoine ; on leur demandait d'en faire abandon à la nation ; beaucoup refusèrent, mais on devait bientôt se passer de leur consentement.

A la fin de janvier 1794, on enleva tous les calices

(1) V. A. Fabre, *Les 500 prêtres déportés*, t. II, p. 261.

et tous les ornements sacrés ; il n'y eut d'autre ressource, pour dire la messe, que de la célébrer secrètement avec les calices qu'on avait pu retenir cachés dans les malles, et seulement aux heures où il était possible d'échapper à la surveillance des gardiens et des commissaires. Ils avaient fait détruire par un maçon les statues et les images des saints, à la chapelle, au réfectoire et dans la maison. Quelques-uns, plus sectaires, insultaient au malheur des captifs. L'un d'eux, apercevant M. Viguier de Grun, vicaire général de Mᵍʳ Colbert, lui disait avec ironie : « C'est toi qui autrefois faisais souffrir les prêtres ; aujourd'hui ton tour est arrivé. » Et M. de Grun s'humiliait et gardait le silence.

Pendant le mois de février, M. Noë, médecin, arriva avec un officier municipal pour reconnaître les malades incapables d'être déportés. Il en désigna 34 qui furent dirigés vers Toulouse pour y être internés. Tous les autres reçurent l'ordre de se préparer à partir pour Bordeaux.

CHAPITRE III

Départs pour la déportation

Débats à la Convention sur la déportation des prêtres réfractaires. — Projets de Danton, de Lacroix, de Collot d'Herbois, de Barère. — On décide de les diriger d'abord vers les ports militaires : les déportés du Nord vers Lorient, Nantes et Rochefort; ceux du Midi vers Bordeaux. — Le voyage se fait au milieu des insultes, des menaces et des mauvais traitements de la populace. — Scènes lamentables à Moulins, à Limoges, à Niort. — En d'autres villes, les prêtres sont assistés et consolés. — Dans le Midi, à Rignac, à Villefranche, à Agen, à Angoulême, à Saintes; dans le Nord, à Joigny, à Brienne, à Châtellerault. — Les prêtres sont admirables de calme et de confiance en Dieu. — Leur chant de départ.

La Convention avait discuté longtemps et à plusieurs reprises sur les conditions à fixer pour la déportation des prêtres réfractaires. Les uns, avec Danton, ne voulaient pas les envoyer au-delà des mers, « pour ne pas jeter, disaient-ils, un poison mortel au milieu du nouveau monde; ils auraient préféré les déporter sur les plages de l'Italie, comme étant la patrie du fanatisme (1) ».

D'autres, avec Lacroix, auraient désiré enfermer dans une forteresse tous les prêtres reclus, en les condamnant à vivre du travail de leurs mains.

Collot d'Herbois, plus féroce, parlait de les réunir en un lieu chargé de mines, « afin, disait-il, de les

(1) V. *Moniteur* du 25 juillet 1793.

faire sauter aussitôt, s'ils osaient, eux ou leurs partisans, conspirer contre la République ».

Barère persiste à demander leur déportation hors du territoire, et Robespierre obtient que le projet de les envoyer à la Guyane, présenté par le comité de législation, lui soit retourné pour être mûri et réglé dans les détails (1).

Ces discussions avaient retardé le départ des réfractaires et prolongé leur séjour dans les maisons où ils étaient reclus.

Le comité de Salut public était lui aussi divisé sur le mode à suivre pour la déportation. Il donna toute liberté aux comités révolutionnaires, aux proconsuls en mission et aux administrateurs des départements, pour statuer sur le choix des prêtres à déporter et sur les moyens à prendre pour leur embarquement.

Le décret du 22 octobre 1793 permettait d'étendre les mesures de déportation aux vieillards, aux infirmes et même aux prêtres constitutionnels qui seraient suspects d'incivisme.

Cette décision servit de prétexte aux représentants et aux administrateurs jacobins pour tirer des prisons et de la réclusion un grand nombre de prêtres, de tout âge, sans distinction, pour les diriger sous escorte vers les ports maritimes.

Dans quelques départements, les infirmes et les plus âgés étaient retenus, mais ils enviaient le sort de leurs confrères plus jeunes qui allaient souffrir et mourir au loin pour confesser leur foi. Ils les bénissaient et les accompagnaient de leurs vœux et de leurs prières.

De tous les départements de la France, de nombreux groupes de prêtres furent traînés par des escortes armées vers les quatre ports désignés pour l'em-

______

(1) V. *Moniteur* du 20 septembre 1793.

barquement. Ceux du Midi et du Centre étaient dirigés vers Bordeaux ; ceux du Nord et de l'Est vers
Rochefort ; ceux de l'Ouest vers Lorient et Nantes. On
sait comment le féroce Carrier pratiqua la déportation verticale. Les ecclésiastiques échappés aux noya-
des furent réunis à leurs confrères sur les pontons et
dans les îles de Ré et d'Oléron. Le voyage des confesseurs de la foi fut marqué par les plus dures épreuves. Sans parler des fatigues d'une longue route à
pied, sans provisions, souvent sans abri convenable
pour le repos de la nuit, que d'insultes et d'outrages
leur furent adressés sur tout le parcours !

« Pour se représenter l'effroyable manière dont on nous traitait,
écrit un déporté, soit à l'entrée soit à la sortie de la plupart des
villes et des bourgades par où il nous fallait passer, il faut réunir,
dans son imagination, ce qu'il y a de plus grossier dans les mots
et dans le ton ; ce qu'il y a de plus impie et quelquefois de plus
obscène dans les propos, ce qu'il y a de plus effrayant dans les
cris et les menaces, dans les figures, les gestes et les mouvements
d'une foule hors d'elle-même. L'on n'aura pas à craindre d'exagé-
ration dans l'idée qui en résultera. Jamais les sombres couleurs
de ce tableau ne surpasseront, n'égaleront même l'affreuse et
inexprimable réalité (1). »

Les plus audacieuses calomnies étaient répandues
sur le passage des malheureux prêtres : on les annonçait comme les alliés des ennemis de la nation,
comme les organisateurs des guerres de la Vendée et
des accapareurs qui voulaient affamer le pauvre peuple. La foule, excitée et ameutée par ces propos men-
songers, témoignait par ses huées et ses insultes une
indignation qui allait jusqu'à la fureur. Des femmes,
des enfants, et, ce qui est plus triste encore, des prêtres apostats étaient souvent au premier rang de ces

(1) M. Michel, curé de Nancy, *Journal de la déportation*.

forcenés, et les soldats leur donnaient toute liberté pour accabler les prisonniers.

« Nous étions au nombre de quarante-huit, écrit M. Michel de Nancy ; nous montâmes sur nos voitures à sept heures du matin : il pleuvait à verse, et l'on nous retint pendant près de deux heures sur la petite place de l'Université, exposés à la pluie et à la risée du peuple. Dieu, voulant nous préparer insensiblement aux mauvais traitements que nous devions endurer, permit, les sept ou huit premiers jours de notre voyage, que tout ce que le mauvais temps, la pluie et le froid ont d'incommode pour les voyageurs, nous assaillît à la fois. A peine sommes-nous sur le pont de la Moselle, près de Toul, que la populace, se portant en foule à notre rencontre, nous accueille par les injures les plus grossières et par les cris répétés : *A l'eau ! à l'eau ces b...-là !* »

Cette même scène se renouvela encore au passage des prêtres de la Moselle et de la Meuse.

Un lazariste parti de Metz écrivait à son supérieur :

« Voici la route que nous avons tenue jusqu'à présent, et les endroits où nous avons couché : à Pont-à-Mousson, nous avons couché en prison ; à Toul, dans une écurie ; à Vaucouleurs, dans un grenier ; à Gondrecourt, dans une maison d'arrêt ; à Troyes, à Sens et d'autres villes, on nous a mis à l'auberge (1). »

Ce même religieux raconte que les déportés furent accueillis à Troyes par les cris : « A mort ! A la guillotine ! » A Villeneuve-sur-Yonne, la populace se rua sur les voitures pour les insulter de plus près. — A Sens on criait qu'il fallait les massacrer tous sur-le-champ. — Et ces menaces se renouvelaient à Montereau, à Fontainebleau, à Montargis, à Pithiviers, et enfin à Orléans, où, après quelques jours d'arrêt, ils furent renvoyés par les administrateurs leur disant qu' « il fallait délivrer au plus tôt la ville de ces monstres qui ne pouvaient que la corrompre ».

A Blois on les reçut à coups de pierres, et on leur

(1) M. Parisot, *Lettres à M. Hanon.*

refusa du pain ; à Tours, sans la protection des gendarmes, ils auraient été accablés de blessures. — A
Poitiers, on fut encore plus barbare. Après avoir
laissé les prêtres, un jour entier, sans nourriture, on
les fouilla, on leur vola tout ce qu'ils possédaient
d'argent, de linge, de livres, on eut même la cruauté
de déchirer leurs bréviaires sous leurs yeux.

Tous les convois qui, venant du Nord et de l'Est,
passèrent par Poitiers, durent y subir une pareille
spoliation.

Voici comment M. Michel nous décrit le sort des
prêtres de Nancy :

« Le lendemain de notre arrivée, de grand matin, trois brigands
de comité de surveillance, entre lesquels était un prêtre, viennent,
avec un air doucereux, nous prier de nous lever et de descendre
dans le jardin, sous prétexte de faire l'appel nominal qu'on avait
omis la veille. Nous nous rendons à l'ordre ; plusieurs même, pour
obéir plus vite, descendent sans être complètement habillés.

« A peine sommes-nous rassemblés, que nous nous voyons
entourés d'une troupe de soldats, avec tout leur attirail militaire ;
ce contraste frappant nous jeta dans la stupeur, et la première
idée que cette vue fit naître dans notre esprit, fut celle de la
mort. Dans le même moment, on appelle un de nous ; on le conduit dans un appartement éloigné. Un quart d'heure après, on en
appelle un second, puis un troisième, et nous ne revoyons pas
les premiers.

« Chacun de nous, quand il s'entendait nommer, marchait
comme s'il fût allé à la mort. Tout cet appareil se réduisit à
nous prendre tout ce que nous avions.

« On nous faisait déshabiller tout nus, on cherchait exactement
dans nos habits, aucun endroit de notre corps n'était respecté.
On jetait les assignats dans un panier, l'or et l'argent se mettaient
dans une bourse, sans que l'on tînt compte de rien sur les registres. Trouvait-on des livres de religion, on les détruisait sur-le-
champ en proférant les plus horribles blasphèmes. Les recherches
sur nos personnes étant finies, nos spoliateurs allèrent dans les
chambres de l'auberge où nous avions couché ; ils y ouvrirent nos
paquets, brisèrent les malles, coupèrent les porte-manteaux de
cuir, et prirent tout, à l'exception de deux chemises pour chacun
et de quelques autres petits effets. »

Un autre prêtre ajoute dans son journal :

« Je me rhabillai au milieu des imprécations et des insultes qui ne semblaient venir de l'enfer, puis je fus éconduit, et me voilà dans une vaste cour, sans savoir où je pourrais me réfugier, accablé de douleur, de fatigue et de besoin, car nous n'avions pas mangé depuis le matin. J'allai m'asseoir sous un mur, laissant entre les mains de la Providence le souffle de vie qui me restait, lorsque j'entendis se rouvrir la porte de la chambre d'où j'étais sorti ; j'allai au bruit, je trouvai un homme : « Qui que vous « soyez, lui dis-je, répondez-moi ! Dois-je passer la nuit, dans « cette cour, exposé aux injures de l'air, ou un sort plus fatal « m'est-il réservé ? » A ces mots, prononcés avec l'énergie que donne le malheur, il m'engage à le suivre. Nous traversons la cour ; il m'ouvre une grande porte qu'il referme aussitôt que je suis rentré. Une nuit profonde ne me permet pas de découvrir où je suis. Je marche à l'aventure le long d'un mur qui me sert de guide. Le silence absolu qui régnait autour de moi me faisait douter si ce lieu était habité. Je regrettais d'y être entré, lorsque j'entends, à quelques pas de moi, une voix faible et gémissante qui me demande si je ne suis pas un de ces confrères qui viennent d'arriver. Je réponds que oui ; je vais à la voix et je me trouve entre les bras d'un homme qui arrose mes joues de ses larmes.

« Suivez-moi, cher ami, dit-il ; je veille pour vous offrir quel-« que secours et vous faire oublier, s'il le peut, les horreurs que « vous venez d'essuyer, en vous conjurant de fixer les yeux de la « foi sur la croix de notre divin Maître, qui est aujourd'hui plus « que jamais notre modèle. »

J'arrive dans une salle qui contenait plus de trente prêtres du diocèse de Poitiers. J'apprends aussitôt que c'est la maison de réclusion, qu'il y a plus de cinq cents détenus, tant prêtres que laïques (1).

La scène la plus indigne et les outrages les plus douloureux se produisirent à Limoges, lorsque arrivèrent quatre-vingts prêtres de l'Allier, à la tête desquels marchait M. Imbert, chargé de l'administration du diocèse. Aux portes de la ville étaient accourus des milliers de révolutionnaires, attirés par un spectacle imaginé par la haine la plus sectaire. On avait rangé

(1) Rollet, *Déportation*, 7ᵉ Lettre. — V. *Semaine religieuse de Dié*, janvier 1883.

en longues files des ânes et des boucs, couverts d'ornements sacerdotaux ; un pourceau fermait la marche ; on lui avait mis une mitre portant ces mots écrits : *Le Pape*. Et le jacobin qui avait organisé cette infâme exhibition, eut encore l'audace de faire arrêter les charrettes qui portaient les prêtres pour faire descendre tous ces malheureux et les obliger de marcher deux à deux mêlés aux rangs des animaux.

On les conduisit ainsi sur la grande place, on les fit ranger en cercle autour de la guillotine, et sous leurs yeux on exécuta un prêtre non assermenté, que le tribunal venait de condamner.

Le bourreau, montrant sa tête au peuple, s'écria :

« Tous les scélérats que vous voyez ici, méritent le même sort. Par lequel voulez-vous que je commence l'exécution ? »

Et la foule répond : « Par celui que tu voudras ! »

On conçoit sans peine l'impression sinistre de ces paroles ; mais, après avoir effrayé les déportés par la menace d'une mort immédiate, on les conduisit en prison, où ils passèrent la nuit.

Dans beaucoup de localités, les prisonniers étaient enfermés dans les églises, durant les heures de halte. Et c'était pour eux un vrai déchirement du cœur, de voir les traces d'une profanation sacrilège : les autels dépouillés, les statues des saints renversées ou brisées, les tableaux religieux lacérés, les sépultures violées.

Et parfois il arrivait que, pendant leur repos sur la paille ou sur le pavé nu, les prêtres entendaient des jacobins les insulter du haut de la chaire et proférer d'horribles menaces comme celles-ci :

« Les prisonniers que vous voyez étendus devant vous sont des prêtres, des fanatiques, les ennemis de la patrie, la cause de tous nos maux. Voulez-vous m'aider à envoyer dans l'autre monde ceux qui nous affament dans celui-ci ? »

Et d'autres sectaires acceptaient en applaudissant, et, s'ils ne pouvaient exécuter leur dessein, ils s'acharnaient à terroriser leurs victimes.

A Cognac, le commandant de l'escorte des volontaires agissait et parlait en véritable forcené :

« Si vous étiez des animaux, criait-il aux prêtres, on pourrait avoir quelque pitié pour vous ; mais étant des monstres, vous ne méritez aucune compassion. »

Sa consigne était de fusiller le premier qui broncherait (1).

La réception ne fut pas moins affreuse à Angoulême et à Niort. M. Rollet écrivit à son ami :

« J'avoue que la frayeur s'empara de moi, en entrant à Niort ; je crus que cet instant était le dernier de ma vie. Nos voitures furent arrêtées ; mille voix criaient qu'il fallait nous égorger, et les sabres, les baïonnettes se levaient sur nos têtes. »

Les prêtres de la Côte-d'Or, en passant à Moulins, furent conduits à la guillotine et retenus pendant une heure sous les huées et les menaces de la foule ; on les obligea, pour prix de leur grâce, à baiser l'instrument fatal, ce qu'ils firent avec les dispositions de saint André baisant sa croix.

Les déportés de la Haute-Loire furent tondus comme des galériens, et plusieurs eurent le bout des oreilles mutilé. Ils étaient liés deux à deux, d'une manière si brutale que leurs bras en étaient meurtris et parfois blessés (2).

Les confesseurs de la foi n'ignoraient pas que leur vie et leur mort dépendaient du caprice de quelques scélérats ; aussi pour se maintenir dans la patience et

(1) Voir *Relation* de M. de la Biche, chanoine de Limoges.
(2) V. Leclerc, *Martyrs et Confesseurs de Limoges*.

la résignation, ils considéraient des yeux de la foi
l'agonie du Sauveur au jardin des Oliviers, ils le
priaient avec ferveur, ils comptaient sur le secours
de sa grâce. Ils se fortifiaient aussi et s'encourageaient
mutuellement par de saintes exhortations, ils achevaient de purifier leurs âmes en se donnant les uns
aux autres une absolution qui pouvait être la dernière.

Ce qui les soutenait surtout dans ces dures épreuves, ce qui calmait leurs angoisses et leurs souffrances, c'était la pensée qu'ils souffraient pour l'Église et
pour Dieu. C'était pour avoir refusé un serment schismatique, pour avoir persévéré dans la foi catholique,
pour avoir défendu l'honneur et les devoirs de leur
sacerdoce, qu'ils avaient été chargés de chaînes. Leurs
tribulations présentes et la persécution acharnée de
leurs ennemis n'avaient pas d'autre motif. Aussi
avaient-ils le droit de compter sur Dieu et d'attendre
avec confiance la juste récompense promise aux bons
serviteurs et aux ministres fidèles.

Dans le midi de la France, les déportés eurent
moins à souffrir dans leur voyage, mais toutefois ils
eurent aussi leur part d'épreuves et de tribulations.
Parmi les 200 prêtres envoyés de Rodez à Bordeaux
d'abord et ensuite sur les pontons, il s'en trouve
deux, l'abbé Cassagne, ancien professeur au collège,
mort vicaire général en 1833, l'autre, M. Azémar,
curé de Saint-Julien, qui nous ont laissé le récit de
leur départ et de leur séjour à Bordeaux. On avait
divisé les reclus en quatre bandes de 50 chacune. La
première partit le 1er mars 1794, les autres à cinq
jours d'intervalle, le 6, le 11 et 16 du même mois.
Les commissaires arrivaient à sept heures du matin,
faisaient l'appel des partants, et aussitôt on prenait
leurs malles sur des charrettes, on les conduisait
deux à deux, entre un double rang de baïonnettes,

tambour battant, sur la place de la Cité. Les parents et les amis leur faisaient leurs adieux avec une profonde désolation ; on partait à pied, et ceux qui ne pouvaient marcher étaient hissés sur les bagages. A l'approche d'une ville ou même d'un simple bourg, il fallait former les rangs, le tambour appelait les curieux et parfois provoquait les huées et les insultes des patriotes, tandis que les honnêtes gens versaient des larmes en silence. Au moment des repas, les soldats s'empressaient de prendre pour eux les provisions dans les auberges, et les prisonniers devaient se contenter de leurs restes. Quand ils arrivèrent à Montauban, on avait mis dans leur rang un malfaiteur attaché à une charrette; ils ne purent obtenir qu'un très léger souper, payé fort cher, et, pour coucher, un vieux tapis bien sale jeté sur le pavé d'une prison. On était en carême, et les prêtres avaient le désir de faire maigre ; il se trouva des municipalités pour leur offrir de la viande et leur refuser tout autre chose, sinon un peu de pain. Un prêtre apostat les insulta en les traitant durement tandis qu'il commandait l'escorte, et les soldats eux-mêmes se tournèrent contre lui, en lui criant de reprendre son bréviaire. Avant d'arriver à Bordeaux, ils eurent à entendre des chansons obscènes, des cris de haine et les insultes de quelques forcenés.

Parmi tant de tristesse, les déportés reçurent cependant de nombreuses marques de sympathie et des témoignages touchants de charité chrétienne. Ces consolations et ces secours, plus rares dans le Nord et dans le Centre, furent fréquents dans le Midi et particulièrement offerts aux prêtres de Rodez. A leur première halte, les catholiques habitants de Rignac réclamèrent l'honneur de les loger chez eux et ils les traitèrent de leur mieux. A Villefranche, ce fut le même empressement : chacun se faisait inscrire à la municipalité pour recevoir quelques prêtres dont on notait aussi les noms et qui furent admis aux tables de famille.

Au moment du départ, on leur offrit de nouvelles charrettes pour porter les prêtres fatigués, la garde nationale se chargea de former leur escorte, une foule nombreuse les accompagna au loin, portant leurs sacs, offrant des pains, d'autres provisions et même de l'argent et des assignats qui furent versés à la caisse commune.

Aux environs d'Agen, des personnes charitables avaient préparé un souper copieux ; des religieuses déguisées en servantes voulurent le servir, et tous les habitants vinrent offrir des lits et des matelas.

Les protestants eux-mêmes se montrèrent pleins de bienveillance et d'humanité à Tonneins ; le chef de la manufacture de tabac invita les ecclésiastiques qui prisaient à choisir la provision qui leur conviendrait et ne voulut pas en recevoir le prix (1).

Si ces actes de générosité furent moins fréquents et moins populaires à l'égard des prêtres du Nord, ils ne leur firent point défaut cependant, et il est juste d'en citer plusieurs traits. Les villes de Joigny, de Brienne, de Châtellerault, de Jarnac et de Saintes, se montrèrent compatissantes et secourables. Dans quelques villages, les paysans accouraient pour manifester leur sympathie, offrir des vivres, et parfois même ils osèrent essayer de mettre les prisonniers en liberté.

Le concierge de la prison de Châtellerault s'empressa d'introduire les fidèles qui venaient porter aux prêtres leurs consolations et leurs aumônes (2). A

(1) V. A. Fabre, *Les 500 prêtres déportés*, passim.
(2) M. Rousseau, ses *Mémoires*.

Angoulême, le portier de la prison fournit aux voyageurs ses propres matelas et de la paille fraîche pour se reposer. A Jarnac, une modeste marchande invita les ecclésiastiques à choisir dans sa boutique, gratuitement, tout ce qui pourrait leur convenir. Dans la même ville, un paysan, embrassant un prêtre, ouvrit son portefeuille pour lui donner la moitié de ses assignats, et le pria de remarquer sa maison, où il serait honoré de le recevoir, après sa libération.

Ces âmes généreuses furent sans aucun doute bénies de Dieu et reçurent leur récompense. On vit au contraire quelques exemples terribles de la justice divine pour punir les persécuteurs. M. Michel nous rapporte qu'un jeune homme dont les injures avaient été mêlées de blasphèmes fut aussitôt frappé de mort. Il conduisait une des charrettes, et, comme un prêtre malade lui demandait de le laisser descendre un instant, il lui refusa dans les termes les plus grossiers, avec menace de lui fendre la tête d'un coup de fouet. Comme il criait encore, son cheval lui lança un coup de pied à la tête, et le renversa avec la mâchoire toute fracassée. Les gardes ne purent s'empêcher de dire tout haut qu'il avait reçu le châtiment de son crime.

A Niort, une sentinelle, placée à la porte, insultait aussi avec rage les prêtres à leur arrivée, lorsqu'une voiture en tournant le serra contre le mur et allait le broyer, si les ecclésiastiques eux-mêmes ne l'avaient dégagé en déplaçant la voiture de leurs mains.

C'est dans cette alternative d'épreuves et de consolations que les déportés arrivèrent enfin à Bordeaux ou à Rochefort. Plusieurs avaient succombé aux privations et à la fatigue d'une si longue route.

Mais tous avaient montré un grand courage, qu'ils puisaient dans la confiance en Dieu et dans la prière.

Témoin cette strophe pleine de foi et d'espérance surnaturelle que l'un d'eux, bon latiniste et poète, avait
composée et qu'il chantait avec ses frères :

> « Hæc recta cœli semita ;
> « Fac, Christe, firma sit fides ;
> « Adsit potens et gratia,
> « Tormenta quæ det spernere. »

« Ce chemin conduit droit au ciel. Faites, ô Christ, que notre
foi soit ferme ; donnez-nous aussi la grâce de braver pour vous
les tourments. »

Un autre, le P. Imbert, avait composé, sur l'air de
la *Marseillaise*, un chant de départ pour les prêtres
déportés :

> « Allons, enfants de l'Évangile,
> « Loin de ces climats dangereux
> « Chercher en Afrique un asile
> « Où l'on puisse être vertueux.
> « Allons gaîment chercher des hommes
> « Aux lieux où règne le lion :
> « Ils ont une religion,
> « Et je n'en vois plus où nous sommes.

Refrain :

> « Courage, chers amis, bravons les passions,
> « Courons (*bis*) porter la foi chez d'autres nations.

II

> « Du crime le trône éphémère
> « Sur nous s'élève avec orgueil ;
> « Il semble au-dessus de la terre,
> « Il est grand au premier coup d'œil.
> « Mais la constance toujours fière,
> « Et l'heureux mépris des tourments,
> « Bientôt ruinent ses fondements
> « Et le réduisent en poussière.

III

« De douze siècles de croyance
« L'impiété rompt les chaînons :
« La France n'est plus dans la France,
« Elle est partout où nous serons.
« La religion avec elle,
« Nous tendant sans cesse les bras,
« Dans de plus fidèles États
« Ira par la mer infidèle.

IV

« Ne craignons rien, l'Être suprême
« Est l'égide de notre cœur ;
« Quand il nous éprouve, il nous aime
« Et nous conduit au vrai bonheur.
« Avec lui, sûrs de la victoire,
« Nous combattrons, dès aujourd'hui :
« Voyager et mourir pour lui,
« Ce nous est vivre pour la gloire. »

Malgré leurs souffrances et malgré tous les outrages, les confesseurs de la foi gardaient la paix et la joie même au fond de leur cœur. Ils se souvenaient des premiers apôtres, tous martyrs de la foi, et comme eux ils s'estimaient heureux de souffrir pour le nom de Jésus-Christ : « *Ibant gaudentes, quoniam digni habiti sunt pro nomine Jesu contumeliam pati.* »

CHAPITRE IV

Les prisons de Bordeaux

Les ecclésiastiques condamnés à la déportation et venant du nord de la France furent dirigés vers Rochefort. Ceux des régions du Midi étaient envoyés à Bordeaux. Enfermés provisoirement dans les prisons de ces deux villes, ils devaient être transportés sous peu soit sur les côtes d'Afrique, soit à la Guyane. Mais les croisières anglaises d'abord et la chute de Robespierre ensuite forcèrent les persécuteurs à modifier leurs projets. On fut contraint de prolonger la détention à terre pendant plusieurs mois; et quand on eut embarqué enfin les prisonniers sur plusieurs navires, on leur imposa à bord une longue et dure captivité. Beaucoup périrent de misère et d'épuisement, mais l'heure du départ ne sonna jamais pour eux : ils attendirent là leur libération.

De nombreux Mémoires, les relations des déportés

et leurs correspondances, nous font connaître leurs souffrances, leurs épreuves de toute sorte et leurs tribulations. Ils ont eux-mêmes rédigé leurs Souvenirs, et ce n'est pas sans une vive émotion qu'on y admire une touchante résignation et la simplicité héroïque avec laquelle ils offrent à Dieu les plus durs sacrifices. Avant de pénétrer dans leurs diverses prisons pour y découvrir et retracer les détails de leur existence si douloureuse, il convient d'indiquer les principaux documents, bien authentiques, qui seront nos guides.

La principale *Relation très détaillée de ce qu'ont souffert en 1794 et en 1795 les détenus pour refus de serment, à bord des « Deux-Associés » et du « Washington »*, nous est donnée par Pierre-Grégoire de la Biche de Reignefort, chanoine de Limoges.

M. *Michel*, curé de la cathédrale de Nancy, nous a laissé un *Journal de la déportation*, fort intéressant.

M. *Leproust*, de Tours, a écrit une *Relation des peines et des dangers* encourus par les prêtres déportés à *Blaye* et au *Fort-Pâté*.

M. Philippe *Bottin*, curé de Paris, donne un *Récit abrégé des souffrances de près de 800 ecclésiastiques déportés*.

M. *Rousseau* nous raconte le *Martyre des prêtres Français à l'île d'Aix*.

M. *Duchazeau* a laissé à l'évêché de Périgueux un manuscrit rédigé à la demande de Mgr de Lestange, sur les épreuves des déportés.

MM. *Parisot* et *Rollet* ont écrit plusieurs lettres contenant des détails d'un vif intérêt sur les voyages et les prisons des déportés.

Deux prêtres de Rodez, M. *Cassagnes*, professeur de théologie, et M. *Azémar*, curé de Saint-Julien, ont aussi rédigé chacun un Mémoire détaillé et précis sur leur déportation à Bordeaux, à Blaye, à Rochefort et à Brouage.

M. *Gardette*, mort supérieur du grand séminaire de Lyon, et M. *Thibial*, supérieur du grand séminaire de Metz, ont aussi laissé des manuscrits, non encore publiés, mais qui sont à notre disposition et que nous mettons à profit.

Dans ce chapitre, nous allons faire connaître les prisons de Bordeaux où furent enfermés les prêtres déportés.

A l'époque de la Terreur, cette ville comptait huit maisons d'arrêt : 1° le *fort du Hâ*, servant de prison encore aujourd'hui ; — 2° les *Catherinettes*, ancien couvent de Dominicaines, aujourd'hui rue Thiac ; — 3° le *Département*, aujourd'hui hôtel de ville ; — 4° le *Petit Séminaire*, ancienne caserne Saint-Raphaël, en face de Sainte-Eulalie ; — 5° les *Orphelines*, aujourd'hui bureau de bienfaisance, rue Sainte-Eulalie ; — 6° le *palais Brutus*, autrefois palais du Parlement, place de l'Ombrière ; — 7° le couvent des *Grandes Carmélites*, au cours de l'Intendance ; — 8° la *Maison commune*, cours Victor-Hugo, sur l'emplacement du grand marché actuel.

La statistique (ou bulletin) de ces diverses prisons fut publiée sous la Terreur, dans le *Journal du Club national* (1). Nous y trouvons des chiffres qui permettent d'apprécier l'importance de chacune des maisons d'arrêt.

A la date du 18 messidor an II (6 juillet 1794), il y avait au Fort du Hâ 573 prêtres sujets à la déportation ; — au Petit Séminaire, 393 ; — aux Orphelines, 136 ; — au Palais Brutus, 300 ; — au Département, 69 ; — aux Carmélites, 46 ; — à la Maison commune, 62 ; — total, 1579.

A la date du 16 thermidor an II (3 août 1794), les chiffres étaient : au Fort du Hâ, 587 prêtres et trois autres détenus ; — au Séminaire, 373 ; — aux Orphelines, 174 ; — au palais Brutus, 224 ; — au Département, 57 ; — aux Carmélites, 63 ; — à la Maison commune, zéro ; — total, 1478.

A la date du 14 vendémiaire an III (5 octobre 1794), les chiffres sont : au Fort du Hâ, 364 ; — au Séminaire, 296 ; — aux Orphelines, 76 ; — au palais Bru-

(1) Conservé à la Bibliothèque de Bordeaux.

tus, 160 ; — au Département, 36 ; — à la Maison commune, 35 ; — total, 967.

A la date du 22 frimaire an III (12 décembre 1794), on ne trouve plus que : au fort du Hâ, 76 ; — au Séminaire, 72 ; — aux Orphelines, 55 ; — au palais Brutus, 120 ; — au Département, 13 ; — à la Maison commune, 45 ; aux Catherinettes, 46 ; — total 427.

La diminution progressive s'explique facilement par l'envoi des ecclésiastiques déportés, soit à Blaye, soit à Rochefort, et à bord des différents vaisseaux en rade d'Aix.

C'est dans le fort du Hâ, principale prison, que des centaines de prêtres furent enfermés et eurent à supporter toute sorte de privations et de souffrances. Il ne faudrait pas juger par l'état actuel de ce fort de ce qu'il était à l'intérieur, en 1794. Construit au XV⁰ siècle, sous Charles VII, il devait d'abord assurer au roi la soumission et la fidélité des Bordelais. L'Assemblée nationale en fit une prison d'État, à l'époque de la Révolution ; en 1811 il fut cédé par décret au département avec la même destination, mais les salles et les cellules de nos jours ne rappellent en rien les diverses pièces humides et infectes où agonisèrent tant de malheureux prêtres.

C'est là que furent enfermés presque tous les ecclésiastiques du diocèse de Rodez ; les listes en portent 256 détenus ici, tandis que 6 seulement sont au Petit Séminaire, 1 aux Catherinettes, 1 aux Carmélites, 1 au Fort-Pâté et 1 à Blaye.

Ils étaient arrivés en cinq groupes distincts qui se succédèrent de cinq jours en cinq jours. M. Cassagnes, compris dans la seconde bande, nous raconte qu'ils arrivaient par bateau et qu'ils abordèrent au quai de Bordeaux, vers minuit. Il fallut rester sur l'eau jusqu'au grand jour, sans abri contre les injures de l'air et sous une pluie fine et continuelle. Quand le chef de l'escorte demanda décharge de sa mission, on fut surpris de constater qu'avec huit ou dix soldats seulement il avait amené cinquante et un prêtres déportés.

« Ah ! citoyens, répondit-il, c'est une troupe d'agneaux. Donnez-moi une feuille de route, et je me charge de les conduire seul où vous voudrez. »

Un commissaire survint avec quelques hommes, il fit l'appel et emmena ensuite, à travers la ville, jusqu'au fort du Hâ, tous les détenus portant chacun leur sac de nuit. La journée se passa sans aucune distribution de pain, et le jeûne aurait été bien long, si les confrères déjà arrivés n'avaient eu la charitable précaution de mettre en réserve une partie de leur ration, dans les jours précédents, en prévision de ce retard dont ils avaient eux-mêmes souffert.

Les nouveaux arrivés furent enfermés au rez-de-chaussée, dans une vaste salle qu'on appelait la *Montagne*. Longue de 60 mètres environ, elle avait servi d'écurie pour des chevaux qui y devenaient aveugles, à cause de l'humidité. On avait crépi les murs et disposé des planches, à droite et à gauche, sur toute la longueur, pour y former des lits de camp. On y sentait une forte odeur de chaux et de fumier ; aux deux extrémités, deux fosses d'aisances dégageaient des vapeurs infectes ; aussi les maladies épidémiques ne tardèrent pas à sévir et entraînèrent bientôt plusieurs décès. Il arrivait sans cesse de nouveaux prêtres des diocèses du Midi, d'Agen, de Cahors, de Saint-Flour, de Clermont, de l'Aude, etc. ; le chiffre de 300 fut vite dépassé, et au mois d'août 1794 il avait presque doublé : on était arrivé à 587 prisonniers.

Toutes les dépendances étaient remplies; on logea plusieurs centaines de prêtres dans les deux tours du fort. On raconte même que, du haut de la *tour Anglaise*, les communications par signes étaient possibles avec le dehors. Il y avait en effet, en face de cette tour, une maison fort élevée appartenant à un bon catholique. Un prêtre s'y tenait caché; mais le matin, au moment où il offrait le sacrifice de la messe, les détenus, massés sur la plate-forme, venaient, à travers les fenêtres ouvertes, considérer le célébrant et suivre ses prières, en s'y unissant d'esprit et de cœur. C'est aussi du haut de cette tour qu'ils pouvaient, à certaines heures, recevoir les nouvelles importantes, que leur faisaient connaître par signes des amis postés au dehors.

Un mois environ après l'arrivée des prêtres de Rodez, ils furent profondément affligés par l'exécution d'un de leurs confrères. M. Pierre Delbès, alors âgé de 54 ans, originaire d'Albes, près Saint-Geniez, et curé de Saint-Remy de Laguiole, fut tiré de la prison et traduit devant la commission militaire présidée par le fameux terroriste Lacombe. On avait saisi une lettre écrite par lui, de Moissac, en cours de route, à une personne de sa paroisse. Les paroles incriminées étaient celles-ci :

« L'abomination aura sa fin... Ceci ne durera pas toujours... je suis si content d'être au nombre des persécutés... ça n'ira pas ! Il faut un Dieu ! La nation ne l'a pas fait, elle ne peut le détruire... Règne ce Dieu éternellement ! Amen ! Amen ! »

La sentence de mort fut prononcée pour fanatisme, contre-révolution et conspiration. L'exécution eut lieu le 3 avril 1794.

Tous les ecclésiastiques insermentés et détenus au fort de Hâ furent pendant quelque temps menacés d'un pareil sort. Les représentants Tallien et Ysabeau avaient établi une commission populaire composée des ouvriers les plus exaltés et d'ailleurs fort ignorants. En apprenant que la Convention envoyait à l'échafaud les prêtres réfractaires qui, dans un délai de dix jours, ne se soumettraient pas à la réclusion, ces administrateurs improvisés s'imaginèrent que cette mesure devait s'étendre à tous les insermentés. En conséquence, il se disposaient à faire guillotiner tous les prêtres détenus et déclarés insoumis à la Constitution civile. Ils firent sortir de la tour Anglaise les voleurs et autres criminels de droit commun, pour y réunir la première série de prêtres destinés au bourreau. On les enferma, avec de gros verrous, dans des chambres obscures, fort serrés les uns contre les autres, sans autre lit que le plancher nu. Pendant vingt-quatre heures on les laissa sans vivres, on ne leur donna pas même de l'eau, car il paraissait inutile de nourrir des gens sur le point d'être exécutés.

Un ami dévoué, apprenant ces affreux préparatifs, s'empressa de protester auprès de la commission, et, comme il ne réussissait pas à la convaincre de son erreur, il n'hésita pas à faire appel au représentant Ysabeau lui-même. Celui-ci qualifia assez brutalement la conduite de ses délégués, disant qu'*ils étaient des bêtes*, et aussitôt le concierge eut ordre de porter de la nourriture aux prisonniers (1).

Le régime alimentaire était d'une extrême simplicité, car on ne fournissait aux détenus que du pain et de l'eau, mais jamais à discrétion. Ils recevaient à peine douze onces de pain par jour, c'est-à-dire environ 380 grammes, et souvent même, les portions n'étant pas assez nombreuses pour que chacun eût la

---

(1) Manseau, t. I, p. 320.

sienne, il fallait partager au prorata par tête, ce qui réduisait notablement le lot de chacun. Ce pain, qui était dans les premières semaines assez convenable, fut bientôt remplacé par un autre de si mauvaise qualité, qu'en moins de trois jours il se corrompait et avait une odeur repoussante. La farine étant devenue rare à Bordeaux, les boulangers servaient aux détenus une pâte informe, dans laquelle on trouvait des os, des lambeaux de viande gâtée, des débris de légumes, etc. Pendant quelque temps on ne servit que de gros pains de millet de 15 à 20 livres, dont les morceaux, plongés dans le bouillon ou dans le vin, restaient aussi durs et aussi secs qu'auparavant (1).

Un des détenus assure que jamais, pendant neuf mois passés dans le Fort du Hâ, il ne mangea suffisamment pour apaiser sa faim. « Et, ajoute-t-il, je n'étais pas le seul à être plus affamé en me levant de table que lorsque je m'y étais mis. »

La seule ressource pour ne pas succomber d'inanition, à certains jours, consistait à payer fort cher quelques aliments, au concierge de la prison. Il avait le monopole absolu de la vente, car toute relation avec les personnes de la ville était rigoureusement interdite. Il donnait une bouteille de vin en exigeant le double du prix ordinaire, et encore avait-il l'audace d'y mêler de l'eau par moitié. Tout bon républicain qu'il fût, il préférait l'or aux assignats, mais ne voulait jamais tenir compte de sa plus-value. Après midi, de une heure à trois, selon son caprice, il offrait un mauvais bouillon préparé avec un procédé fort peu humain. Lorsque le bœuf avait longtemps bouilli et se trouvait cuit à point, Briols, c'était son nom, reti-

(2) V. dans A. Fabre, Cassagnes, p. 281.

rait le consommé pour lui ; il ajoutait ensuite de l'eau
claire sur la viande qui restait, laissait bouillir quelque temps le nouveau potage ; ensuite il le servait à
ses clients en le faisant bien payer. Il consentait aussi
à leur donner du bœuf ou de la vache bouillie et parfois du rôti de mouton, moyennant vingt sous au
début, et plus tard pas à moins de vint-cinq sous par
tête. Les prisonniers se cotisaient entre eux pour acheter en commun du vin ou de la viande, et ensuite ils
partageaient fraternellement. A midi, ils étaient contraints de réserver d'avance une partie de leur pain,
sans quoi ils en auraient manqué le soir, pour la col-
lation.

Quand le poisson abondait, on leur en donnait deux
fois par semaine. Ils demandèrent à le recevoir de pré-
férence le vendredi et le samedi, jours d'abstinence,
qu'ils voulaient respecter ; mais ce fut une raison de
contrarier leur pieux désir : on leur servit le poisson
le dimanche le lundi ou le jeudi.

Quand ils pouvaient obtenir quelques laitues ou
autres salades, on leur vendait un vinaigre artificiel
composé de vitriol, et pour donner un goût d'huile
ils broyaient quelques noix avec le sel.

Il arriva parfois que le concierge, après avoir fait
longtemps attendre les aliments qui devaient consti-
tuer le dîner des détenus, finissait par se présenter
tardivement, annonçant que la distribution dans les
autres salles avait tout épuisé et qu'il faudrait attendre au lendemain. Ce jour-là il n'y avait d'autre ressource que de prendre un morceau de pain trempé
dans un verre de vin.

Comme on n'avait ni table ni chaises, il fallait
manger debout ; ceux qui étaient fatigués n'avaient
d'autre moyen de se reposer que de s'asseoir par terre
sur un peu de paille.

Ceux qui eurent besoin de tisane furent obligés d'acheter du bois pour la préparer eux-mêmes. Le portier ne donnait que des tasses de café avec du lait, au prix de cinq sous (1).

Il est facile de comprendre, par ces témoignages des prisonniers, combien ils étaient mal nourris ; mais ils étaient encore plus mal couchés. Pendant les deux ou trois premiers mois passés au fort du Hâ, ils n'eurent, pour se reposer, que le plancher, disposé en lits de camp, de chaque côté de la salle ; les places y étaient fort serrées et étroites ; sur le milieu, le couloir avait à peine un mètre de largeur. Les portemanteaux et les paniers tenaient lieu de traversin, et les manteaux remplaçaient les matelas et les couvertures. Il fallait se coucher tout habillé, et le matin le corps était si raidi, de la tête aux pieds, qu'on avait de la peine à se mettre debout.

« Il fallait, dit M. Cassagnes, nous rouler d'abord sur le ventre ; nous nous relevions ensuite sur nos mains, puis sur les genoux, et enfin sur nos pieds. Mais au bout de dix ou douze jours, notre corps devint fort souple, nous dormîmes assez bien sur ces lits toujours unis. Et depuis cette époque, je dors fort bien sur un plancher ou sur quatre chaises. A quelque chose malheur est bon (2). »

Après quelques mois, on donna de la paille aux détenus. Chacun se mit à l'œuvre pour improviser des paillasses avec des draps, et dès lors il fut possible de se coucher sans garder les habits. Le matin les paillasses étaient dressées de chaque côté, contre les murailles, et servaient de dossier, tandis que les portemanteaux tenaient lieu de siège. Le linge et les habits étaient suspendus le long des murs et don-

(1) V. les Relations de MM. Cassagnes et Azémar.
(2) V. *loc. cit.*, p. 285.

naient un singulier aspect à la salle ; on se serait cru dans une vaste boutique de fripier.

On était tellement serrés, que pendant la nuit il fut nécessaire de laisser les fenêtres ouvertes ; il fallut même entr'ouvrir deux soupiraux pratiqués au plafond, de telle sorte que ceux qui étaient couchés au-dessous se trouvèrent parfois couverts de neige en s'éveillant.

Après huit heures du soir, il n'y avait plus de lumière, sinon auprès de quelque malade, et la chandelle devait rester auprès de lui, sans qu'il fût permis de la déplacer.

On se couchait de bonne heure, mais ordinairement on était réveillé en sursaut après le premier sommeil. Vers minuit, les deux gros verrous qui fermaient la porte de la salle étaient tirés avec fracas. Aussitôt apparaissait le concierge Briols, armé d'un gros bâton ferré qu'il appuyait fortement sur le plancher ; son valet suivait avec une lanterne dont il dirigeait la lumière sur les visages des prisonniers qui n'avaient garde d'ouvrir les yeux. Un second garçon arrivait aussi accompagné d'un énorme dogue. L'inspection terminée, ils se retiraient à pas lourds et fermaient les portes aussi bruyamment qu'il les avaient ouvertes. Dès lors, on était tranquille jusqu'au matin.

Dans la journée, on ne pouvait sortir pendant les premières semaines ; mais on céda enfin à l'impérieuse nécessité de l'hygiène, et il fut permis d'aller prendre l'air et de se donner un peu d'exercice dans la basse-cour et dans le jardin. On n'accorda d'abord qu'une demi-heure le matin et le soir ; puis on donna une heure et enfin deux heures, matin et soir. Après la mort de Robespierre il y eut encore une détente ; on laissait la porte ouverte, et pendant tout le cours de la journée les captifs pouvaient à leur gré circuler dans la basse-cour.

C'était pour ces vénérables confesseurs de la foi une douloureuse privation de ne pouvoir dire la messe, mais ils avaient à craindre d'être surpris, d'être dénoncés et de donner lieu à un surcroît de persécution, peut-être même à une sentence impitoyable de la Commission militaire. Ils se consolaient en récitant leur office, en multipliant leurs prières, récitant souvent le chapelet et se fortifiant par de bonnes lectures ou de pieuses conversations. Ils étaient même dans la pénible nécessité de se méfier d'un faux frère qui partageait leur captivité. Il avait prêté tous les serments, avait pris part à l'administration révolutionnaire de son pays, et ses excès avaient été si loin que son propre frère avait demandé et obtenu sa déportation. Enfermé au fort du Hâ, il gardait encore toute son hostilité contre la religion et ses ministres fidèles ; il aurait été capable de trahir ses frères s'ils avaient tenu devant lui des propos défavorables à la Révolution.

Le régime si dur imposé aux prisonniers et les conditions de leur existence devaient fatalement provoquer des maladies contagieuses. Elles se déclarèrent bientôt ; un grand nombre de détenus furent frappés ; quatre succombèrent au milieu de la salle commune, avant qu'on eût songé à les transporter à l'hôpital. L'officier de santé intervint alors pour obtenir les sorties facultatives dans le jardin, avec cette réserve expresse que les détenus ne parleraient jamais avec les sentinelles et ne se rencontreraient jamais avec les autres prêtres enfermés dans les tours, quand ceux-ci descendraient pour prendre de l'exercice.

Au mois d'août 1794, la chaleur occasionna une recrudescence de fièvres et de maladies d'estomac ; le nombre des malades fut si élevé qu'il en mourait 5 ou 6 tous les jours. Parfois, dans leur lente agonie, ils se retournaient vers leurs voisins, se couchaient sur eux et exhalaient sur leur visage le dernier soupir. Le médecin dut venir tous les jours faire une sérieuse visite; sur son rapport, les plus malades furent désormais transportés à l'hôpital Saint-André.

Ils y furent reçus et traités avec le plus généreux dévouement par les religieuses de la Charité. Ces dames avaient refusé de prêter le serment schismatique en 1792, et on les avait expulsées alors; quand elles furent remplacées par des infirmières laïques, les malades furent souvent abandonnés ou maltraités; les fonds et les provisions de la maison furent gaspillés, et le rappel des anciennes Sœurs s'imposa aux jacobins eux-mêmes.

Lorsque les prêtres du fort du Hâ arrivèrent à Saint-André, il y avait déjà plusieurs centaines de militaires en traitement. Malgré l'encombrement, les Sœurs suffirent à tout. Deux salles furent réservées aux prêtres, qui atteignirent rapidement le nombre de 174. Quand ils arrivaient, on leur donnait de suite du linge bien propre, on renouvelait leurs chemises et leurs bonnets. Plusieurs fois par jour, le médecin venait les visiter, prescrivait des remèdes, réglait le régime, et les infirmières s'empressaient de tout exécuter avec intelligence, sachant au besoin modifier les instructions reçues, pour le plus grand bien des malades. Les salles, les lits et tout le service étaient d'une parfaite propreté, et c'était là une cause de satisfaction et de bien-être pour ceux qui avaient tant souffert de l'infection des prisons. Les tisanes étaient préparées avec soin et distribuées à propos. Les convalescents recevaient une soupe nour-

rissante, de la bonne viande, un vin excellent, des
confitures de prunes et des fruits.

Les soins donnés aux malades ne cessaient ni le
jour ni la nuit ; les Sœurs se relevaient de trois heures en trois heures, et prenaient sur leur sommeil
afin que la garde ne fût jamais interrompue. Dès
qu'il y avait péril de mort constaté, elles avaient
soin d'avertir un prêtre, M. Mélac, caché dans l'hôpital, qui s'empressait de faire passer à un des prêtres
déjà rétablis la boîte des saintes huiles et un petit
ciboire afin qu'il pût donner l'extrême-onction et le
viatique aux mourants.

Le dévouement des Sœurs accompagnait les prêtres
à leur sortie, quand ils étaient guéris. Elles leur
offraient gratuitement du linge, des habits, des for-
tifiants, du riz et même du pain, en prévision de la
faible ration qu'ils allaient retrouver dans leur prison. M. Cassagnes, n'ayant qu'un habit d'été assez
vieux, reçut à son départ un solide pantalon et une
veste convenable que les dames infirmières avaient
fait faire pour lui.

Malgré leur dévouement et les soins empressés dont
elles entouraient les prêtres, les malades leur arrivaient dans un tel état d'épuisement et de fièvre
qu'elles eurent la douleur d'en voir succomber un
grand nombre dans leur hôpital de Saint-André. Les
déportés de Rodez atteignent le chiffre de 45, sur la
liste des décès de cette maison ; une quinzaine environ étaient déjà morts au Fort du Hâ. Les convalescents ne prolongeaient pas leur séjour à l'hôpital
dans la crainte d'être atteints par contagion de quelque nouvelle maladie ; parfois même ils demandaient
au médecin, malgré un reste de fièvre, à revenir au
Fort du Hâ, au milieu de leurs confrères.

Au mois d'octobre, des vides nombreux s'étant

déjà produits parmi eux, les détenus étaient plus au
large, ou plutôt moins gênés ; les chaleurs de l'été
avaient disparu, le régime s'était adouci ; il y avait
moins de rigueur dans la surveillance, le concierge
consentait à laisser passer quelques lettres adressées
aux parents et amis ; les aliments étaient aussi de
qualité meilleure ; enfin, le règne de la Terreur étant
fini, on commençait à espérer une prochaine délivrance.

Un ordre du représentant Ysabeau, ex-oratorien
et ancien principal du collège de Tours, vint dissiper
toute illusion et prolonger les souffrances des captifs.
Sous le prétexte que le peuple de Bordeaux protestait
contre la distribution de pain faite aux déportés alors
qu'il en était privé lui-même, le conventionnel en
mission, pour complaire aux patriotes, décida que
les prêtres seraient embarqués et conduits à Blaye et
à Rochefort, en attendant le départ pour la Guyane.
Il n'admettait d'exception que pour les malades
incapables de voyager et pour les sexagénaires ; on
devait les laisser à l'hôpital après le départ de leurs
confrères.

Au mois de novembre, des listes furent dressées
par départements d'abord, ensuite par salles et par
groupes. Un officier de santé fut envoyé pour examiner les détenus et faire un rapport. L'humanité
envers les prêtres n'était guère à l'ordre du jour ;
aussi plusieurs malades et plusieurs convalescents,
imparfaitement guéris, furent-ils désignés pour le
départ. Ce fut le 4 novembre que le premier convoi,
composé de plus de 150 prêtres, fut tiré de la prison
du rez-de-chaussée et enfermé jusqu'au lendemain
dans la tour Anglaise du fort. On les y laissa toute la
nuit, sans lumière, sans pain, sans matelas ni paille
pour se coucher ; on avait expédié d'avance sur des

charrettes leurs malles, portemanteaux et autres
objets personnels, qu'ils devaient retrouver dans les
bateaux de transport. Dès le matin du 5 novembre,
la garde vint prendre les prisonniers désignés ; on
leur remit pour toute la journée une livre de pain,
rien de plus, et on les escorta aussitôt jusqu'au port
sur la Garonne, où ils furent entassés dans de grandes barques et dirigés sur Blaye. Ils arrivèrent le soir,
après avoir parcouru sur l'eau trente-huit kilomètres.

Une garde de volontaires les accompagnait jusqu'à
destination. Les prêtres restés au Fort du Hâ passèrent
quinze jours sans recevoir aucune nouvelle de leurs
confrères ; ils apprirent enfin qu'à leur arrivée à
proximité de Blaye ils avaient été enfermés à bord
d'un vaisseau, appelé *Jeanty*, qui devait les conduire à
Rochefort.

Le 24 novembre 1794, on dressa une nouvelle liste
des prisonniers du Fort du Hâ qui devaient former
un second convoi. Quand on les eut désignés, ils
furent, comme les premiers, conduits dans la tour
Anglaise pour y passer la nuit. Le lendemain on leur
remit une livre de pain tout chaud à chacun, comme
provision pour toute la journée ; ensuite on les
escorta jusqu'au port, où ils furent embarqués sur de
larges bateaux qui devaient les déposer le soir en vue
de Blaye. Une fois arrivés, on les fit monter sur un
vaisseau nommé *Le Républicain*.

Le 5 décembre suivant, partit de la même manière
le troisième convoi, composé de 150 détenus environ.
Un vaisseau appelé *Le Dunkerque* les attendait et les
reçut aussitôt pour les transporter à Rochefort.

Nous verrons dans le chapitre VI quelles furent
leurs épreuves et leurs nouvelles souffrances sur ces
trois navires qui avaient autrefois servi pour la traite
des nègres.

Le plus grand nombre des prêtres déportés avaient quitté Bordeaux à la fin de 1794. Il ne restait plus que les malades hospitalisés à Saint-André et quelques détenus dispersés dans les diverses prisons de la ville, principalement au Petit-Séminaire.

Par la statistique déjà donnée, il est facile de constater la diminution progressive des prisonniers dans chaque maison d'arrêt.

Nous n'avons pas à décrire le traitement et le régime de chacune d'elles, car les mêmes conditions ou du moins des dispositions semblables furent adoptées partout, au temps de la Terreur. Si les prêtres durent subir au Fort du Hâ les dures épreuves que nous ont fait connaître leurs divers Mémoires, ceux qui étaient enfermés ailleurs ne furent pas plus favorisés. Ils connurent les mêmes privations et les mêmes angoisses, comme d'ailleurs ils montrèrent aussi le même courage, le même esprit de résignation et de sacrifice, vivant dans la prière, sanctifiant leurs maladies, et sachant mourir en véritables confesseurs de la foi.

CHAPITRE V

Les prisons de Blaye et du Fort-Pâté

La ville de Blaye, sous-préfecture dans le département de la Gironde, est agréablement située sur la rive droite du fleuve, en aval et à trente-huit kilomètres de Bordeaux. Elle ne compte que cinq mille habitants, mais elle est admirée des touristes, à raison de sa position stratégique, de la solidité de ses remparts et surtout de sa citadelle, œuvre de Vauban au XVIIᵉ siècle.

En face de cette citadelle, au milieu du fleuve, se trouve l'îlot du *Pâté*, donnant son nom à une tour fortifiée qui en occupe le centre, et dont les feux peuvent se croiser pour défendre le passage avec ceux du fort Médoc et ceux de Blaye.

Au temps de la Terreur, la ville et l'îlot furent le théâtre des souffrances et des vertus de plusieurs

centaines de vénérables prêtres déportés. Le cimetière garde encore les ossements d'un grand nombre
de ces confesseurs de la foi.

Ceux qui arrivèrent les premiers furent mal reçus.
Ils débarquèrent un jour de foire ; près de trois mille
personnes des environs avaient grossi la population.
Les jacobins répandaient le bruit que les prisonniers
étaient des partisans des révoltés vendéens, qu'ils
venaient affamer le pays, arracher le pain aux patriotes, préparer de nouveaux troubles et une contre-révolution. Ces calomnies provoquèrent des huées et des
insultes ; elles auraient donné lieu à de pires traitements et à des coups, si la garde nationale n'était
survénue pour escorter les prisonniers et les mettre
à l'abri, dans la citadelle.

La municipalité n'était guère mieux disposée que la
foule. En apprenant la décision du directoire dépar-
temental qui ordonnait l'internement à Blaye de ces
nombreux reclus, les administrateurs avaient opposé
d'abord un rapport contradictoire et dont les expressions et les considérants étaient plutôt injurieux pour
les malheureux déportés. On y témoignait une vraie
répugnance à recevoir un pareil dépôt, à partager
avec Bordeaux le fardeau et les embarras de *ce noir
rassemblement*. On demandait des fonds pour réparer
l'ancien couvent des Minimes, dévasté et brûlé en
partie par les volontaires, on exigeait l'envoi de lits,
des meubles et ustensiles indispensables ; enfin, le
pain étant déjà rare, on laissait au directoire la charge
de nourrir ce qu'on osait appeler « *cette sacrée garnison, cette communauté de malveillants* ».

Enfin il faudrait établir des gardiens et surtout un
concierge-chef ferme, *inaccessible à la pitié* comme à
la séduction. Et si les détenus devaient sortir dans le
jardin, il serait nécessaire de les faire garder par des

sentinelles armées pour les empêcher d'escalader les remparts ou de servir d'espions à l'ennemi.

Avant que ce rapport fût parvenu au directoire, les déportés étaient arrivés au nombre de cent-deux. Le maire, Duverger, ex-chanoine assermenté, les avait fait conduire dans la prison de la citadelle, où, disait-il, il allait faire disposer quelques lits et procurer le pain nécessaire ; il écrivait au chef-lieu pour affirmer son zèle, à condition d'être remboursé de tous les frais avancés par lui (1).

Les salles de la prison étaient vastes, mais les prisonniers y furent entassés et parqués comme un troupeau de moutons ; dans les premiers jours, ils n'avaient pour se coucher que le plancher nu, sans paille ni couvertures.

Tous les soirs, les officiers de la garnison venaient les compter, le sabre nu à la main, mais sans toutefois les insulter.

Toutes les privations et les souffrances éprouvées par les prisonniers de Bordeaux furent aussi infligées aux détenus de Blaye. Pour surcroît d'infortune, un bataillon de volontaires des Landes étant venu visiter la citadelle, on leur raconta les calomnies déjà répandues à l'arrivée des ecclésiastiques, on leur représentait ceux-ci comme des conspirateurs saisis les armes à la main dans les combats de la Vendée. Les soldats entrèrent comme dans une sorte de fureur ; ils voulaient enfoncer les portes et massacrer sans retard tous les prétendus ennemis de la nation. Le maire dut intervenir avec la garde nationale pour protéger les détenus et presser le départ des volontaires.

Cependant les soldats de la garnison n'étaient guère mieux disposés ; on pouvait craindre de les

(1) V. Lelièvre, *Une nouvelle page au martyrologe de 1793*, p. 26.

voir, à la première occasion, se porter aux derniers excès de violence.

La municipalité se décida alors à envoyer les prêtres à Bourg, espérant qu'ils y seraient en sécurité.

Au moment du départ, les soldats, occupés à faire l'exercice, aperçurent les détenus sur le quai, et, malgré les ordres de leurs officiers dont ils ne tinrent aucun compte, ils se précipitèrent sur leurs victimes, qu'ils poursuivirent à coups de pierres ; ils atteignirent même plusieurs des gardes nationaux qui les protégeaient. Ce fut au milieu de cette violente agression qu'il fallut s'embarquer. Or, les planches qui conduisaient du quai aux gabares étaient longues et étroites, de sorte que les pauvres vieillards qui avaient à les traverser perdaient l'équilibre ; plusieurs tombèrent à l'eau. Ces accidents retardaient le départ, et les soldats continuaient toujours à lancer des pierres ; ils ne cessèrent que lorsque les détenus furent au large et hors de portée.

En arrivant à Bourg, patrie de saint Paulin de Nole, les prêtres furent bien accueillis des habitants. Ils furent conduits à l'ancien couvent des Ursulines, qu'ils trouvèrent dévasté et sans meubles, mais on leur procura aussitôt des lits, des matelas, des couvertures et des chaises ; on leur servit aussi la nourriture nécessaire.

Le lendemain, un commissaire du directoire, M. Mangeret, les réunit dans l'ancien chœur des religieuses et leur parla avec bienveillance, les engageant à s'aimer les uns les autres et à vivre dans une parfaite union. C'était assurément prêcher des convertis, car les prêtres depuis leur réclusion n'avaient qu'un cœur et qu'une âme. Ils profitèrent des circonstances plus favorables pour se tracer un règlement de vie. Ils se réunissaient à certaines heures au

.chœur, pour faire en commun leurs exercices de piété. Leur satisfaction cependant n'était pas complète, car ils demeuraient privés de la sainte messe, ne possédant ni calice ni ornements, et ils ne voyaient pas le moyen de se les procurer.

Cette paix relative dont ils jouissaient fut malheureusement troublée au bout de huit jours. Dans le conseil municipal composé en grande majorité de gens honnêtes, il se trouva un mauvais chirurgien, impie et sectaire, qui conçut le projet d'ameuter le peuple contre les prêtres et de les faire massacrer. Les vignerons de la contrée ne récoltaient point de blé et venaient acheter leur pain à la ville. Le perfide conseiller réussit à leur faire entendre que la présence des prisonniers les obligerait sous peu à payer leur pain à un prix fort élevé et peut-être même les réduirait à la famine. En répandant aussi les calomnies ordinaires contre les déportés, il excita si fortement les passions de ces paysans qu'ils formèrent le complot de se réunir au nombre de plusieurs milliers, le jour de la Pentecôte, pour enfoncer les portes du couvent et massacrer les reclus.

Le maire de Bourg, homme loyal et chrétien, eut vent de cette conspiration et résolut de la déjouer. Il n'avait sous la main qu'une douzaine de soldats âgés et peu valides ; il ne pouvait donc résister par la force. Aussi, à la veille de l'attaque projetée, il fit lever les prêtres, vers minuit, leur révéla le péril qui les menaçait et les fit embarquer sans retard, s'estimant heureux de leur sauver la vie.

Les fugitifs descendirent sur le fleuve jusqu'à Blaye, dont la municipalité décida de les envoyer au Fort-Pâté, afin de ne pas les exposer une fois encore aux insultes et aux attaques des soldats de la citadelle. On les logea dans des casemates humides et obscures dont les murs ont quinze pieds d'épaisseur, où le jour n'arrive que par d'étroites meurtrières : c'était un vrai repaire de rats, de souris et de puces ; dans les grandes marées, l'eau filtrait partout à travers les voûtes avec une telle abondance que les détenus étaient parfois obligés de déployer des parapluies au-dessus de leurs lits, pour avoir au moins la tête à couvert. On leur donna des matelas de militaires, des draps et des couvertures, mais, hélas ! cette literie avait servi à des soldats galeux, et plusieurs prêtres furent atteints de cette maladie. Ils trouvèrent dans l'île une meule de foin qu'on leur permit de se partager, ce qui fut d'une grande utilité pour exhausser leurs matelas et les tenir au-dessus du sol toujours humide.

Les conditions hygiéniques laissaient beaucoup à désirer, les maladies et la mort firent de nombreuses victimes. Les prêtres cependant ne furent pas molestés par la garde militaire, logée sur la plate-forme du fort, dans des baraques en bois. Ils avaient la faculté de sortir dans l'île et de se promener dans les parties respectées par l'inondation périodique de la marée. Ils faisaient en commun leurs prières et leurs exercices de piété ; ils avaient même organisé des conférences ecclésiastiques de théologie et d'Écriture sainte. M. Raboteau, chanoine de Saint-Gatien, et M. Simon, chanoine de Saint-Martin de Tours, étaient les plus intéressants parmi ceux qui prenaient la parole. Mais ici encore on fut privé du bonheur de célébrer ou d'entendre la sainte messe, pendant de longs mois (1).

La plupart des détenus étaient venus des diocèses de Tours, du Mans et de Blois. Il y avait parmi eux un jeune abbé, alors simple tonsuré, âgé de 22 ans ;

____

(1) V. *Relation* de M. Leproust.

il s'était distingué par son zèle à combattre le schisme et ses adhérents. Aussi fut-il dénoncé par six patriotes et arrêté comme dangereux pour la République. Menacé de mort, il faillit être jeté à l'eau sur un pont de Tours, mais il fut sauvé par ses gardes ; traduit devant le comité révolutionnaire, on le condamna à la déportation ; le 22 avril 1793, il fut joint aux 94 ecclésiastiques envoyés à Bordeaux. Il resta au milieu d'eux pendant deux années entières, jusqu'en avril 1795. Devenu prêtre après la libération, il composa une relation émouvante *des peines et des dangers encourus par les prêtres du diocèse de Tours*, et c'est de lui que nous tenons les détails d'un si vif intérêt sur les prisons de Blaye et les diverses stations des déportés de 1793. C'est M. Leproust qui mourut en 1840, chanoine de Tours.

Il nous fait connaître la décision prise par le directoire de la Gironde de renvoyer dans leur pays les prêtres sexagénaires que la loi ne condamnait qu'à la réclusion et non à la déportation. Cette évacuation se fit dans le second semestre de 1793 et quand les prêtres étaient sans ressources, l'État devait couvrir les frais de voyage.

Un document des archives de Bordeaux (1) mentionne ainsi ces départs successifs :

Pour 38 prêtres de Cahors...... 1468 livres.
— 29 prêtres de Tours....... 4344 livres 14 sous.
— 3 prêtres d'Orléans....... 330 livres.
— 10 prêtres d'Orléans....,... à leurs frais, etc.

Une visite au Fort-Pâté fit constater plusieurs malades parmi les détenus ; alors on les transporta à Bordeaux, au couvent des Grandes Carmélites. La mortalité avait fait de tels ravages qu'il ne restait plus

(1) Arch., dossier L. 192.

que 24 ecclésiastiques après ces départs. On craignit
de les voir tous succomber aux rigueurs de l'hiver, et
la Commission populaire de Bordeaux délégua, le
15 décembre 1793, un commissaire du nom de Sam-
belle pour compulser les registres de l'état civil et
demander l'extrait mortuaire de tous ceux qui étaient
déjà décédés au Fort-Pâté. Il fut aisé de prouver que
la mortalité avait été effrayante. Ordre fut aussitôt
donné d'embarquer le reste des prisonniers ; on les
ramena à la métropole, ils furent soumis à une visite
médicale dans l'hôpital Saint-André. Ceux qui étaient
atteints de la gale y furent convenablement soignés.
Les autres, envoyés au fort du Hâ, furent placés dans
une grande chambre à cheminée, avec des lits, des
matelas, et pendant quinze jours ils furent libres de
faire leurs prières en commun. Ce fut alors que des
municipaux ignorants, ayant mal compris les décrets
de la Convention, se disposaient déjà à faire périr
tous les prêtres réfractaires. Le représentant Ysabeau
les rappela à la raison ; mais il était lui-même si mal
disposé, qu'il ordonna, au mois de décembre, de
déplacer encore tous les détenus du fort du Hâ pour
les ramener à Blaye, au Fort-Pâté. L'officier chargé
de l'exécution se trompa de groupe et alla chercher
les 90 prêtres passés des *Carmélites* au *palais Brutus*,
ceux-là mêmes qu'on avait tirés des casemates de l'île
du Pâté dont ils ne pouvaient supporter l'humidité.

Douze jours après, l'erreur fut reconnue, mais non
réparée ; leurs confrères du Fort-Hâ, désignés par
Ysabeau, furent embarqués à leur tour et emmenés à
Blaye. Cette fois on leur fit grâce de la prison et on
les logea dans la citadelle, au-dessus de l'étage occupé
par les soldats. Ils étaient distribués dans de petites
chambres planchéiées, mais sans lits et sans couvertures ; ils ne purent obtenir de la paille qu'à prix

d'argent. Les chambres n'avaient point de plafond, la toiture était au-dessus, mais il y avait des cheminées, et les soldats de la garde consentirent à vendre une partie du bois qu'ils recevaient eux-mêmes pour leur cuisine.

Grâce au dévouement de quelques charitables fidèles de Bordeaux, les prêtres reçurent enfin secrètement un calice, des ornements, un missel, et ils eurent la consolation de pouvoir célébrer la sainte messe. Ils profitaient du moment le plus favorable. Quand la dernière ronde de la garde avait eu lieu, vers quatre heures du matin, ils se levaient en grand silence, et l'un d'eux, au nom de tous, offrait le saint sacrifice. Pour les autres exercices de piété, ils avaient la liberté de les faire ensemble.

Au mois de mai 1794, les prisonniers virent apparaître au milieu d'eux le conventionnel Ysabeau, avec un costume de général, portant des plumes au chapeau et un grand sabre au côté. Une escorte nombreuse d'officiers et de commissaires l'accompagnait. Il voulut voir les prêtres de Tours ; alors, apercevant M. Leproust qui avait été son élève au collège, il fut surpris et s'écria :

— « Quoi ! te voilà ici, toi ! cela est bien étonnant !

— « Il est étonnant en effet, répondit le jeune abbé, de nous y retrouver tous les deux ; vous dans la situation et le costume où vous êtes, et moi, dans celle où je suis.

— « Si tu avais voulu t'en rapporter à moi et faire le serment, tu serais heureux comme tous ceux de tes camarades qui m'ont cru.

— « Je n'envie point ce bonheur-là. La tranquillité de ma conscience m'est plus précieuse que tout le reste ; c'est le bonheur que j'ambitionne.

— « Que veux-tu que je fasse pour toi ?

— « Eh bien, ce que je vous demande, c'est de nous faire donner du pain ; voilà bientôt dix jours que nous n'en avons eu.

— « Je vais vous en faire donner. Adieu. »

Comme le représentant se retirait avec sa suite, l'abbé Roger, son ancien élève, se mit à lui crier : « Citoyen Ysabeau! citoyen Ysabeau! faites-nous donner du pain! »

La réponse fut celle-ci : « Tu as voulu suivre le pape, va-t'en lui demander du pain! »

Néanmoins, le conventionnel n'oublia pas sa promesse; dans quelque temps, on donna aux détenus un quarteron de pain d'avoine par jour; ils le recevaient comme de la brioche, dit Leproust, mais cela ne dura que trois semaines. La ration fut ensuite d'une livre de pain de fèves par décade pour tous ceux qui ne travaillaient pas. Ceux qui pouvaient s'occuper à certains travaux obtinrent un traitement particulier. Non seulement le pain n'était pas donné en quantité suffisante, mais, de plus, il était de fort mauvaise qualité : couleur de terre, lourd et mal pétri, d'une odeur et d'un goût détestables; on n'aurait pu le manger sans l'impérieuse nécessité d'une faim dévorante.

Pour suppléer à un pareil régime, les détenus achetaient, tant qu'ils en avaient les moyens, d'autre pain, du vin, un peu de viande et des fruits que de cupides marchands leur cédaient à des prix élevés. Parfois ceux qui étaient à la citadelle reçurent des harengs avariés qu'ils s'efforçaient d'utiliser, en les accommodant avec de petits porreaux de vigne qu'on leur vendait, ou avec des orties, des bettes et autres herbes qu'ils ramassaient dans la cour. La détresse était à ce point qu'un des captifs assure qu'il aurait fait vœu de jeûner toute sa vie au pain et à l'eau, si dans sa prison on lui en avait donné selon ses besoins.

Le sort des ecclésiastiques enfermés au Fort-Pâté était encore pire. Ils restèrent quelquefois trois jours de suite sans recevoir le pain noir de la ration ordinaire. Il arriva même à plusieurs reprises que, par le manque absolu du pain ou par sa mauvaise qualité, qui le rendait immangeable, les détenus furent réduits à dévorer les quelques herbes qui croissaient sur cette terre sablonneuse. Plusieurs moururent de faim et d'inanition, et leurs compagnons de misère différaient le plus longtemps possible de déclarer les décès, afin de recevoir encore le même nombre des portions de pain.

Plusieurs personnes généreuses et charitables se dévouèrent pour adoucir le sort des ecclésiastiques déportés, mais il était nécessaire de recourir à des expédients qui n'étaient pas sans danger pour la liberté des bienfaiteurs eux-mêmes. Il y avait surtout à craindre d'être surpris par des sectaires, d'être déclaré suspect et d'encourir la peine d'emprisonnement.

Et, de plus, tous les objets destinés aux prêtres étaient confisqués impitoyablement quand ils étaient saisis. Une courageuse chrétienne de Bordeaux, Mlle Plichon, se rendit elle-même à Blaye, pendant la nuit, à trois reprises différentes, malgré les rigueurs de l'hiver, pour apporter des vivres et les choses les plus nécessaires aux malheureux prisonniers.

Leur détresse était si lamentable qu'on finit par offrir une rétribution à ceux qui voudraient travailler et en auraient la force. Pendant trois mois et demi, on les occupa, comme des forçats, pour le service de la citadelle. Il fallait rouler de grosses pierres sur une brouette ou même les porter sur des brancards, faire des terrassements, balayer les rues, décharger les vaisseaux avec les portefaix, nettoyer les cloaques, etc. On eut même la cruelle audace de contraindre les prêtres à travailler le dimanche. Ils firent observer que leur conscience s'y opposait, et comme on déclarait qu'on entendait les contraindre à travailler ce jour-là pour se reposer au décadi, ils n'hésitèrent pas à subir la privation de pain qu'on leur imposa, comme châtiment de leur refus, tous les dimanches. Ils auraient même subi la mort plutôt que de manquer aux lois de Dieu et de l'Église.

Leur soumission, toutefois, dans les choses qui ne blessaient point leur conscience, était si parfaite et si héroïque, que les habitants de Blaye en furent frappés, et leur hostilité première finit par se changer en une sympathique admiration. On voyait avec étonnement leur humilité et leur ardeur au travail; on avait une respectueuse pitié pour leurs souffrances. Plusieurs obtinrent même du gouverneur l'autorisation de laisser sortir sur parole, le dimanche, des ecclésiastiques qu'ils recevaient ensuite volontiers dans leurs maisons pour les assister avec empressement. Parfois les prêtres avaient la consolation de pouvoir dire secrètement la messe quand ils se trouvaient chez des gens honnêtes et chrétiens.

Cependant, l'excès même des mauvais traitements infligés aux prêtres, leurs privations et leurs souffrances avaient fini par émouvoir l'opinion; après la chute de Robespierre surtout, les autorités révolutionnaires avaient semblé vouloir adoucir le sort des déportés. Il y eut quelques lettres administratives dans ce sens, mais pendant plusieurs mois tout se bornait à demander des renseignements, à faire de vagues propositions, à discuter des projets qui n'aboutissaient point. Enfin le 5 septembre 1794, le directoire de la Gironde arrêta des dispositions qui furent adoptées et signées par Ysabeau, représentant en mission. En voici les points principaux :

« Vu le rapport du commissaire chargé de la visite des prisons, duquel il résulte que les prêtres détenus pour être déportés, et ceux reclus en vertu de la loi du 22 floréal dernier, exempts de la déportation en raison de leur âge ou de leurs infirmités, sont dans la plus affreuse position, sont entassés en trop grand nombre dans les lieux de leur détention, qu'ils manquent de nourriture, de vêtements et d'aliments;

« Le directoire, considérant que toute personne détenue, dont les biens ont été confisqués au profit de la nation, doit être alimentée par elle; que les principes de justice, autant que ceux de l'humanité, font un devoir de ne faire supporter aux détenus que la privation de la liberté, et non celle des secours du nécessaire à l'existence; que ces principes sacrés font la base du code pénal décrété par le peuple français, philosophe, humain et libre; que les prêtres insermentés, quoique déclarés dangereux et suspects, sont des hommes, et qu'à ce titre, on doit exercer envers eux les premiers devoirs de l'humanité; qu'en outre, ils sont maintenant sous la main des lois faites par une nation juste, même envers ses ennemis; ... Arrête :

« Article I. — Il sera alloué trente sous par jour à chaque prêtre détenu, à déporter, ou exempt de la déportation.

« Art. II. — La municipalité surveillera cette distribution; elle s'assurera qu'il n'est exercé aucune vexation; que la liberté sera donnée aux détenus à l'intérieur de la maison, autant que la localité pourra le permettre.

« Art. III. — Le trésor public paiera les fournitures de pain déjà faites; le traitement de trente sous par jour commencera le 15 courant.

« Art. IV. — Les bordereaux de remboursement des sommes employées à payer le pain seront envoyés à la commission compétente.

« Art. V. — La municipalité de Bordeaux fera incessamment un règlement de police pour l'intérieur des maisons de réclusion et de détention. Les devoirs des concierges et des commissaires visiteurs seront fixés; les ordres arbitraires pourront ainsi être réprimés; tous pourront ainsi savoir ce qu'ils se doivent réciproquement.

« Art. VI. — Le présent arrêté sera présenté à la sanction du représentant du peuple.

« Fait au directoire... 19 fructidor an II (5 septembre 1794).

« Le représentant du peuple approuve. 22 fructidor an II (8 septembre 1794).

« C. ALEX. YSABEAU. »

Les déportés de Blaye et de Bordeaux avaient compté un instant partager le sort des nombreux détenus délivrés de leur captivité après la mort de

Robespierre. Mais les révolutionnaires de toute nuance ne voulaient pas étendre aux prêtres le bienfait de cette libération générale. Même après la chute du tyran, il arrivait encore des ecclésiastiques à Bordeaux pour y être emprisonnés en vue de la déportation. Ceux de Tarbes arrivèrent le 11 août 1794. Les prisons étaient pleines, on les mit dans les cachots de la poudrière, réduits ténébreux, éclairés seulement par deux ouvertures hautes et barrées d'une triple grille de fer.

Le représentant du peuple ne devait donner l'ordre de faire évacuer les maisons d'arrêt que trois ou quatre mois plus tard. Mais, hélas ! ce n'était pas pour rendre la liberté aux prêtres, c'était pour leur réserver de nouvelles épreuves et des souffrances tout aussi douloureuses, sinon plus cruelles encore, à bord des pontons, où nous allons les retrouver dans les chapitres suivants.

CHAPITRE VI

A bord des trois négriers

Ordre de départ. — Trois vaisseaux sont préparés à Rochefort. — Des commissions désignent les prêtres à déporter sur les côtes d'Afrique. — Voyage de Bordeaux à Blaye. — Embarquement sur les trois négriers le Jeanty, *le* Républicain *et le* Dunkerque. *— Le régime à bord. — L'entrepont sert de prison. — La cuisine et les repas sur le pont. — Personnel des navires. — On met à la voile pour la haute mer. — Les tempêtes et les croisières anglaises obligent à rétrograder. — On arrive et on stationne au Port-des-Barques. — Entrevue émouvante de ceux qui arrivent avec les premiers déportés sur le* Washington, *sur les* Deux-Associés *et sur le* Bonhomme-Richard.

Au commencement du mois de novembre 1794, le représentant du peuple Ysabeau, voyant les prisons encombrées à Bordeaux et à Blaye, craignant aussi que l'état misérable et les maladies épidémiques des malheureux détenus ne finissent par provoquer l'indignation publique, décréta que les prêtres sujets à la déportation seraient embarqués au plus tôt sur des vaisseaux semblables à ceux de Rochefort. Le texte de la loi désignait la Guyane comme devant être le séjour des exilés; le représentant prit une mesure arbitraire en donnant aux capitaines l'ordre de débarquer les ecclésiastiques sur les côtes d'Afrique, les exposant ainsi à tomber aux mains des Turcs ou à périr de chaleur et de faim sous un climat torride, dans les déserts peuplés de bêtes fauves.

Trois vaisseaux furent désignés pour le transport et armés à Rochefort. C'était d'abord le *Jeanty*, dont le capitaine se nommait Pierre Piquesarry, âgé de 45 ans, originaire de Bayonne ; il pouvait emporter deux cents ecclésiastiques.

Venait ensuite le *Républicain*, capitaine Jean-François Leguelier, qui pouvait recevoir deux cents ecclésiastiques.

Enfin le *Dunkerque*, capitaine Georges Caillaud, de Bordeaux, pouvait prendre à bord cent cinquante déportés.

Dans une visite aux prisons, du 13 brumaire an III (3 novembre 1794), l'administrateur de la Gironde, Monville, et le commissaire municipal Jaugan, assistés de deux officiers de santé, avaient dressé une liste des prêtres détenus qui seraient transportés sur le *Jeanty*. Leur rapport signale qu'ils ont exempté et retenu ceux qui étaient reconnus infirmes ou sexagénaires. En outre, ils ont pris le signalement de chacun d'eux, conformément à l'arrêté du département.

La liste qu'ils ont dressée et signée porte 179 noms, avec l'indication des diocèses respectifs (1) :

L'Aveyron compte 48 détenus; le Cantal, 18.; la Corrèze, 31; la Haute-Garonne, 11 ; le Puy-de-Dôme, 12 ; la Haute-Loire, 7; le Lot-et-Garonne, 9 ; le Gers, 6 ; le Lot, 8 ; le Tarn, 2 ; l'Hérault, 1 ; l'Isère, 9; le Loiret, 5 ; la Seine-et-Marne, 3 ; la Dordogne, 1 ; les Landes 3 ; le Jura, 1 ; les Hautes-Pyrénées, 1 ; la Côte-d'Or, 3. Total, 179.

Le 24 novembre 1794, une nouvelle Commission désignait les détenus qui seraient déportés sur le *Républicain*. Le signalement de chacun d'eux était décrit. Ils étaient classés par départements :

Aveyron, 57 ; Cantal, 23; Haute-Loire, 17 ; Haute-Garonne, 13 ;

(1) Arch. dép., registre 36, fol. 110.

Gironde, 1 ; Corrèze, 1 ; Côte-d'Or, 3 ; Drôme, 1 ; Haute-Saône, 1 ; Indre-et-Loire, 2 ; Indre, 1 ; Landes, 3 ; Isère, 8 ; Lot, 25 ; Lot-et-Garonne, 8 ; Puy-de-Dôme, 18 ; Tarn, 11 ; Var, 2 ; Gers, 1. En tout, 196.

Enfin, le 5 décembre 1794, une troisième Commission, après avoir retenu les sexagénaires et les infirmes, dressait, avec signalement personnel, la liste des ecclésiastiques qui seraient embarqués sur le *Dunkerque* :

Creuse, 20 ; Corrèze, 4 ; Cantal, 3 ; Gers, 20 ; Haute-Garonne, 30 ; Haute-Loire, 2 ; Hautes-Pyrénées, 1 ; Lot-et-Garonne, 2 ; Ariège, 1 ; Lot, 1 ; Hérault, 1 ; Ardèche, 1 ; Landes, 2 ; Aveyron, 2 ; Puy-de-Dôme, 52 ; Rhône, 2 ; Seine-et-Marne, 3 ; Tarn, 1 ; Vienne, 1. Total, 149.

Ces trois vaisseaux étaient d'anciens négriers disposés pour loger et transporter autrefois environ 50 esclaves chacun. On y entassa des centaines de prêtres qui durent y séjourner plusieurs mois dans les conditions les plus insalubres et les plus douloureuses. Les départs de Bordeaux eurent lieu à trois dates différentes. Le premier groupe, destiné au *Jeanty*, partit sur des chaloupes le 5 novembre 1794, pour rejoindre le navire amarré auprès de Blaye. Le second groupe partit pour rejoindre le *Républicain* le 25 novembre ; en quittant le quai, une des chaloupes heurta contre un rocher et faillit sombrer. Un des témoins de cet accident s'écria, nous rapporte M. Cassagnes : « Il fallait qu'elle portât des prêtres pour qu'elle n'ait pas péri ! »

Le 5 décembre, le dernier convoi fut dirigé vers Blaye et monta à bord du *Dunkerque*.

La réception des déportés fut la même à leur arrivée sur chacun des négriers. Plusieurs habitants des environs s'étaient portés à la rencontre des ecclésiastiques, pour leur vendre des vivres et des provisions ; mais les capitaines s'y opposèrent, disant que les détenus seraient nourris comme les matelots (1). Ils étaient hissés à bord l'un après l'autre. Et sur le pont on demandait à chacun de déposer immédiatement les couteaux, les ciseaux, les canifs, les rasoirs et jusqu'aux fourchettes de fer. Les ordres étaient si sévères, et les calomnies répandues si malignes, qu'on avait expédié de Bordeaux des menottes et des fers pour enchaîner les prisonniers. Les capitaines eurent bien vite remarqué combien de telles précautions étaient inutiles et combien elles seraient cruelles. Aussi fut-il résolu de ne pas lier les détenus ; on se contenta de les enfermer dans l'entrepont et de les tenir sous clef pendant la nuit. Au bout de six semaines on renonça à cette mesure bien peu nécessaire ; les prêtres parurent même si paisibles qu'on n'hésita pas alors à leur rendre leurs couteaux et les autres objets saisis à leur arrivée.

Les ecclésiastiques détenus à Blaye furent réunis à ceux qui étaient arrivés de Bordeaux et embarqués sur les trois négriers. Le jour où ils sortirent de la citadelle, les habitants de la ville les accompagnèrent jusqu'au port. Leurs dispositions avaient en effet beaucoup changé depuis quelques mois. Ils avaient été les témoins des persécutions noblement et chrétiennement supportées par les détenus ; ils avaient admiré leur humilité et leur vaillance dans les travaux pénibles et rebutants qu'ils avaient consenti à faire auprès d'eux ; aussi ce n'était plus avec des cris de haine qu'ils les suivaient, comme à leur arrivée ; beaucoup leur prenaient les mains, leur souhaitaient un meilleur sort et se recommandaient à leurs prières.

(1) V. *Relation* de M. Azémar, dans M. A. Fabre, t. I, p. 59.

Le premier soir passé à bord fut marqué par une absence complète de rations et de vivres ; c'est à peine si les ecclésiastiques purent obtenir de l'eau ; quelques-uns avaient conservé une partie de leur pain du matin ou de la veille, on le partagea fraternellement, mais c'était bien insuffisant pour apaiser la faim.

Ce qui fut plus pénible encore, ce fut la première nuit passée dans l'entrepont. Et les suivantes ne devaient pas être moins douloureuses. Voici la disposition de chaque navire :

Ils avaient environ 60 mètres de long sur 8 m. 50 de largeur.

Au fond, se trouvait la cale avec les barriques, les bois, les cordages, les provisions ; il y avait aussi beaucoup d'outils, pelles, pioches, bêches, piques, brouettes ; le tout pour servir aux travaux à faire en déportation, sur les côtes d'Afrique.

Au-dessus était un entrepont, sorte de soupente basse ou de long couloir, dans lequel on descendait du pont par deux trappes. On ne pouvait s'y introduire et y circuler qu'en se courbant beaucoup ; ceux qui avaient une haute taille étaient contraints d'avancer en s'appuyant des mains sur le plancher ; et quand ils se mettaient à genoux, leur tête touchait les petites poutres qui soutenaient le pont (1).

Pour prendre le repos de la nuit, les détenus devaient s'étendre en rang pressés sur le plancher de l'entrepont ; très peu avaient des matelas ; quelques-uns y suppléaient en étendant leurs manteaux ou une couverture ; un petit nombre avaient disposé des hamacs suspendus aux poutres ; mais comme la hauteur ne dépassait pas un mètre et demi, ils incommodaient beaucoup leurs confrères couchés au-dessous. Tout l'espace était tellement rempli, que ceux qui étaient dans la nécessité de se lever pour un besoin pressant devaient marcher dans les ténèbres, sur

___

(1) V. dans M. Fabre, *Relation* de M. Azémar, p. 71.

les bras, les jambes et les corps des autres, malgré leurs plaintes et parfois leurs cris de douleur. La chaleur était étouffante, l'air était vite corrompu; et les huit baquets disposés pour remplacer les cabinets exhalaient une odeur repoussante. C'est à peine si on pouvait respirer. L'air et la lumière ne pouvaient arriver que par une grille en bois ouverte dans le plafond; quand il pleuvait, l'eau tombait sur les détenus, et il arriva même qu'ils se réveillèrent parfois couverts de neige.

La capitaine du *Républicain*, qui était assez humain, finit par disposer au-dessus de cette ouverture une toile cirée soutenue par des piquets, pour arrêter la pluie sans intercepter l'air et la lumière.

Il était défendu de manger dans l'entrepont, et d'y allumer pendant la nuit des chandelles ou des lampes. Il n'y avait ni chaise ni siège d'aucune sorte. On ne pouvait s'asseoir que sur les portemanteaux qui servaient d'oreiller la nuit.

Parfois, dans les grandes marées, le vaisseau était ballotté; il s'inclinait à droite et à gauche, et, ceux qui étaient couchés devant suivre nécessairement ces diverses oscillations, il arriva souvent qu'on était jeté l'un sur l'autre, ou que la tête se trouvait tout à coup beaucoup plus basse que les pieds; il n'y avait alors d'autre ressource que de se tenir assis et immobile.

Pendant l'hiver, des blocs de glace vinrent frapper contre la coque, au milieu de la nuit, et les secousses étaient si fortes qu'on pouvait craindre de voir briser le navire.

A côté de la soupente occupée par les prêtres, il y avait une chambre réservée aux matelots, qui y couchaient dans des hamacs. Une petite pièce était aussi destinée aux malades et portait le nom d'hôpital, mais c'était un réduit fort bas et dans lequel on avait rangé un certain nombre de malles.

Le pont du navire était divisé en deux parties de 20 et de 40 mètres environ; elles étaient séparées par une barrière. L'une était destinée aux officiers; il y avait, du côté de la poupe, deux ou trois chambres pour le capitaine et les seconds, avec des fenêtres sur le derrière. Par devant se trouvait, en plein air, la cuisine des officiers et un certain espace pour se promener. C'est là que l'équipage prenait ses repas; les chefs étaient servis dans leurs chambres.

Jadis il était de tradition de faire une courte prière matin et soir avant de manger; mais les déportés font la remarque que, depuis la Révolution, l'équipage, toujours obligé par le règlement, chantait la *Marseillaise* à la place du *Benedicite*.

Les ecclésiastiques à bord furent nourris comme les matelots. Ils recevaient une livre et demie de pain chaque jour, une demi-livre de viande, deux livres de vin; le soir on leur donnait deux onces de grosses fèves arrosées d'un peu d'huile ou du fromage. A certains jours, le vendredi et le samedi, on donnait du riz et de la morue.

La cuisine se faisait en plein air; sur une barrique en fer était disposée une grande marmite; on pouvait allumer le feu au dessous, et un prêtre de bonne volonté s'était chargé de faire cuire la soupe, la viande, les fèves, le riz et la morue. C'était un aveyronnais, M. Ardourel, âgé de 30 ans, ancien vicaire de Najac.

Les détenus étaient divisés en sections de dix chacune; chaque section avait reçu une grande gamelle de bois pour mettre le bouillon ou les légumes, et un plat pour la viande ou la morue. On passait à son tour pour aller à la distribution générale; puis chaque groupe avait une barrique comme table commune ; on se réunissait autour, chacun présentait son écuelle en bois, et on mangeait debout sur le pont.

Une pompe était installée pour fournir l'eau nécessaire soit pour les soins de propreté personnelle, soit pour nettoyer les divers ustensiles de la vaisselle, soit pour laver le linge.

Quand il pleuvait, les prêtres se réfugiaient sous une grande toile cirée tendue au milieu du pont ; maintes fois ils eurent aussi à rejeter avec des pelles de fortes couches de neige.

L'entrepont avait grand besoin d'être souvent nettoyé et purifié. Alors, on invitait les détenus à transporter sur le pont tous leurs effets, et puis on raclait le plancher, on le lavait à grande eau, et, pour assainir l'air, on jetait un boulet rougi au feu dans un baquet de goudron dont la vapeur et la fumée faisaient disparaître les miasmes délétères.

Comme les malles étaient presque toutes descendues dans la cale, quand les prêtres avaient besoin d'en retirer quelque objet, ils devaient demander l'autorisation d'y aller ; si quelque infirmité leur rendait la chose difficile, le capitaine faisait monter la malle sur le pont ; ensuite elle était remise en place.

M. Leguelier, capitaine du *Républicain*, a laissé les meilleurs souvenirs dans le cœur des déportés ; il fut toujours honnête et bienveillant à leur égard ; il se montrait, dit l'un d'eux, plutôt comme un ami et un père, souffrant de leurs épreuves jusqu'à verser parfois des larmes en voyant leur misère et leurs humiliations (1). Il ne tolérait pas parmi ses subordonnés la moindre offense envers les prêtres, et, comme ceux-ci ne se plaignaient jamais, si les sous-officiers

____

(1) V. *Relation* de Cassagnes, p. 298.

lui dénonçaient un matelot coupable de quelque grossièreté, il le faisait mettre aux fers. Il recevait volontiers par écrit la note des objets ou provisions dont les détenus avaient besoin, et il permettait aux sous-officiers de les acheter à terre et de les céder au prix coûtant.

Aussi, avant de quitter le navire, tous les ecclésiastiques présents voulurent signer une lettre de reconnaissance pour tous ces bons procédés, et le dernier à sortir devait la lui remettre au nom de tous.

Le personnel se composait, en outre du capitaine : d'un capitaine en second, d'un lieutenant, d'un sous-lieutenant, de deux officiers de santé, d'un maître d'équipage en premier et d'un autre en second, et d'un pilote quand on voyageait. Il y avait de plus à bord : un charpentier, un tonnelier, deux préposés aux rations, 3o matelots, un cuisinier et un aide-cuisinier.

Les trois vaisseaux étaient restés pendant quelques semaines à l'ancre, aux environs de Blaye. Ce fut le *Jeanty* qui partit le premier et descendit sur la Gironde, dans la direction de la haute mer, le 5 décembre 1794.

Le 10 décembre, les deux autres navires, le *Républicain* et le *Dunkerque*, reçurent aussi l'ordre de partir. Le temps était mauvais et les vents étaient contraires. Aussi avançait-on lentement, et ce fut seulement le 13 qu'on se trouva en vue de Royan. La violence du vent agitait les vaisseaux et les balançait si fortement, que la position fut jugée dangereuse et qu'il fut nécessaire de rétrograder.

Le 16 décembre, on revint à Royan et on entra en pleine mer, en passant devant la *Tour de Cordouan*. On prit le large, mais, après deux jours de navigation, une affreuse tempête se déchaîna : le danger de périr fut bientôt si grave qu'on fit appel à l'aide des déportés pour la manœuvre; le pilote était fort habile; il profita de ce secours, et le naufrage fut évité.

Le dessein des capitaines était peut-être de poursuivre la route vers les côtes d'Afrique assignées par Ysabeau comme lieu de déportation. Mais Dieu en disposa autrement.

On entendit tout à coup plusieurs coups de canon retentir au loin, et, comme à cette époque les flottes anglaise et espagnole faisaient la croisière dans ces parages, les officiers tinrent conseil. Dans la crainte de tomber entre les mains des ennemis et de voir les détenus délivrés, ils changèrent de direction et rebroussèrent chemin vers l'embouchure de la Charente.

Ce ne fut pas sans peine qu'on arriva le 20 décembre devant l'île d'Aix. Plusieurs des déportés étaient fort incommodés par les secousses données aux navires par la marée ou la violence des vagues; beaucoup souffraient du mal de mer.

La nuit de Noël fut encore plus mauvaise; le vent redoublait de force, et l'agitation des vaisseaux sembla parfois compromettre la vie des passagers. On travailla toute la nuit à la manœuvre, et le lendemain on essayait de sortir de cette position dangereuse en se dirigeant vers La Rochelle. Cette tentative ne fut pas heureuse; on continuait d'être ballotté violemment, les ancres furent bientôt croisées et enchevêtrées; il fut nécessaire de revenir vers l'île d'Aix. Le *Républicain* et le *Dunkerque* arrivèrent les premiers à l'embouchure de la Charente, vis-à-vis du *Port-des-Barques*, village de 400 âmes. Le *Jeanty* n'arriva que dix jours après, le 7 janvier 1795. On jeta l'ancre, et les vaisseaux furent amarrés à des canons enfoncés dans la terre, sur le rivage.

Une surprise mêlée de douleur et de joie était réservée aux prêtres déportés, à leur arrivée à l'embouchure de la Charente. Ils y trouvèrent de nombreux confrères sur les trois vaisseaux le *Washington*, les *Deux-Associés* et le *Bonhomme-Richard*. Ces vaillants confesseurs de la foi avaient subi des épreuves bien plus longues et plus cruelles que celles des prisonniers de Bordeaux. De sept à huit cents qu'ils étaient en montant sur les trois navires, ils étaient réduits, après neuf mois, à 274, sur lesquels 58 étaient malades, 89 étaient convalescents et 127 seulement jouissaient d'une assez bonne santé. Le nombre des survivants devait encore être diminué pendant les deux mois qui allaient s'écouler avant leur libération.

L'entrevue fut des plus émouvantes, le 27 décembre 1794. Plusieurs relations nous ont été conservées dans les deux camps et racontent à peu près dans les mêmes termes cette rencontre inespérée. Les prêtres qui arrivaient de Bordeaux s'étaient massés sur les ponts des navires. Avant de pouvoir se rapprocher pour échanger quelques paroles, ils envoyèrent leur salut fraternel en exécutant quelques chants de circonstance, des hymnes et des psaumes qui provoquèrent des applaudissements sur les autres navires. Bientôt on pourrait se parler, s'adresser des questions et entendre les réponses. Les uns et les autres se révélèrent leurs épreuves, leurs souffrances et les pertes douloureuses que la mort leur avait infligées. Tous ensemble se félicitaient d'avoir persévéré dans la confession de leur foi.

La première entrevue fut suivie de plusieurs autres; mais les derniers arrivés étaient profondément attristés de constater sur les corps amaigris, desséchés, sur les visages pâles de leurs frères, la trace de leurs privations et des maux si rudes qu'ils avaient endurés. Jusque-là, ils se croyaient les plus malheureux des hommes, mais une fois instruits du sort de leurs frères, ils ne pouvaient retenir leurs larmes et leurs sanglots ; ils reconnaissaient que leurs épreuves avaient été bien moins douloureuses.

Et comme ils n'avaient pas été eux-mêmes dépouillés de leurs ressources, ils s'empressaient de secourir la détresse des autres ; ils leur offraient leur argent, leur linge, leurs habits, heureux de mettre tout en commun avec des frères dénués de tout.

Le 3 février, les prêtres détenus dans le *Washington*, dans les *Deux-Associés* et dans le *Bonhomme-Richard* partirent pour Saintes et y furent très bien accueillis.

CHAPITRE VII

Au Port-des-Barques et à Brouage

Le séjour des prêtres venus de Bordeaux se prolongea plus qu'on n'avait pensé d'abord, en vue du *Port-des-Barques*; on les retint sur leurs vaisseaux respectifs, jusqu'après Pâques.

Le village, qu'ils apercevaient sur la rive, est situé entre l'île Madame et Rochefort, à deux kilomètres de l'île et à dix kilomètres de cette ville. Il comptait environ quatre cents habitants.

Les ecclésiastiques ne pouvaient s'y rendre pour s'approvisionner; mais les officiers en second se chargeaient volontiers de leur apporter au prix coûtant le pain, les légumes et autres denrées dont ils avaient besoin. La longue station de plus de trois mois qu'ils durent faire à l'embouchure de la Charente les préserva des dangers de la haute mer, alors fort agitée par les vents et les tempêtes. Mais ils eurent par ailleurs beaucoup à souffrir, car l'hiver fut des plus rigoureux; ceux qui étaient sur le *Jeanty* avaient aussi à subir pour la nourriture de dures mortifications. L'abbé Leproust nous les fait connaître, quand il nous raconte de quelle manière le cuisinier remplissait son office :

« Après avoir tiré, dit-il, la viande et le bouillon, il montait dans la chaudière et la nettoyait avec le balai de corde qui servait à ramasser les ordures du pont. Lorsqu'il y avait eu de la morue le matin, il ne se donnait pas la peine d'ôter l'eau où il l'avait fait cuire, ni par conséquent les arêtes qui restaient au fond. Il jetait quatre boisseaux de fèves par-dessus, avec vingt-quatre seaux d'eau, et une livre d'huile en guise de beurre.

« Malgré cette malpropreté, malgré le manque de cuisson et d'assaisonnement, nous étions si affamés, que nous dévorions, matin et soir, tout ce qu'on nous donnait, si dégoûtant qu'il fût. Notre cuisinier, voyant notre avidité à manger les fèves, eut l'industrie de diminuer la ration qu'il distribuait dans des baquets. Il fallait lui en redemander, et il n'en donnait qu'à ceux qui pouvaient payer. J'ai vu des chanoines accoutumés chez eux à une exquise propreté aller porter à ce malheureux des assignats de cent sous pour obtenir une cuillerée de ces fèves, tant la faim fait oublier toute délicatesse !

« Au bout de quinze jours cependant, cette malpropreté nous dégoûta fort, et, sur notre demande, le capitaine du vaisseau nous permit de nous faire nous-mêmes notre cuisine. Dès lors, nous allions à tour de rôle, deux de chaque section, tous les jours, nettoyer les fèves et les faire cuire à point, ainsi que la viande ou la merluche du repas du matin. Les aliments, quoique de mauvaise qualité, devinrent plus mangeables.

« Cette année, de Noël à la Chandeleur, il y eut de grands vents et des froids très vifs. Notre fourneau et notre chaudière étaient sur le pont; ceux qui préparaient les aliments y étaient exposés à toutes les intempéries. On avait beau se tenir auprès du fourneau pour se réchauffer, le froid se faisait sentir vivement, et plusieurs de nos confrères, en s'occupant de la sorte, prirent de gros rhumes ou des fluxions de poitrine. Enfin, le froid devint si excessif, qu'il ne se trouva plus personne pour l'affronter. Pendant plusieurs jours, nous fûmes réduits à ronger notre biscuit de mer sans aucune préparation ; ceux qui n'avaient pas les dents assez fortes, car ce biscuit était plus dur que la brique, le broyaient avec des maillets de bois.

« La nuit, pour nous, commençait à quatre heures du soir et se terminait à huit heures du matin. Pendant ce temps, nous étions renfermés sans lumières. Nous étions couchés sur la planche, et ceux qui avaient besoin de s'approcher de quatre grands baquets placés aux quatre coins du vaisseau (et que nous devions, le matin, monter sur le pont, vider et nettoyer), ceux-là ne pouvaient y parvenir qu'en passant sur les corps de leurs confrères.

« Nous étions tellement serrés les uns contre les autres, qu'il était difficile, pour ne pas dire impossible, de trouver à mettre le pied entre deux corps. On était obligé d'avancer avec précaution, de reconnaître d'abord avec la main l'endroit où on pouvait placer le pied. Malgré ces précautions, on marchait souvent sur des bras ou des jambes ; on tombait sur les corps et sur les visages de ses compagnons (1). »

L'abbé Leproust nous révèle d'autres misères plus cruelles encore. Une multitude de souris et même de gros rats couraient la nuit dans l'entrepont, passaient et repassaient sur les mains et sur le visage des détenus, s'empêtraient même avec les pattes dans leurs cheveux et se glissaient sous les habits et les couvertures.

Une invasion plus répugnante encore et plus dangereuse, celle des poux et de la vermine, finit par se produire au bout de quelques semaines. Ce fut un vrai supplice, car il devint bientôt impossible de s'en garantir. Pour éviter d'être rongé tout vivant, chaque détenu se vit obligé de changer de chemise deux ou trois fois par jour. Il fallait donner la chasse continuellement à ces insectes parasites, les chercher avec soin sur le linge qu'on venait de quitter, et toute la journée on allait sur le pont, à tour de rôle, pour procéder à cette triste mais nécessaire opération. Un chanoine de Gien, n'ayant pas voulu s'astreindre à

(1) V., dans Lelièvre, *Relation* de M. Leproust, p. 35.

cette précaution, eut bientôt sept trous dans le dos, et la vermine attachée à son corps lui appauvrit tellement le sang, qu'on dut l'emporter à l'hôpital de Rochefort, où il ne tarda pas à expirer.

Cette relation parle du *Jeanty*, mais sur les deux autres vaisseaux on connut aussi les mêmes misères.

Sur le *Républicain*, dans le courant du mois de janvier 1795, un prêtre succomba, épuisé et dévoré par les mêmes insectes; une autre mourut subitement. Les corps furent enveloppés dans un linceul et déposés pendant vingt-quatre heures sur le pont. On les avait couverts d'une toile, et leurs confrères récitèrent l'office des morts et le psautier, en se relevant par groupes, toutes les heures. Le capitaine permit à une douzaine de prêtres de procéder aux obsèques en se rendant à terre dans un canot. On leur donna des pioches et des pelles ; quelques matelots les accompagnèrent. On creusa la tombe, on bénit la fosse, et les prières des funérailles furent récitées. Le capitaine, s'il eût été libre, aurait autorisé la célébration de la messe, mais il avait à craindre d'être dénoncé, n'étant pas sûr de tout son monde, et les détenus eux-mêmes auraient beaucoup perdu à le compromettre.

Pendant leur séjour devant le *Port-des-Barques*, les déportés eurent à subir une incommodité fort désagréable, à la suite des fortes marées. Lorsque les vagues se retiraient après avoir ballotté le vaisseau, il arriva plusieurs fois qu'elles le laissaient à moitié pris dans la vase d'un côté, tandis que l'autre côté était dans l'eau. Alors il se produisait fatalement une forte inclinaison; le plancher de l'entrepont penchait à droite ; si les détenus étaient couchés à ce moment, ils étaient contraints de glisser les uns sur les autres; les têtes de ceux qui se trouvaient à droite se trouvaient placées beaucoup plus bas que les pieds, de sorte qu'il était impossible de dormir dans une pareille situation. Plusieurs prenaient le parti de se tenir assis ; quelques autres se couchaient dans le milieu, dans le sens de la proue à la poupe, pour éviter la gêne de l'inclinaison qui durait jusqu'à la marée suivante.

Le capitaine du *Républicain* consentait volontiers à toutes les mesures capables d'adoucir le sort des détenus. Il leur laissait maintenant la liberté de sortir la nuit pour aller sur le pont en cas de nécessité ; on ne les enfermait plus. Il autorisa même une personne venue du Quercy pour porter des secours aux prêtres de son pays. Elle accosta avec une barque, monta sur le vaisseau et remit à ses compatriotes du pain, des chemises, des draps, de l'argent, et autres objets qui pouvaient leur être utiles. Elle se retira ensuite librement.

Le maître d'équipage avait la mauvaise habitude de jurer à chaque mot qu'il disait, ce qui déplaisait beaucoup aux ecclésiastiques. Or il lui arriva, en marchant sur le bord du vaisseau, de faire un faux mouvement, de perdre l'équilibre et de tomber à la mer. On lui tendit une corde, et il put se sauver ; mais on remarquait, avec une certaine satisfaction, qu'après cet accident, on ne l'entendait plus prononcer ses jurements habituels (1).

L'opinion générale en France réagissait de plus en plus contre les excès de la Terreur, et les déportés commençaient à espérer un meilleur sort, dans un avenir prochain. Les pétitions adressées à la Convention par leurs confrères si longtemps éprouvés sur le *Washington* et sur les deux autres navires avaient obtenu un résultat satisfaisant ; on aboutissait enfin à la libération des survivants. C'était là un

(1) V., dans M. Fabre, *Relation* de M. Azémar, p. 80.

motif d'espérance pour ceux qui restaient encore au *Port-des-Barques*. Le 5 février 1795, ils purent croire un instant que l'heure de leur délivrance allait sonner. L'ordre était donné de préparer le départ pour Rochefort. Le 10 février, un nouvel ordre était communiqué aux détenus ; ils avaient à faire leurs malles et à mettre des étiquettes à tous leurs paquets, avec leurs noms et leurs adresses. Mais, hélas ! les comités supérieurs ne se pressaient guère, et deux mois et demi se passèrent dans la même situation. Il y avait encore de farouches jacobins dans les administrations, et ils ne voulaient pas désarmer en faveur du clergé persécuté. Il se trouva cependant quelques révolutionnaires moins sectaires qui eurent le courage de plaider la cause des innocents depuis si longtemps dans le malheur. L'agent national de Rochefort, Bessière, écrivit au Comité de salut public, le 9 mars 1795 :

« Il existe encore en rade de Port-des-Barques, à bord des vaisseaux le *Jeanty*, le *Républicain* et le *Dunkerque*, environ 600 prêtres dont la position est extrêmement dure. Le peu de hauteur de l'entrepont où ils se tiennent habituellement les soumet à une attitude gênante ; leur grand nombre dans un lieu extrêmement resserré les expose à une incommodité permanente et leur présage une épidémie mortelle que la saison du printemps qui va s'ouvrir ne fera qu'avancer. L'humanité réclame qu'ils soient promptement retirés de ces vaisseaux (1). »

Un des membres du Comité de salut public, Guyot, prit cette lettre en considération. Il connaissait, à Rochefort, M. de la Mermillière, un bon chrétien, dévoué aux ecclésiastiques. Il lui fit savoir qu'il était disposé à obtenir la libération des déportés qui lui en feraient la demande en donnant leurs noms, en indiquant aussi leur district, et la date de leur arrestation.

(1) V. Manseau, t. I.

M. Guyot était le beau-père du fameux boucher Legendre, et celui-ci allait présider pendant quinze jours le Comité de salut public. C'était donc l'occasion favorable.

Les détenus, invités à répondre à cette avance, hésitèrent beaucoup ; ils étaient si peu habitués à trouver quelque bienveillance parmi les administrateurs de la Révolution, qu'ils redoutaient un piège. Leur demande n'allait-elle pas les signaler comme vivants et toujours réfractaires ?

Un bon nombre cependant jugèrent à propos de rédiger la supplique proposée, sauf à écarter tout subterfuge et à se montrer tels qu'ils étaient, sans aucune feinte ni compromission au sujet de leur foi religieuse. Voici la formule adoptée et souscrite par chaque pétitionnaire :

« Un prêtre catholique, apostolique et romain, inviolablement attaché à ses principes religieux, ami de la paix et du bon ordre, détenu et déporté pour avoir refusé toute espèce de serment, réclame votre protection pour obtenir sa liberté. Il n'oubliera jamais ce bienfait. »

Informé des méfiances et des scrupules de ceux qui s'étaient abstenus de signer, M. Guyot fit savoir nettement qu'il ne les ferait pas passer pour jureurs, mais obtiendrait purement et simplement leur liberté en donnant leurs noms et leurs adresses. On se hâta alors de dresser des listes par départements, mais il fallut s'entendre dans les trois navires, on perdit du temps, des omissions nombreuses furent la suite de cette hâte et des malentendus. Les premières demandes arrivèrent à temps et furent agréées ; les listes tardives ne parvinrent au Comité qu'après l'expiration de la présidence de Legendre, et son beau-père

M. Guyot n'eut plus assez d'influence pour les faire aboutir (1).

Le 1er avril 1795, un commandant vint annoncer sur les trois vaisseaux que, dans quelques jours, tous les déportés descendraient à terre pour être envoyés : les malades, à Saint-Jean-d'Angély ; les autres, à Brouage, non loin de la mer.

La liberté des cultes avait été proclamée, et le décret était enfin promulgué. Le Jeudi saint, tous les ecclésiastiques purent faire leurs pâques ; ils sanctifièrent aussi très particulièrement le Vendredi saint en formant entre eux une association de prières pour toute leur vie. En voici les points principaux :

« Les prêtres déportés à bord des vaisseaux le *Jeanty*, le *Dunkerque* et le *Républicain*, en rade de Port-des-Barques, près Rochefort, désirant resserrer de plus en plus les doux liens de l'amitié et de la charité chrétienne qu'une même foi et la même captivité ont formés entre eux ; désirant les rendre aussi durables qu'utiles et les étendre, autant qu'il est en eux, sont convenus pour le présent et pour l'avenir, soit qu'ils demeurent ensemble, soit qu'ils se séparent, de ce qui suit :

« Chacun d'eux célébrera tous les ans, tant qu'il en aura la faculté, deux messes ; il en appliquera l'intention : 1° pour remercier Dieu des grâces dont il n'a cessé de les combler, et pour lui demander la continuation de cette miséricordieuse protection, tant pour eux-mêmes que pour leurs bienfaiteurs et autres fidèles, leurs concitoyens, et pour le soutien de la religion catholique dans leur pays ; — 2° pour demander à Dieu réciproquement, les uns pour les autres, une sainte mort, point décisif d'où doivent dépendre leur union et leur fidélité éternelles ; — 3° pour demander à Dieu, en faveur de ceux qui seront morts à cette époque, la prompte délivrance des peines du purgatoire qui pourraient leur rester à expier (2). »

Ce contrat d'union sacerdotale fut accepté et signé par tous les déportés, le 3 avril, jour du Vendredi saint.

(1) *Relation* de M. Azémar, p. 86.
(2) V. Manseau, t. I, p. 388.

Deux jours après, en la fête de Pâques, ils eurent un joyeux alleluia. La libération immédiate de 85 d'entre eux était prononcée officiellement, et ils pouvaient de suite se retirer dans leur pays. Le même jour, une lettre de Paris, adressée par M. Guyot, annonçait pour le prochain courrier la libération d'un groupe plus nombreux encore. Le chiffre de 95 qui était indiqué fut largement dépassé, et 210 déportés furent mis en liberté le 25 avril.

Depuis le jour de Pâques, la messe était autorisée à bord du *Jeanty*; c'était déjà une grande consolation pour tous les prêtres. Le capitaine avait offert de fournir lui-même les hosties nécessaires. On en consacra un assez grand nombre pour porter la communion à ceux qui étaient encore sur le *Républicain* et sur le *Dunkerque*.

Le 25 avril, ceux qui étaient libérés prirent la direction de Rochefort et de Saintes. Il en restait encore 244 qui n'avaient pas adressé à temps leur demande. Ils furent débarqués le 26 avril, à 8 heures du matin, et dirigés vers Brouage, où ils arrivèrent le soir; les valides y allèrent à pied, et les malades y furent conduits sur des chaloupes.

Les détenus s'estimaient heureux d'être enfin sur la terre ferme, de respirer le grand air et de ne plus passer de tristes nuits dans l'entrepont. Cependant la résidence qui leur était assignée ne pouvait encore leur offrir satisfaction, car son climat était humide et fiévreux.

Brouage est une petite ville, aujourd'hui bien déchue, dont les ruines rappellent son ancienne prospérité au XVIIe siècle. Elle faisait alors un grand commerce de sel. Autrefois située sur les bords de la mer, elle était fortifiée; les remparts sont aujourd'hui délabrés et s'écroulent peu à peu ; on n'a réparé et conservé que les poudrières, qui servent encore et sont gardées par quelques soldats. La mer s'est retirée à quatre kilomètres, l'ancien port a été comblé par la vase, et les environs de la vieille cité sont transformés en marécages qui la rendent humide et malsaine.

Les habitants de Brouage se montrèrent insensibles aux épreuves déjà subies par les déportés, et leur accueil fut très froid. Les autorités elles-mêmes étaient peu bienveillantes ; elles divisèrent les prêtres en deux groupes, dont l'un fut logé dans les casernes, et l'autre dans l'ancienne demeure du gouverneur. On négligea de leur procurer des matelas ou de la paille pour se coucher ; ils durent eux-mêmes se pourvoir de leur mieux pour ne pas s'étendre la nuit sur les dalles nues. On leur déclara qu'ils devaient se considérer comme internés dans la ville, avec défense de monter sur les remparts et surtout de se présenter aux portes qui étaient gardées, jour et nuit, par un poste de volontaires sous les armes. Au mois de mai, on obligea les détenus à comparaître, tous les jours, à 3 heures du soir, pour répondre à l'appel nominal devant le maire, ancien curé de la ville assermenté et apostat (1).

La nourriture fournie aux ecclésiastiques fut à peu près la même que celle qu'ils recevaient sur les vaisseaux. La ration de pain avait cependant été réduite de 600 grammes à 400. Le matin, à 8 heures, on distribuait à chacun le pain et le vin pour toute la journée. A midi, chaque section recevait dans une gamelle commune le bouillon et la viande ; le soir, on recevait des fèves. Ceux qui étaient logés à l'ancien gouvernement devaient traverser la ville pour aller aux casernes recevoir les vivres, et parfois il

(1) V. *Relation* de M. Azémar, p. 93.

fallait faire un grand détour, quand la marée montante envahissait le passage direct. Deux fois par semaine, on distribuait de la morue rance pour potage et portion ; certaines personnes de Brouage consentaient volontiers à faire un échange contre une soupe aux herbes assaisonnée de beurre frais (1).

Généralement les habitants étaient peu disposés à rendre service aux détenus ; ils les rançonnaient même et exigeaient des prix élevés chaque fois qu'ils vendaient ou seulement louaient quelque objet nécessaire au mobilier ou à l'entretien.

La grande consolation des prêtres était de pouvoir enfin dire la messe soit dans les chambres, soit dans quelques petites chapelles improvisées dans les casernes. Il y avait bien dans la ville une belle église, très ancienne, mais elle avait été fermée pendant la Révolution, et le maire, ex-curé intrus, n'aurait pas consenti à la remettre en état convenable. Il se trouva des habitants assez religieux pour offrir aux prêtres un local avec un autel, en les priant de venir y célébrer le saint sacrifice.

Les prêtres avaient aussi le pouvoir et la satisfaction de se confesser entre eux. On leur envoya de divers côtés des honoraires de messes; la ville de Lyon leur fit parvenir cent louis d'or, mais, vu leur nombre de plus de deux cents, c'était peu pour que chacun fût bien secouru.

A l'approche de l'été, la situation devint mauvaise pour les santés : les fièvres, la dysenterie, le scorbut et l'hydropisie firent de grands ravages dans la colonie. L'administration voyait souffrir et mourir les détenus sans s'émouvoir, sans prendre aucune mesure pour assister les malades ou ensevelir les morts.

(1) *Relation* de M. Azémar, p. 92.

Ceux qui conservaient encore quelques forces redoublèrent de charité et de zèle pour soulager leurs frères. Ils dépensaient généreusement toutes leurs ressources pour procurer aux malades quelques remèdes ou une nourriture meilleure et plus légère. Ils faisaient préparer dans des maisons particulières du bouillon de veau et des tisanes; ils se procuraient du beurre frais, du fromage et des fruits qu'on apportait des environs, mais tous leurs soins étaient impuissants à conjurer la contagion. Abandonnés à eux-mêmes, ils n'eurent bientôt d'autre consolation que de se réfugier dans la miséricorde de Dieu par de ferventes prières. Ils ne tardèrent pas à être exaucés. Un médecin accourut de Marennes et donna aux malades tous ses soins. Les Filles de la Charité de la même ville et celles de Rochefort s'empressèrent d'envoyer des remèdes et de procurer tous les soulagements dont elles pouvaient disposer. Une quête faite par leur initiative dans le département produisit cent louis d'or. Enfin les fidèles de toute la contrée, instruits de la grande misère des déportés, envoyèrent, de tous côtés, des secours en linge, habits, comestibles et argent. Et comme ils connaissaient les conditions malsaines et insalubres de Brouage, ils n'hésitaient pas à provoquer des rapports et des pétitions pour obtenir le transfert des détenus dans une meilleure résidence, et leur libération définitive.

On permit enfin à quelques malades de se rendre à Marennes pour se rétablir; un homme de garde les accompagnait et devait les ramener après leur guérison. Il fut aussi permis aux détenus de se promener sur les remparts et dans les allées d'arbres qui entouraient la ville.

Dans l'espace de quelques mois, trente prêtres succombèrent aux diverses maladies épidémiques. On autorisait une douzaine de confrères à accompagner les corps jusqu'au cimetière situé hors des murs. Parfois on avait beaucoup de peine à trouver des porteurs, et dans une circonstance particulière, il fallut payer 5oo livres en assignats, pour avoir une charrette attelée de bœufs, afin de transporter deux prêtres décédés le même jour et dans la même chambre (1).

Les cérémonies des funérailles étaient librement accomplies ; un ecclésiastique portait une petite croix en tête du convoi ; les autres récitaient le *Miserere* et les psaumes de l'office des morts ; au cimetière on bénissait la tombe en disant les prières accoutumées.

Au mois de novembre 1795, l'état général des prisonniers était lamentable. Voici, pour en juger, le rapport que fit alors le médecin préposé à leur surveillance :

« Je soussigné certifie que le plus grand nombre de ces prêtres sont atteints de fièvres très tenaces et opiniâtres ; d'autres d'une dysenterie violente qui en a porté plusieurs au tombeau ; notamment, depuis quinze jours, neuf ont succombé. Dans ce moment, le nombre de ceux dont la santé est passable, suffit à peine pour porter les autres en terre. Plusieurs manquent de vêtements, et une partie couche sur les planches, n'ayant seulement pas de paille. — Signé, Delagrave, officier de santé, 3 novembre 1795. — Certifié le 5 novembre par les officiers municipaux de Brouage, Dyvri, Imbaut. »

Déjà l'administration de la marine s'était préoccupée d'une si triste situation. Le 26 octobre 1795, elle avait adressé la note suivante à la municipalité de Saintes :

« Nous venons de recevoir un rapport de l'officier de santé Chambellan. qui constate l'état de maladie dans lequel se trouvent les prêtres reclus dans le fort de Brouage, et l'impossibilité dans laquelle il se trouve de leur fournir les moindres secours.

« Il nous presse de prendre les mesures les plus promptes pour arracher ces êtres aux horreurs de la faim et de la misère.

(1) *Relation* Azémar, p. 98.

« Nous avons également reçu un procès-verbal du juge de
paix de Marennes, qui afflige l'humanité par le tableau de ce que
souffrent ces mêmes prêtres par l'insalubrité et la malpropreté
des logements qu'ils occupent.

« Si l'intérêt de la République lui prescrit d'exclure de son sein
les êtres inciviques..., la justice nationale, d'accord avec l'humanité, exige qu'on leur fournisse, jusqu'au moment de leur départ,
des logements salubres, le pain nécessaire à la vie et même les
secours de l'art que peut exiger l'état de maladie dans lequel ils
se trouvent.

« Pénétrés de cette vérité, nous sommes décidés à faire traduire
dans cette commune (de Saintes) les prêtres qui sont en ce
moment à Brouage, au nombre d'environ cent cinquante. Mais
avant de nous déterminer à prendre ce parti, il est nécessaire que
nous sachions s'il existe dans cette commune des logements propres à les recevoir.

« Nous vous observons encore que les détenus de Brouage sont
presque nus, et n'ont pas seulement de paille pour se coucher.
Nous croyons que dans les nouveaux logements que nous leur des-
tinons, il est indispensable qu'ils trouvent, s'il est possible, un
matelas et une couverture à deux. »

La municipalité de Saintes n'eut aucun empressement à adopter les propositions qui lui étaient faites ;
elle délibéra même pour demander au département de
lui éviter cette charge.

Le directoire répondit qu'il ne pouvait envoyer les
détenus à Pons, qui ne pourrait suffire à les loger ;
qu'au surplus, vu le nombre des malades, une centaine
seulement seraient envoyés à Saintes (1).

Le conseil de cette ville dut s'incliner ; il demanda
l'autorisation de prendre, dans l'hôpital supplémen-
taire, les matelas et les couvertures nécessaires. Ce
fut accordé, mais on remarqua que cette literie avait
servi à des soldats galeux et ne pourrait que propa-
ger cette maladie. Alors il fut convenu qu'on serait
pourvu sur les magasins de dépôt qui possédaient 172
matelas et 105 couvertures, saisis chez les émigrés (2).

(1) Délibérations municipales, Archives, L. 54.
(2) Archiv. départ., L. 54.

Malgré cette activité apparente des administrations, la situation demeura stationnaire pour les déportés pendant six mois encore.

Dans leur détresse, ils finirent par se résoudre à exposer, eux-mêmes, au ministre de la police générale leur état lamentable.

Le bureau de la police saisit l'administration départementale des demandes envoyées à Paris et provoqua le rapport suivant en date du 11 mars 1796 (21 ventôse an IV) :

« Le sentiment d'humanité nous avait déterminé, dès le mois de frimaire dernier, à prendre un arrêté pour faire sortir les prêtres de Brouage où nous savons qu'ils sont infiniment mal et par l'insalubrité de l'air et des lieux qu'ils habitent, et par l'impossibilité où ils sont de se procurer les choses nécessaires à leur conservation, tels que les traitements, médicaments et habillements.

« Cet arrêté, qui a été approuvé par le ministre de l'intérieur, portait qu'ils seraient traduits à Saintes, dans la maison où sont détenus les prêtres de notre département. Il serait actuellement exécuté, si l'agent maritime nous avait procuré, comme nous lui en avions fait la demande, un bâtiment pour faire transporter ici les prêtres qui sont au nombre de 120 environ.

« Mais cet agent n'a point déféré à notre demande; la difficulté des chemins et de se procurer des voitures s'étant opposée à leur transport par terre, nous avons été forcés de le différer jusqu'ici.

« Nous venons d'écrire à l'administration municipale de Marennes, pour l'autoriser à fréter une barque au moyen de laquelle ils remonteront la Charente. Ce moyen nous parait le plus sûr et le moins dispendieux.

« Lorsque ces hommes seront ici, nous veillerons à ce qu'ils soient traités avec les égards dus à l'humanité, et nous nous conformerons au surplus à l'instruction du directoire exécutif du 26 nivôse qui les concerne. »

L'administration départementale fit exécuter assez vite les préparatifs du départ de Brouage. Le 26 mars (6 germinal), elle ordonna à la municipalité de Saintes de bien traiter les 120 prêtres qui allaient arriver.

Ce fut le 2 avril 1796 que les survivants du groupe

envoyé depuis un an à Brouage arrivèrent enfin à Saintes, les uns à pied, les malades sur une chaloupe, exténués pour la plupart. Voici comment l'un d'entre eux raconte leur voyage et l'accueil qu'ils reçurent dans leur nouvelle résidence :

« L'état où nous avait réduits tant de maladies diverses nous faisait redouter la fatigue inséparable d'une course de dix lieues. On ne put trouver un bâtiment assez grand pour nous contenir tous et nous conduire par eau. Il fut donc arrêté qu'une partie ferait le trajet à pied, accompagnée d'un détachement de la garnison, et que l'autre serait embarquée.

« Ceux qui voyagèrent à pied, forcés de soutenir une marche accélérée et pénible, traînèrent ainsi jusqu'à Saintes *leurs cadavres ambulants*. Ils éprouvèrent néanmoins dans ce pèlerinage une consolation bien douce. Partout où ils passaient, ils recueillaient les bénédictions attendrissantes des fidèles, qui accouraient sur leur passage et leur donnaient les noms glorieux d'apôtres et de confesseurs de la foi.

« Les habitants témoignaient hautement leur douleur d'être privés de pasteurs, et leur désir ardent de participer aux sacrements ; plusieurs, malgré la vigilance des gardiens, ne les désirèrent pas en vain.

« Quant à ceux qui furent condamnés à voguer encore sur l'Océan, j'essayerais en vain de retracer les circonstances de cette orageuse traversée. Tout se réunit, pour aggraver cette dernière épreuve. Ils étaient si resserrés, qu'ils ne pouvaient se tenir dans aucune position. L'air était si infect que plusieurs préféraient passer la nuit sur le pont entièrement découverts, endurant le froid, les brouillards et la pluie. Si, de temps en temps, ils n'avaient pu se procurer quelques vivres de terre, ils auraient succombé sous le cruel tourment de la faim. Les gardes se faisaient payer chèrement la peine d'être leurs pourvoyeurs. Deux fois ils coururent le risque évident du naufrage. La mort, qui tant de fois s'était présentée à leur vue, sous tant de formes différentes, paraissait vouloir enfin les atteindre, au moment de leur délivrance. Les patrons de la barque, sacrifiant la santé de leurs passagers à un vil intérêt, employèrent six jours pour une traversée d'un jour et demi.

« Il ne faut pas oublier qu'obligés de remonter la Charente, dont les fréquentes sinuosités et les détours continuels produisent un cours très difficile et très rapide, les moins malades étaient forcés de tirer la barque comme des bêtes de somme. Réduits au dernier affaiblissement, rongés par la vermine, portant sur leur visage cadavéreux l'image de la mort, tels furent nos confrères, à leur arrivée à Saintes.

« La vue de cette intéressante cité, dont la renommée avait publié, dans toute la France, la bienfaisance et la charité, fut pour eux le gage et l'espérance d'une nouvelle vie.

« Le Seigneur, qui jusqu'alors nous avait éprouvés par l'espoir toujours vain d'une condition meilleure, permit enfin que nous ne fussions pas trompés dans l'idée consolante que nous avions conçue de la ville de Saintes. Les habitants de cette ville, compatissants, nous reçurent à bras ouverts ; ils prodiguèrent tous leurs moyens pour nous dédommager des traitements barbares qui nous avaient successivement affligés. »

Un autre déporté, l'abbé Azémar, complète ce récit. Il nous montre les fidèles accourant au-devant des prêtres et les accompagnant jusqu'au couvent de Notre-Dame, où ils devaient loger.

On apporta à tous des matelas, des draps, des couvertures. On venait préparer les lits, on rivalisait de charité et de zèle pour procurer aux prêtres tout ce qui pouvait leur être utile ; on les entourait d'attentions et de soins.

Quant à la nourriture, elle était plus variée, plus saine et plus fortifiante. Le gouvernement ne fournissait que le pain aux déportés ; mais ils avaient une somme fixe chaque jour, et les personnes de la ville se faisaient un plaisir et un devoir chrétien de leur apporter, matin et soir, de la soupe, de la viande, des légumes frais, du vin, du lait, en un mot tout ce dont ils avaient besoin. Le service était gratuit, et on n'acceptait que les déboursés et le prix d'achat le plus juste.

Un vaste jardin, dépendant du couvent, fut mis à la disposition des prêtres ; ils eurent toute permission de le cultiver et d'en percevoir les fruits pendant tout leur séjour.

Ils avaient aussi désormais le bonheur de monter chaque matin à l'autel ; ils avaient disposé de petites chapelles soit dans leurs chambres soit dans une vaste salle où se trouvait aussi un tabernacle. Ils pouvaient ainsi faire leur visite au Saint-Sacrement, assister à la bénédiction où ils chantaient ensemble. Peu à peu les fidèles s'adressèrent à eux pour se confesser, entendre la messe et communier. On venait même les demander pour assister les malades, et ils remplissaient volontiers ce ministère de charité, mais secrètement, afin de ne pas attirer l'attention des patriotes.

Ces précautions n'étaient point inutiles, car on a retrouvé aux archives du département (1) une lettre du procureur syndic dénonçant au ministre de la police générale l'influence fanatique et anti-révolutionnaire que les déportés commençaient, dit-il, à exercer sur les populations, pendant leur séjour à Brouage. Il en résultait une altération sensible dans l'esprit républicain du pays, ajoutait le patriote, et le mal, selon lui, faisait de nouveaux progrès chaque jour ; il fallait aviser et prendre des mesures. Il voulait aussi qu'on excitât le zèle des assermentés pour réagir et maintenir le respect des lois révolutionnaires.

A Saintes, les confesseurs de la foi trouvèrent plus de sympathie et de bienveillance non seulement parmi les fidèles, mais aussi de la part des autorités. Les jacobins de Paris, même après les événements de thermidor, continuaient à appliquer aux prêtres les lois persécutrices, et ceux qui étaient encore internés à Saintes ne furent libérés que le 9 août 1796. Mais pendant les quatre mois qu'ils avaient passés dans cette ville hospitalière, ils avaient enfin joui de la liberté religieuse. Ils se réunissaient pour prier ensem-

(1) Arch. dép., L. 12, L.

ble, ils eurent même la joie de faire une retraite collective qui fut terminée par la cérémonie si touchante de la rénovation des promesses cléricales, qui se fait ordinairement au jour de la Présentation ou de la Purification de la sainte Vierge.

Le discours de clôture fut prononcé par l'abbé Hardy, ancien professeur du collège de Saintes, reclus depuis deux ans au couvent des Carmélites. Après avoir remercié Dieu du courage surnaturel, des grâces de force et de persévérance accordées au clergé français qui a tout sacrifié : ses biens, son repos, sa liberté et la vie même pour rester fidèle au devoir et à la foi catholique, l'orateur trouvait dans les circonstances présentes deux motifs de renouveler leur consécration sacerdotale (1) :

« 1° Les maux de l'Église, les épreuves de la religion en France, les périls de damnation pour des millions d'âmes exigent de la part des prêtres fidèles un zèle ardent et généreux pour intercéder auprès de Dieu ; ils doivent se dévouer et se sacrifier à la gloire de Dieu et au salut de leurs frères.

« 2° Le second motif est celui de la reconnaissance, car ils ont été assistés de l'Esprit-Saint pour conserver la pureté de la foi en face du schisme et de l'hérésie ; pour garder la paix et l'espérance au milieu de leurs terribles épreuves ; pour conserver la charité qui leur a fait tout supporter pour Dieu et tout pardonner à leurs ennemis. Il leur énumère en détail les tribulations de saint Paul, il leur rappelle comment ils ont eu la gloire surnaturelle de les subir et de les surmonter à leur tour. Celui qui les a protégés et fortifiés sera encore et toujours avec eux, pour leur communiquer l'esprit et la vie de Jésus-Christ même, dont ils sont les ministres et qui leur réserve au ciel la couronne des bons serviteurs. »

Après cette allocution, on vit tous ces prêtres vénérables, accablés d'infirmités de toute sorte, se lever et s'avancer avec une sainte gravité. Ils s'agenouillaient deux à deux devant le Saint-Sacrement

(1) V. le texte complet dans Manseau, t. I, p. 611.

exposé sur l'autel et, la main sur les saints Évangiles, ils prononçaient avec joie le serment solennel de leur jeunesse cléricale. De tout cœur ils disaient à Dieu qu'il serait à jamais l'unique portion de leur héritage, qu'ils n'avaient d'autre ambition que celle de travailler, de souffrir pour lui et de mettre en lui toutes leurs espérances : « *Dominus pars hæreditatis meæ et calicis mei; tu es qui restitues hæreditatem meam mihi.* »

Quand on a suivi ces intrépides confesseurs de la foi dans leurs épreuves, leurs misères et leurs tribulations de toute sorte, on a le droit de proclamer leur patience héroïque, leur admirable fidélité, leur constance invincible. On peut en toute vérité leur appliquer la belle louange de saint Cyprien : « Ce ne sont pas eux qui ont manqué au martyre ; c'est le martyre qui leur a manqué. Dieu tient compte à ceux qui confessent la foi, non seulement de ce qu'ils ont souffert, mais encore de tout ce qu'ils étaient disposés à souffrir pour elle (1). »

(1) *Epist. 37, ad clerum.*

CHAPITRE VIII

Les prisons de Rochefort

Description du port. — La prison dite des *Capucins*. — Les prêtres y sont mêlés aux forçats. — Visite et spoliation. — On leur enlève les bréviaires et les livres de piété. — On les transfère sur les *Deux-Associés*. — Les détenus à Saint-Maurice. — Les prêtres sur le navire-hôpital le *Bonhomme-Richard*. — Au milieu des soldats galeux. — Entassés à fond de cale, sans air ni lumière. — Le régime à bord. — On enlève aux prêtres tous les objets de valeur. — On les conduit sur les *Deux-Associés*. — Nouvelle spoliation plus complète. — Les médecins sectaires. — Les Sœurs de charité à l'hôpital de la marine. — Liste des sommes et objets de valeur volés aux prêtres. — Leur admirable patience.

Le Comité de salut public avait été chargé par la Convention de préparer la déportation des prêtres insermentés, déjà enfermés dans les maisons de réclusion, au chef-lieu de chaque département. Il fut décidé que ces ecclésiastiques seraient envoyés dans les ports principaux du littoral pour y être embarqués et dirigés vers la Guyane. Les croisières anglaises qui sillonnaient la Manche firent bientôt renoncer aux ports de Nantes et de Lorient. On choisit le port de Bordeaux, qui devait recevoir les déportés du Centre et du Midi, et le port de Rochefort, où seraient envoyés ceux du Nord et de l'Est. Rochefort ne possédait pas des prisons assez nombreuses et assez vastes pour retenir longtemps des centaines de proscrits dans ses murs. Ville de création moderne, elle avait été bâtie par les soins de Colbert, qui l'avait fortifiée en 1667, après avoir fait creuser ses deux ports, l'un pour le commerce, l'autre pour la marine militaire, avec un arsenal de premier ordre et des chantiers de construction.

Cette ville, aux rues larges, tirées au cordeau, se coupant à angle droit, est entourée d'allées de grands arbres qui offrent le long des remparts une promenade saine et agréable. Le séjour toutefois devait paraître bien redoutable aux prêtres réfractaires, car les représentants Laignelot et Lequinio y avaient organisé un tribunal révolutionnaire dont les sentences étaient rapides et terribles.

Les premiers ecclésiastiques qui arrivèrent furent enfermés dans une prison dite des *Capucins*. On les logea dans le réfectoire de l'ancien couvent de ce nom, en compagnie de malfaiteurs condamnés aux galères qui s'estimaient fort généreux en leur cédant des places et en daignant fraterniser avec eux.

Les forçats avaient des lits pour se coucher ; on se mit peu en peine d'en fournir aux prêtres ; leur première nuit se passa sans matelas, sans paille, sans feu ni lumière et sans nourriture. Ils étaient arrivés la veille du mercredi des Cendres ; ils commençaient ainsi un carême qui ne devait pas connaître les moindres adoucissements ; on leur donna pendant cinq semaines de l'eau pure et une portion de pain chaque jour. Bientôt même l'espace fit défaut ; les détenus étaient si étroitement serrés, qu'on dut en envoyer une partie dans la maison d'arrêt de Saint-Maurice, située près de l'Arsenal.

Pour ne pas mourir de faim ou d'inanition, les prêtres n'eurent d'autres moyens que de se procurer, à leurs frais, un peu de pain moins grossier et mieux cuit, quelques fèves et des pommes de terre. Trois pauvres ouvrières pouvaient les leur vendre à travers un petit guichet, mais ce service n'était pas régulier et faisait parfois redoubler le jeûne.

Après quelques jours, les malades finirent par obtenir quelques matelas et des couvertures, mais jamais de draps ; il fallait se mettre deux à deux, trois à trois sur le même matelas qui était d'une malpropreté à faire peur (1).

Aussi, bientôt, les prêtres furent-ils envahis par la vermine et par les insectes dont les forçats étaient infectés. Et ce qui ajoutait encore plus à leur peine, c'était d'entendre leurs jurements et leurs blasphèmes, d'assister aux rixes et aux scènes de fureur qui survenaient, quand ils se livraient au jeu avec passion.

Il fallait d'ailleurs se tenir dans la défiance et la contrainte ; on ne pouvait s'entretenir librement, encore moins se réunir pour prier ensemble, de crainte de provoquer leur insolence.

Le nombre des détenus augmentant sans cesse, il se trouva bientôt parmi eux des révolutionnaires, des prêtres jureurs ou apostats, même quelques juifs, mêlés aux voleurs et aux assassins.

Les prêtres se demandaient avec anxiété quel serait leur sort. Les laisserait-on longtemps dans l'incertitude et dans ce milieu où ils manquaient d'air et ne pouvaient prendre l'exercice nécessaire à leur santé ? Ils avaient vue, à travers leurs barreaux, sur le beau jardin de l'ancien couvent ; ils apercevaient même d'autres prisonniers qui, plus heureux, avaient du moins la liberté de s'y promener, sous la surveillance des gardiens. Lorsque les officiers municipaux venaient deux fois par semaine faire la visite réglementaire, ils reconnaissaient tout ce que la situation et le régime

(1) *Relation* de M. de la Biche de Reignefort.

des prêtres avaient de pénible et de douloureux, mais toute leur condoléance se bornait à leur dire de rédiger des pétitions. D'ailleurs ils ne les appuyèrent jamais, elles restèrent sans réponse.

Après quelques semaines ainsi passées dans les privations et les souffrances physiques et morales, il se produisit un fait dont les conséquences allaient encore ajouter aux épreuves des détenus. Un laïque, prisonnier au milieu des prêtres, fut victime d'un vol pendant la nuit; une somme importante, placée sous son chevet, lui fut enlevée, tandis qu'il dormait, par un des forçats enfermés dans la même salle. Il eut l'imprudence de provoquer une perquisition générale qui n'eut aucun résultat pour lui, mais qui devait être désastreuse pour les ecclésiastiques. La municipalité envoya des délégués pour visiter minutieusement tous leurs bagages. On les fit comparaître l'un après l'autre dans une pièce voisine avec tous leurs effets. L'inspection injurieuse se fit avec une rigueur extrême et se prolongea depuis 11 heures du matin jusqu'à 8 heures du soir. On dressa l'inventaire de leur argent, de leurs assignats, de leurs livres, de tous leurs objets précieux, et, sous prétexte de tout mettre en sûreté, au nom de la nation, les prêtres furent dépouillés et détroussés indignement.

Comme exemple de l'ignorance grossière des commissaires et de leur rapacité, M. de la Biche nous cite le trait suivant :

« J'avais mis en lieu sûr tous mes livres de piété... mais j'avais dans ma valise les *Colloques d'Érasme*, dont je goûtais singulièrement l'élégante latinité. On fait mine de vouloir me confisquer ce livret; craignant qu'ils ne le prissent pour quelque livre ascétique, je leur montre le titre en gros caractères : *Colloquia Erasmi*. C'était du latin, il n'en fallut pas davantage pour rendre l'ouvrage suspect; un livre latin ne pouvait être qu'un livre de dévotion.

« Mais, Messieurs, de grâce, dis-je, ce sont les *Colloques d'Érasme*.

— Et savons-nous ce que c'est que ton Érasme ? Était-ce un bon patriote ? — Hélas ! je l'ignore. Tout ce que je sais, c'est que c'était un Hollandais et qu'il y a plus de deux siècles qu'il est mort ; c'est que son livre est très bien écrit et qu'il est devenu un livre classique. — Un livre classique ! jamais nous n'avons fait de classes. (Je n'avais pas besoin qu'ils me l'apprissent.) — Mais enfin, Messieurs, c'est un livre étranger à la religion, un livre purement profane... » J'eus beau faire, ce n'était ni l'*Hymne des Marseillais*, ni le *Père Duchéne* ; il fallut faire le sacrifice de mon pauvre *Érasme*... Je vins pourtant à bout de soustraire à ces profanes une boîte des saintes huiles qui nous a été d'une grande ressource sur les vaisseaux et a procuré à un grand nombre de mes confrères la douce consolation de recevoir l'onction des mourants (1). »

Après avoir ainsi complètement dérobé aux prêtres tout leur avoir, or, argent, montres, livres, etc., les délégués municipaux parcoururent la salle, se bornant à interroger les autres prisonniers, pour la forme. En réalité, leur but était atteint, et l'enquête au sujet du vol les préoccupait fort peu ; ils emportaient environ vingt-cinq mille livres.

Mais ce qui fut plus navrant encore que la perte de leur argent, ce fut, pour les prêtres, la privation de leurs bréviaires et de leurs livres de piété, leur unique consolation parmi de si grandes épreuves. Un seul parmi eux réussit à sauver un bréviaire complet et quelques volumes de dévotion qu'il avait eu la sage précaution de cacher dans un petit réduit attenant à la prison. Du matin au soir, on se passait ce bréviaire pour le réciter en cachette, derrière les rideaux d'un lit qu'un honnête laïque, arrêté comme suspect, avait fait apporter du dehors.

Ainsi se passèrent cinq semaines, et l'épreuve semblait si dure que les déportés commençaient à désirer le départ pour les côtes d'Afrique désignées

(1) V. *Relation*, p. 12.

vaguement comme leur destination. Mais, hélas! ce qu'ils avaient souffert jusqu'ici n'était que le commencement de leurs grandes tribulations; ce n'était qu'un essai atténué des peines bien plus vives qui leur étaient réservées et coûteraient la vie au plus grand nombre.

Avant la dernière semaine du carême, on vint tout à coup leur annoncer, à 11 heures, tandis qu'ils étaient encore à jeun, qu'il fallait partir sur-le-champ. On les presse de réunir leurs effets, de prendre leurs portemanteaux sur le dos, et de sortir deux à deux. On les entraîne alors entre deux rangs de gardes nationaux; on leur fait traverser la ville, au milieu des huées et des insultes de la foule. Ils sont exténués de faim, ils ont peine à marcher par suite d'une si longue inaction qui a paralysé leurs jambes. N'importe, on les presse, on les pousse jusqu'à l'extrémité du pont. Là, malgré leur fatigue et la sueur qui les inonde, on les laisse longtemps exposés, debout, au grand air. Enfin arrive une goélette qui les reçoit tous et les porte sur le vaisseau *les Deux-Associés*, amarré à distance. C'est là qu'allait commencer leur douloureuse passion qui, pour beaucoup, se consommerait par un glorieux martyre.

Ils y trouvèrent un grand nombre de leurs confrères que la prison des Capucins n'avait pas suffi à loger et qui avaient été envoyés dans d'autres lieux de détention. Les uns avaient été détenus à Saint-Maurice et s'y étaient trouvés mêlés et confondus avec des criminels de droit commun. Leur sort avait été semblable à celui des détenus aux Capucins.

D'autres prêtres avaient été enfermés dans des prisons flottantes et improvisées, sur deux navires amarrés sur la Charente, aux environs de Rochefort. A cinq cents mètres de la ville, au lieu appelé la

Cabane-Carrée, se trouvait un vieux vaisseau de ligne, mis en réforme, le *Bonhomme-Richard*, à trois ponts, capitaine Marquisot. On l'avait affecté comme hôpital de soldats galeux ; ils s'y trouvaient au nombre de quatre-vingts, quand on leur adjoignit les prêtres déportés, qui eurent beaucoup à souffrir de ce voisinage et particulièrement de l'odeur du soufre dont on frottait les malades. Un autre vaisseau du port, le *Borée*, servit aussi de prison provisoire pour les ecclésiastiques, en attendant qu'ils fussent transférés sur les négriers qui devaient les conduire sur les côtes d'Afrique.

Les détenus sur ces deux navires ne furent pas plus heureux que leurs confrères enfermés dans les prisons des Capucins et de Saint-Maurice. On peut se faire une idée de leur supplice par le *Journal* de M. Michel, qui fut plus tard supérieur du grand séminaire et archiprêtre de Nancy :

« Les hussards, nous dit-il, nous conduisirent jusqu'à Rochefort, où nous terminâmes notre voyage par terre, le 28 avril 1794.

« A un demi-quart de lieue de Rochefort, on nous fait descendre de voiture sur le bord de la Charente, qui forme le port de cette ville, et à l'instant on nous embarque sur un vieux vaisseau, le *Bonhomme-Richard*, servant d'hôpital pour les galeux. Arrivés sur le pont, on nous demande nos couteaux, ciseaux, rasoirs, fourchettes, etc., et, après avoir pris nos noms, on nous fait descendre dans la cale.

« En passant dans les deux ponts occupés par les galeux, nous recevons les compliments accoutumés ; nous descendons une quarantaine d'échelons, sans savoir où cela nous conduirait. L'obscurité ne nous permettait pas de voir ce que devenaient les premiers ; nous nous imaginions que, par le moyen d'une trappe, ils étaient tous engloutis. Les injures des matelots qui, à coups de sabre, nous pressaient encore de descendre, nous ôtaient tout moyen de réflexion, et nous remplissaient l'imagination de toutes sortes d'idées sinistres ; chaque pas que nous faisions nous semblait devoir être suivi de la mort.

« Descendus dans la cale, nous fûmes longtemps sans nous

connaître : les ténèbres, qui nous entouraient de toutes parts, nous laissaient distinguer aucun objet : les profondes réflexions dans lesquelles nous étions comme absorbés nous retenaient dans un état d'inaction et de repos qui nous empêchait de nous assurer par le tact, de la nature de notre souterrain. Nous aimions alors à nous représenter les confesseurs de la foi qui, condamnés aux mines, étaient comme enfouis dans le sein de la terre, isolés du reste des mortels, ne sachant s'il en existait que par les outrages et les mauvais traitements qu'ils recevaient de leurs gardes.

Mais une fois revenus de cette espèce de rêverie, nous commençâmes à nous mouvoir, et nous nous trouvâmes au milieu de toute espèce de débris : ce n'était partout que bois, cordes, canons, ancres, etc., jetés çà et là, et qui formaient, à chaque instant, comme des précipices dont nous ne pouvions nous tirer qu'avec peine.

Nous passâmes là quatre jours, privés entièrement d'air, ou plutôt, celui que nous respirions, déjà infect et corrompu en passant par les deux étages supérieurs, devenait encore pire par les exhalaisons fétides qui sortaient des baquets où nous étions obligés de faire nos besoins naturels.

Quelque temps après notre arrivée, on nous descendit notre manger : il consistait en quelques morceaux de pain, avec un peu de soupe au fond d'un baquet. Il y avait encore un peu de vin dans une espèce de petite barrique appelée *bidon*. La répugnance naturelle, jointe à l'incertitude où nous étions de ce qu'on donnait, ne permit pas d'en manger à la plupart d'entre nous. Mais les jours suivants, la faim l'emporta sur les autres sentiments de la nature, et nous fit même trouver du goût à cette nourriture dégoûtante et malpropre (1).

Le séjour à bord du navire-hôpital ne devait pas se prolonger longtemps, et bientôt on annonça aux prêtres déportés qu'il fallait se préparer au départ. Ils furent alors soumis à une visite corporelle humiliante : on leur fit quitter tous leurs habits (on les fouilla), on les examina sans la moindre pudeur pour s'assurer qu'ils n'emportaient ni or ni argent, et cette opération se continua pendant deux jours. L'ordre de départ fut enfin donné, et les malheureux proscrits, respirant enfin au grand air, croyaient leurs gran-

(1) *Journal de la déportation*, p. 25-27.

des épreuves terminées. Le capitaine dissipa cette illusion et leur annonça qu'ils auraient à regretter son navire. Les déportés eurent à traverser tout le port et à recevoir, sur tout le parcours, les grossières injures des ouvriers et des matelots.

Arrivés à l'embouchure de la Charente, ils ne pouvaient, en considérant la vaste étendue de l'océan, oublier la sinistre prédiction, tant de fois criée à leurs oreilles, pendant leur voyage, « qu'*on allait les faire boire dans la grande tasse* ». Mais leur courage était invincible; il sera plus fort que la mort.

Après deux heures de navigation, ils arrivaient dans la rade de l'île d'Aix, et apercevaient sur un grand vaisseau plusieurs centaines de confrères pressés sur le pont. Ils en connaissaient beaucoup, mais combien ils les trouvaient changés et maigris ! Presque tous étaient pâles, couverts d'un bonnet sale et de misérables vêtements ; en voyant approcher leurs amis, il les regardaient avec compassion. Leurs gestes comme leur extérieur disaient assez quelles souffrances et quelles tribulations on trouverait au milieu d'eux.

Mais voici qu'au moment d'aborder, les nouveaux déportés sont repoussés par le capitaine du navire. Il interpelle le chef de la goélette, lui crie que les 373 prêtres qu'il a déjà à bord occupent toute la place disponible ; si on lui en impose d'autres, il sera obligé de les jeter à la mer. Sur ce refus obstiné, on conduit les proscrits de vaisseau en vaisseau, à travers la rade, pendant un jour et demi, et partout on répond qu'on n'a pas ordre de les recevoir.

Dans cette situation, le patron du convoi dut en référer au commandant du port ; il envoya vers lui un canot pour prendre des instructions. La réponse arriva bientôt : elle enjoignait au capitaine des *Deux-*

Associés, qui avait opposé un premier refus, de s'exécuter sans observation et d'obéir.

Les nouveaux proscrits furent alors admis parmi
leurs frères ; on prit leurs noms, et aussitôt on acheva
de les dépouiller des quelques objets qui leur restaient
encore. On leur fit croire qu'on partirait bientôt ;
qu'en attendant, leurs paquets et leurs portemanteaux seraient un encombrement dans l'entrepont. Ils
n'avaient donc qu'à garder avec eux une chemise ou
deux ; ils devaient confier tout le reste au capitaine,
qui le leur rendrait plus tard.

La plupart se laissèrent prendre à ces trompeuses
promesses ; ils livrèrent tous leurs effets et tous les
objets sauvés des précédentes spoliations. Aussitôt
on les fit entrer tous dans l'entrepont. Il était déjà
tellement rempli que les nouveaux venus avaient
peine à s'y introduire.

Le capitaine intervient et, tirant son sabre, il les
traite de brigands et de scélérats, menaçant de les
hacher, s'ils n'entrent pas plus vite. Enfin, à force
de se serrer et de se presser les uns contre les autres,
ils parvinrent tous à s'introduire dans cette affreuse
prison.

Parmi les détenus sur le *Bonhomme-Richard* et sur
le *Borée*, beaucoup avaient contracté des maladies
qui allaient se développer encore et porter la mort
sur les *Deux-Associés*. Déjà plusieurs avaient expiré,
exténués par les privations et dévorés par la gale ou
la vermine. Ce qui est déplorable à constater, c'est
que les médecins chargés d'office de les soigner, de
les soulager, et de les guérir, se montrèrent trop souvent sectaires et animés de la même haine que les
persécuteurs. En voici un exemple parmi beaucoup
d'autres. Un prêtre de 34 ans, chanoine d'Avallon,
M. Garnier, homme de science et de vertu, avait

épuisé ses forces dans les travaux et les veilles de
l'étude. Il en fit la confidence au médecin. Or, celui-
ci osa l'accuser, avec un mauvais sourire, de lui
cacher certains désordres de sa vie passée. Le prêtre
protesta avec indignation, mais le médecin, foulant
aux pieds les lois de sa profession, éleva la voix pour
manifester publiquement ses injustes soupçons et
appliquer à son malheureux malade les grossières
injures d'hypocrisie et de libertinage. Pour comble
d'infamie, il ordonna de faire prendre au prêtre une
forte dose d'émétique, et, comme l'infirmier observait
qu'un remède si violent aurait un effet fatal : « Tant
mieux! répliqua le médecin, si ce scélérat meurt, la
République aura un ennemi de moins! » Et il insistait pour l'exécution de l'ordonnance. L'aide-chirur-
gien, indigné, fit noyer l'émétique dans une quantité
double d'eau, et, malgré cette précaution, le malade
resta plusieurs jours dans un état alarmant (1).

Quelques prêtres furent portés à l'hôpital de la
marine, où ils reçurent les soins les plus intelligents
et les plus assidus des Sœurs de la charité. Malgré la
persécution, elles étaient restées fidèles à leur foi, et
aussi à leur admirable mission de dévouement auprès
des malades. En voyant leur abnégation et la nécessité de leur présence, on n'avait pas osé les expulser ;
elles imposaient le respect par leurs vertus et les services rendus.

On n'avait pas dit la vérité aux ecclésiastiques en
les dépouillant de tous les objets de quelque valeur.
On leur parlait de les déposer simplement, par
mesure de précaution et de prudence, sauf à les
retrouver plus tard.

Or, le 23 germinal an II (12 avril 1794), le citoyen
Lebas, substitut de l'accusateur public, s'était pré-

(1) V. *Vie de M. Soudais,* par Guenot, 1865.

senté au conseil du district, à Rochefort, pour requérir l'exécution de la loi du 22 ventôse précédent, prononçant la confiscation des biens des déportés. Sur cette injonction, des délégués municipaux avaient organisé la spoliation ; ils l'avaient exécutée eux-mêmes en partie, dans les prisons de la ville, et avaient confié aux officiers des navires le soin de l'exécuter à bord, de nouveau, avec la plus rigoureuse sévérité.

Les Archives départementales ont conservé les divers rapports qui permettent d'évaluer approximativement le produit total de cette injuste spoliation.

Dans la prison des Capucins, on a saisi 37.348 livres 11 sols 9 deniers, 14 montres en or, 4 en argent, et divers objets de valeur.

A Saint-Maurice, sur le *Bonhomme-Richard* et sur le *Borée*, on a saisi 98.997 livres 1 sol 9 deniers, avec d'autres objets.

Sur les *Deux-Associés*, plusieurs délégués font des recherches minutieuses et déposent successivement diverses sommes qui s'élèvent jusqu'à 41.000 livres.

Enfin les officiers du *Washington* ont saisi à diverses reprises des sommes dont le total dépasse 40.000 livres.

Partout on a enlevé les montres et les objets en or et en argent. Pour rechercher les pièces d'or et les bijoux, on a fouillé les prêtres d'une manière si indécente que, dans son Journal, un déporté, n'osant s'expliquer en français, a dû recourir au latin. Un autre raconte que plusieurs de ses confrères, avertis à temps, dispersèrent, au milieu des débris et des ordures qui encombraient la cale du *Bonhomme-Richard*, tout ce qu'ils pouvaient avoir en or et en argent. Il leur fut impossible plus tard de rien retirer, et il est fort probable que ces valeurs assez importantes seront restées perdues au fond du vieux navire ou jetées à la mer avec les ordures.

Les sommes volées aux déportés devaient être versées à la caisse du trésor national. Les effets étaient déposés dans les magasins du district pour être vendus, et l'argenterie était envoyée à la Monnaie pour y être fondue et utilisée aussitôt.

Le conseil du district délibéra, le 9 juin 1794, au sujet des montres saisies. Il fut décidé que, pour éviter tout détraquement, on les vendrait sans retard à des citoyens qui se montraient disposés à les acquérir. Un horloger, le citoyen Derebeau, fut commis pour cette opération avec l'assistance de deux officiers municipaux (1).

(1) Arch. départ. Rochefort, L. 7, 4.

Les registres conservés aux Archives portent, comme enlevé aux prêtres, un total en numéraire de 217.017 livres 3 sols 18 deniers.

Parmi les divers objets : 33 montres en or, 43 en argent et 9 en cuivre. Plus une chaîne en or, 9 bagues en or ; objets en argent : un couvert, 26 paires de boucles de souliers, 63 paires de boucles de jarretières, 136 boutons de cols ou de manchettes, un écritoire, 1 flacon, 1 lorgnette, 1 christ, 1 bague avec topaze, 1 bague avec or et pierre améthyste, 1 tire-bouchon, 2 cuillers à café, 1 cachet, 1 boîte pour Saintes-Huiles, 18 tabatières, 1 agrafe, 2 fourchettes (1).

Cette injuste spoliation fut supportée par les ecclésiastiques avec une patience et une résignation admirables. N'étaient-ils pas en effet disposés à offrir à Dieu tous les sacrifices pour conserver intacte leur foi, et persévérer jusqu'à l'effusion du sang dans leur attachement à la cause de l'Église catholique ? Pas un seul parmi eux ne songea un instant à se dérober à tant de vexations et de souffrances au prix d'un serment réprouvé par leur conscience. La mort même n'a pour eux rien de terrible ni d'effrayant, car ils ont la conviction qu'elle ne peut que libérer leurs âmes de la cruauté des persécuteurs et des misères de la vie, pour leur assurer la palme du martyre, objet de leur unique et suprême désir.

Les prêtres morts à Rochefort, dans les prisons, avant l'embarquement des déportés sur les *Deux-Associés* et sur le *Washington*, ne furent pas portés sur une liste spéciale, mais déclarés directement à l'état civil de la ville.

Voici les quelques noms qui ont été relevés, mais plusieurs autres sont inconnus :

1. *Beauce* François (aîné), de Saint-Léonard, chanoine de Saint-Yricix (Limoges), m. 15 février 1795.

2. *Dupré* Pierre, prêtre de Bayeux, professeur à Coutances, m. 23 janvier 1795.

3. *Matrier* Jacques, aumônier de la Visitation à Paray-le-Monial, m. 16 décembre 1795.

4. *Tronçon* Jean-Baptiste, chanoine de Montfaucon (Verdun), m. 22 janvier 1795.

(1) V. ibid.

CHAPITRE IX

Le supplice des pontons

Triste épreuve de l'homme embarqué sur les pontons — ... des trois négriers ... — ... du personnel — Visite à l'arrivée et spoliation des dépo[sés] — Exécution barbare d'un prêtre — Sévérité du règlement — ... morts — ...tures déloyales pour dépouiller complètement les ... — Insultes et humiliations — Blasphèmes et cruauté de... — ... Défense de la prière extérieure.

Les épreuves si douloureuses des ecclésiastiques ... à Bordeaux, à Blaye, sur les trois négriers et dans les prisons de Rochefort n'étaient que le commencement d'une passion bien plus cruelle encore qui allait multiplier sur les pontons le nombre des martyrs.

On ... a ... ... écrit une des ... toutes les ... ... des souffrances physiques et morales qui peuvent ... être imaginables et religieux ... qu'il a ... ... de supporter une ... ... de l'avoir quand on ... ...

... ... *plus malheur ... des hommes ...*

...

Que les confesseurs de la foi aient connu et souffert jusqu'à l'extrémité toutes les misères humaines, c'est ce que nous démontrent avec une parfaite évidence leurs récits bien authentiques, où la sincérité humble et loyale des victimes exclut toute rancune et toute haine à l'égard des persécuteurs. Nous n'aurons qu'à recueillir et classer leurs souvenirs, pour avoir sous les yeux un tableau sinistre mais singulièrement édifiant de leurs tribulations, de leur patience et de leur esprit de sacrifice. Comme saint Paul, ils ont été dépouillés de tout, insultés dans leurs voyages, excédés de fatigues ; ils sont captifs, mourants de faim, à demi nus, accablés de mauvais traitements, dénoncés, environnés de dangers et menacés de mort : « *In laboribus plurimis, in carceribus abundantius ; in itineribus sæpe, in periculis fluminum, periculis latronum, periculis in falsis fratribus ; in labore et ærumna, in fame et siti, in jejuniis multis, in frigore et nuditate* (1). » Mais avec le grand apôtre ils sont heureux de souffrir avec Jésus-Christ, ils se glorifient de leurs tribulations parce qu'elles sont, ils le savent bien, le gage certain de la grâce, de la sainteté et du salut : « *Libenter igitur gloriabor in infirmitatibus meis, ut inhabitet in me virtus Christi... Cum infirmor, tunc potens sum* (2). »

Les autorités des départements du nord et de l'est de la France avaient dirigé sur Rochefort les prêtres insermentés condamnés à la déportation. Leur nombre fut bientôt si considérable dans cette ville, qu'il fût impossible de leur trouver un abri pour les interner. Le commandant du port demanda instamment au ministre de la marine de faire procéder

----

(1) II Cor., xi.
(2) Ibid., xii.

au plus tôt à leur embarquement. Le navire appelé les *Deux-Associés*, qui avait autrefois voyagé pour la traite des noirs, était à ce moment dans la rade de l'île d'Aix, à destination du Sénégal, où il devait transporter de la chaux et du charbon de terre. Le ministre décida qu'il serait affecté à la déportation des prêtres, et fit prendre les mesures nécessaires.

Le 25 mars 1794, un premier groupe d'ecclésiastiques était conduit à bord et enfermé dans l'entrepont. D'autres arrivèrent bientôt et portèrent à quatre cents le nombre des détenus. Malgré l'entassement excessif des déportés, ce premier navire fut déclaré insuffisant à contenir tous ceux qui se trouvaient à Rochefort. Alors arriva l'ordre d'armer un autre navire, le *Washington*, qui avait servi lui aussi jadis à la traite des nègres. Le 8 mai 1794, on se mit à l'équiper, et le 27 juin suivant, il passait la revue d'armement et venait s'établir en rade, à côté des *Deux-Associés*.

Le 20 juillet, fut armé un troisième navire, l'*Indien*; il devait arriver au commencement du mois d'août, et recevoir à son bord les convalescents qui seraient évacués des hôpitaux ou des autres vaisseaux.

M. Michel, qui avait été enfermé successivement dans les deux premiers, nous en donne la description intérieure :

« Je comparerai, dit-il, le navire à une maison : la cale en est la cave; l'entrepont, le rez-de-chaussée, sauf qu'il est tout entier dans l'eau, quand le bâtiment est chargé; les passavants en sont le grenier, et le pont le dessus du toit. On n'entre que par le pont, et l'on descend dans les étages inférieurs par un trou carré, appelé *écoutille* et recouvert d'une espèce de treillage en bois. En avant du grand mât, le pont était barré par une cloison de grosses planches de chêne, haute de sept à huit pieds, garnie en haut de grosses pointes de fer, très près l'une de l'autre. Cette cloison s'appelait *rembarde*, se continuait dans les étages inférieurs et servait à nous isoler entièrement de la partie occupée par les officiers et par les matelots. On pouvait cependant communiquer, de l'une à l'autre partie, par deux portes, gardées chacune par une sentinelle. Il était défendu aux déportés, sous les peines les plus graves, de passer outre ; l'ordre était même donné de tirer sur quiconque serait assez osé pour regarder de l'autre côté du pont.

« On avait pratiqué à cette rembarde quatre ouvertures, où passait l'embouchure d'autant de canons braqués sur nous; elle était percée, en outre, de distance en distance, pour y ajuster des fusils et des pierriers.

« Ces précautions n'étaient pas encore regardées comme suffisantes; le bas de notre écoutille était fermé de gros piliers tellement serrés, qu'à peine pouvait-on passer le doigt entre deux. On y avait laissé une porte par laquelle nous entrions; elle était fermée par deux gros verrous et une grosse serrure (1). »

Les archives de la marine de Rochefort ont conservé l'état des équipages. Voici celui des *Deux-Associés* :

Capitaine : *René Laly*, de l'île de Ré, aux appointements de 800 francs et la table. Sous ses ordres, comme officiers : trois enseignes, un sous-chef d'administration et un chirurgien major ; comme sous-officiers, un maître d'équipage, un second maître et un contre-maître ; quatre quartiers-maîtres, un canonnier et son second ; un maître-calfat et son aide ; un maître-voilier et son aide ; un pilote et deux timoniers.

Venaient ensuite quatre matelots de première classe, huit de la seconde et vingt de la troisième ; trente-six novices ; quatorze mousses ; un infirmier, un dépensier, un cuisinier, un boucher, un boulanger, un tonnelier et vingt-six soldats.

Le *Washington* avait pour capitaine *Louis Gibert*, enseigne de vaisseau, accompagné du même personnel et aux mêmes appointements que le capitaine Laly.

L'*Indien* fut commandé par M. Ambroise *Boivin*. C'était une simple corvette qui possédait en tout dix-huit

(1) V. Michel, *Journal de la déportation*, p. 33.

hommes de commandement et d'équipage et qui devait recevoir les convalescents. Armée le 20 juillet 1794, elle fut désarmée le 5 avril 1795. Ce que nous allons dire des dispositions générales et des actes du personnel des deux autres navires, ne saurait s'appliquer à l'*Indien*. M. Boivin et tout son équipage ont mérité, par leur bienveillance et leur dévouement, la juste et unanime reconnaissance des ecclésiastiques à bord de leur navire.

L'accueil que recevaient les déportés en arrivant sur les pontons leur annonçait déjà les traitements inhumains qui leur étaient réservés.

« Pour s'embarquer, nous dit un curé de Paris, il fallait grimper sur le vaisseau par une échelle haute d'une douzaine de pieds. Cette échelle, mal assurée, vacillait sans cesse ; et parce que ses échelons étaient fort éloignés les uns des autres, on ne pouvait les atteindre sans faire de pénibles efforts. Les soldats et les matelots, irrités de ce qu'on ne montait pas assez vite, criaient : « Avance donc, scélérat ! » On arrivait enfin sur le bord du vaisseau. Là, on trouvait une seconde échelle, haute d'environ six pieds, par laquelle il était aussi difficile de descendre qu'il l'avait été de monter par la première. Les vieillards surtout étaient exposés à faire une chute dangereuse. Après être descendu, on était conduit par deux matelots devant le capitaine (1). »

Alors recommençait une triste opération, faite déjà plusieurs fois ailleurs, celle de fouiller chaque prévenu et d'achever la spoliation. Le capitaine était assis devant une table, en habit d'ordonnance et le sabre au clair ; à ses côtés étaient des officiers armés comme lui ; à droite et à gauche, des soldats avec la baïonnette au fusil, puis des matelots rangés en cercle.

Le prêtre était placé au milieu, entre quatre soldats dirigeant sur lui la pointe de leurs sabres. On lui ordonnait de livrer sa bourse et son portefeuille.

(1) V. Philippe Bottin, *Récit abrégé des souffrances...* p. 6.

Dès qu'il avait obéi, des matelots se jetaient sur lui, lui arrachaient la cocarde de son chapeau en criant : « Scélérat, tu es indigne de porter cet ornement de nos têtes. » Ensuite ils lui enlevaient ses vêtements, les visitaient minutieusement ainsi que son petit bagage, examinaient même les souliers, cherchant des pièces d'or dans les talons ou dans les semelles. Enfin ils choisissaient parmi tous les effets ce qu'il y avait de plus mauvais, une chemise, une culotte, des bas, un habit, un bonnet, et renvoyaient dans l'entrepont la malheureuse victime qui n'osait se plaindre ni lever les yeux.

Un curé de Saint-Brieuc, M. le Clerc, avait sauvé du pillage un mouchoir, dont un coin était noué et contenait 25 louis. Au moment où il se retirait, un matelot lui arrache le mouchoir, en disant : « Ah ! scélérat, tu oses faire tort à la nation de ce mouchoir ! » Il découvre l'or, le porte au capitaine, et celui-ci fait mettre aux fers le prêtre à demi-nu, comme coupable d'avoir voulu voler la nation !

Il y eut des scènes plus douloureuses pour les ecclésiastiques déportés. Pendant qu'on les fouillait sur les *Deux-Associés*, on ne se contentait pas de leur enlever leurs cannes, leurs couteaux, leur argent et leurs livres ; on découvrit dans la valise d'un religieux chartreux un beau christ d'ivoire. Ce fut alors parmi les sectaires une joie atroce, des railleries sacrilèges et d'horribles blasphèmes. Un officier eut l'infamie de tirer son sabre et de faire sauter la tête du christ en le frappant sur un billot, au milieu des applaudissements de quelques misérables qui hurlaient en agitant leur chapeau : « Vive la nation ! Vive la république ! » (1)

(1) V. *Relation* de La Biche, p. 23.

Après le maître, vint le tour de son ministre :

C'était le 3 mai 1794, jour de l'Invention de la sainte Croix, vers midi. Il faisait un temps sombre, avec grandes rafales de pluie et de vent. Les officiers avaient pris un air farouche et jetaient des regards haineux vers les prêtres, réunis sur le pont. Tout à coup, ils en font descendre la moitié dans l'entrepont ; ensuite on prépare des armes, on charge les fusils. Le capitaine adresse une harangue remplie de grossières menaces et des propos les plus impies ; les canons sont braqués sur les détenus, les officiers ont tous deux pistolets à la ceinture. L'un d'entre eux se proclame président du jury et fait amener, les mains chargées de chaînes, l'abbé Roulhac, chanoine de Limoges. Alors, tirant un papier de sa poche, il commence par lire son acte d'accusation, suivi de près par une sentence de mort. Le prévenu, dit-il, est convaincu d'avoir tenu le propos suivant : « Si les matelots n'étaient que cent cinquante, nous pourrions nous rendre maîtres d'eux, fort aisément. » L'accusé répond aussitôt : « Il est faux que j'aie tenu ce propos. » Mais l'officier, sans vouloir l'entendre, poursuit aussitôt : « En conséquence, il est condamné à être fusillé à l'instant ! »

Cependant on lui laissa trois quarts d'heure de réflexion, non point pour se préparer à paraître devant Dieu, mais uniquement pour qu'il se déterminât à découvrir et à dénoncer ses prétendus complices. C'était chose impossible, puisque ni lui, ni personne, n'avait songé à comploter. Il persista donc dans sa double réponse négative et demanda seulement qu'on lui permît de se confesser, ce qui lui fut refusé impitoyablement. La Providence toutefois ne permit pas qu'il fût privé de cette suprême consolation. Malgré le trouble et l'angoisse de ses confrères,

il y en eut deux au moins qui eurent la présence
d'esprit de lui donner l'absolution, de l'en avertir
par le geste extérieur de la main qui fut compris du
condamné et accompagné par lui d'un acte de con-
trition. On l'attache à un poteau; il fait sa profession
de foi, il demande pardon à haute voix à Dieu et à
ses frères de ses fautes, il déclare être innocent et
pardonne à ceux qui le font mourir injustement.
Alors il attend la mort, dans le calme et la paix, sans
gémir ni se plaindre; on tire sur lui une vingtaine
de coups, à diverses reprises, et il tombe inanimé.
Comme s'ils avaient remporté une victoire, les matelots répètent les cris de : « Vive la République ! Vive la
Montagne ! » et le capitaine reprend sa harangue,
pour menacer les conspirateurs, traiter les prêtres de
fanatiques, de scélérats; il n'hésitera pas à faire fusiller tous ceux qui oseront protester ou se plaindre.

Désormais le système d'intimidation et de rigueur
fut à l'ordre du jour sur les deux pontons. Un jury
permanent était constitué sur les *Deux-Associés*, avec
charge d'exercer une surveillance continuelle sur les
déportés, condamnés par la loi, avec mission de dénoncer leurs propos ou leurs actions ayant un caractère
contre-révolutionnaire. Il était défendu aux matelots
et aux soldats, sous les peines les plus sévères, de
communiquer avec les prêtres. Un jeune mousse
ayant donné du pain à l'un des prisonniers fut puni
par Laly et reçut vingt-cinq coups de fouet.

Le capitaine du *Washington* n'était pas moins cruel,
car il fit mettre aux fers un sergent qui avait donné
quelques rafraîchissements à six détenus exténués de
fatigue.

Sur les deux navires, on avait affiché, à la cloison
qui divisait le pont, le règlement imposé aux prêtres.
Il leur était défendu expressément de dépasser la

limite de leur parc, sur le pont. Ils étaient tenus de vider et de nettoyer chaque matin les baquets des ordures. Ceux qui auraient de la vermine devaient être rasés et lavés au vinaigre. Aucun ne pouvait demander aux soldats, ou aux matelots, du pain, des vivres, ou autres objets. Au moindre signe de complot, les auteurs et les complices seraient aussitôt fusillés.

Les deux capitaines, *Laly* et *Gibert*, se concertaient pour user de rigueur en toute occasion et aggraver sans cesse les souffrances des prêtres. Le premier, ayant reçu une pétition respectueuse mais exposant à la Convention la situation déplorable des déportés, entra dans une violente colère et fit mettre aux fers tous les signataires, au nombre de dix-sept, choisis, un pour chaque département, parmi tous les ecclésiastiques présents. Il appliqua le même châtiment, pendant quinze jours, à un prêtre qui avait demandé à un matelot un simple fruit pour apaiser ses maux d'estomac. Soupçonneux sans raison, il reprocha sévèrement à un autre ecclésiastique d'avoir mis un passage des psaumes, en latin, dans une lettre à ses parents ; il prétendait y voir une allusion maligne et se vengea par un supplice de trois semaines de fers.

Même cruauté de la part du capitaine *Gibert* sur le *Washington*. Un pauvre vieillard de 85 ans avait besoin d'un bâton pour se soutenir dans sa marche. Gibert le lui enlève brutalement avec cette apostrophe : « Si je te laissais cela, tu serais capable de faire la contre-révolution à mon bord. »

Un jour, ayant accusé les détenus de manquer de volonté ou d'empressement pour aider les matelots à hisser des tonneaux d'eau douce, il les condamna tous à trente-six heures de réclusion dans leur infect

cachot, sans leur permettre de respirer un moment
un air moins fétide.

Dans une autre circonstance, il leur enjoignit de
dénoncer un de leurs confrères qui avait confié deux
louis à un matelot pour les lui garder. Sur leur refus
de le trahir, tous furent châtiés par la privation de
vin pendant deux jours.

Les déportés se virent enfin menacés d'une exécution générale; voici en quelle occasion :

Un religieux carme du couvent d'Angoulême,
Joseph Coudert, fut atteint d'une fièvre chaude des
plus violentes. A moitié suffoqué par le feu intérieur,
il courait comme un fou, poussait des cris affreux et
jetait dans l'épouvante tous ses voisins. Ceux-ci jugèrent nécessaire de le saisir et de le maîtriser. Les officiers entendirent le bruit et les clameurs de la lutte;
ils en conclurent aussitôt, sans plus ample informé,
qu'on devait tramer le complot de les assassiner eux-
mêmes. Les prêtres protestèrent contre une supposi-
tion si gratuite et demandèrent à l'officier de santé de
constater la crise violente du malade, cause du tumulte.
Mal disposé, cet officier agit en ennemi et refusa de
remplir son devoir d'état. On s'empara alors du malheureux religieux, on lui mit les fers aux mains et aux
pieds, et on l'enferma sous les verrous avec tous ses
confrères. On se préparait déjà à les juger en bloc et
à les fusiller par groupes de cinquante, lorsqu'un des
lieutenants fit remarquer la nécessité de ne pas prendre la responsabilité d'une pareille exécution, sans
la notifier d'abord au commandant de la rade. Cet
avis prévalut, et le chef, un vieillard de bon sens, ne
voyant dans les faits aucune preuve certaine de complot, ordonna de surseoir jusqu'à nouvelle et plus
complète information. On finit par comprendre que
la révolte était purement imaginaire, mais le pauvre

religieux, laissé dans les fers, se débattait si fortement qu'il fut bientôt tout meurtri de coups et ne tarda pas à expirer.

Les dispositions hostiles des officiers se manifestaient encore par des recherches fréquentes dans les valises et jusque dans les poches des prisonniers. Ils avaient voulu les dépouiller entièrement à leur arrivée, mais ils soupçonnaient toujours que des pièces d'or ou des assignats avaient été soustraits à leur rapacité ; et plusieurs fois, ils trouvèrent des prétextes pour fouiller encore et faire de nouvelles rapines. Tous les moyens, le mensonge même, leur étaient bons pour arriver à leur but.

Une première ruse fut de déclarer aux détenus qu'ils allaient partir pour leur destination et qu'ils avaient à remettre leurs valises ; on les leur rendrait plus tard, mais, pour quinze jours de voyage, il leur suffisait de garder deux chemises et un seul habit. Or, les valises furent emportées à Rochefort ; presque toutes furent perdues, un très petit nombre furent plus tard obtenues, mais avec beaucoup de démarches et à grands frais (1).

Quelque temps après, nouvelle duperie. On invite les détenus à faire acheter à Rochefort les objets nécessaires ou utiles pour leur voyage, car on va mettre à la voile. Les gens de l'équipage s'offrent à faire toutes leurs commissions. On ouvre un registre pour noter les achats à faire et les sommes reçues. Conclusion : le peu d'argent sauvé jusque-là fut remis, mais rien ne fut acheté, on ne partit pas, et les sommes versées ne furent jamais rendues.

Voici un dernier trait d'escroquerie. Vingt-trois prêtres des Côtes-du-Nord étaient arrivés à bord sans

(1) V. *Relation* de la Biche, p. 39.

avoir été volés. Ils furent mêlés à leurs confrères, et déjà ils croyaient avoir échappé à la confiscation. Quelques-uns cependant étaient moins rassurés, et remirent à leurs confrères déjà visités ce qu'ils avaient de plus précieux. C'était fort sage, car bientôt les officiers se présentent et font observer aux nouveaux-venus que la place fait défaut pour les loger; on va donc les envoyer sur un autre vaisseau; ils doivent monter tous immédiatement sur le pont, et ils seront transportés sur les chaloupes. Sans la moindre méfiance, tous obéirent, emportant avec eux tous leurs effets. Dès qu'ils furent séparés des anciens détenus et réunis devant les officiers, ceux-ci se mirent à les fouiller un après l'autre, avec plus de rigueur que jamais. Et quand ils eurent dérobé tout leur argent et tous leurs objets de quelque valeur, ils les renvoyèrent dans l'entrepont, en se moquant de leur naïveté et s'applaudisssant eux-mêmes de leur brigandage qu'ils appelaient une *ruse de guerre*.

La mort ne tarda pas à faire des vides nombreux parmi les détenus; les survivants se partageaient les dépouilles de leurs frères décédés pour remplacer leur linge ou leurs habits en mauvais état. Mais, tandis que les officiers s'emparaient des assignats et de la monnaie, les matelots suivirent leur exemple, se mirent à voler à leur tour les chemises, les habits et les chaussures qui leur tombaient sous la main.

Les prêtres infirmiers de l'île Madame avaient recueilli, lavé et exposé au grand air les dépouilles de beaucoup de leurs confrères décédés. Ils comptaient les distribuer aux convalescents qui en avaient un besoin extrême. Le capitaine du *Washington* survint tout à coup, fit enlever tous les effets par quelques matelots, et s'en empara, sans autre droit que celui de la force brutale (1).

Un vieux curé de Saintonge avait espéré sauver quelques louis en les cachant au fond d'un petit pot de raisiné ; les officiers découvrirent le pot, s'en emparèrent, mangèrent la confiture et ne manquèrent pas de joindre l'insulte à l'escroquerie. Ils vinrent sur le pont, riant à gorge déployée, pour demander à qui appartenait le pot de raisiné. Le propriétaire se garda bien de se faire connaître, car on l'aurait condamné aux fers ; mais il avait perdu ses soixante louis.

Le chanoine de la Biche, de Limoges, voulait à tout prix sauver du vol son Nouveau Testament et une petite croix contenant des reliques. Il ne put y réussir qu'à grand'peine, en les cachant entre les poutres du navire ; il dut même se déguiser aussitôt, car un mousse l'avait aperçu et l'aurait dénoncé, s'il avait pu le reconnaître (2).

Les prêtres déportés éprouvaient des peines morales plus vives encore et plus douloureuses que les vexations matérielles.

Assurément, ils ne s'attendaient pas à recevoir quelques marques d'estime ou de respect de la part de leurs geôliers ; ils savaient d'avance qu'ils seraient livrés à des hommes de mœurs et d'habitudes grossières que la Révolution avait rendus leurs ennemis personnels.

Cependant ils ne se doutaient pas des scènes impies et des blasphèmes atroces dont ils allaient être les malheureux témoins. Les chefs ne perdaient pas la moindre occasion de les humilier, de leur témoigner leur mépris, de les qualifier avec insolence de mau-

(1) V. *Relation* de la Biche, p. 46.
(2) Ib., p. 48.

vais citoyens, d'ennemis du bien public, de conspirateurs contre la nation, de fléaux de la société. Les railleries les plus amères et les sarcasmes ne leur étaient pas épargnés. Le capitaine des *Deux-Associés*, revenant d'une orgie qui s'était faite sur le *Washington*, arrêtait des regards moqueurs sur la misère des prêtres réunis sur le pont et leur criait d'un ton railleur : « Eh quoi! scélérats, vous ne riez pas ici! Je connais les principes de votre religion. Votre Jésus ne dit-il pas qu'on doit s'estimer heureux lorsqu'on souffre? Goûtez donc et savourez votre bonheur! (1) »

Et Gibert, l'autre capitaine, s'apercevant que des prêtres priaient tout bas, leur disait avec fureur : « Fanatiques, je crois que vous invoquez votre Jésus! C'est en vain que vous priez ce coquin-là. Il ne saurait vous retirer d'ici. »

Les matelots, de leur côté, ne se gênaient pas pour désoler les prêtres par leur impiété. Ils affectaient de profaner leurs yeux par des scènes indécentes, de souiller leurs oreilles par des chansons infâmes, par des conversations obscènes, par des insultes continuelles contre la religion et le sacerdoce, par des blasphèmes abominables contre Dieu.

Les jeunes mousses eux-mêmes ajoutaient à ces horreurs leurs railleries, leurs insultes et la profanation continuelle du saint nom de Dieu.

Les prêtres fidèles éprouvaient encore une peine plus intime : celle d'habiter et de vivre en commun avec des faux frères, jureurs, apostats, et quelques-uns même mariés. Plusieurs parmi eux avaient perdu la foi et n'auraient pas hésité à devenir dénonciateurs et traîtres, s'ils avaient espéré, à ce prix, obtenir la liberté. Plusieurs de ces assermentés furent atteints

(1) V. *Récit abrégé* de Bottin, p. 15.

par les maladies contagieuses et succombèrent à bord
ou dans les hôpitaux. Les prêtres fidèles avaient été
surpris et peinés de les voir persévérer jusqu'à la
veille de leur mort dans leurs principes de schisme
et d'hérésie. L'orgueil et l'entêtement pouvaient seuls
expliquer cet aveuglement obstiné. Mais, au moment
de paraître devant Dieu, tous, à l'exception d'un seul,
n'attendirent pas d'être sollicités : ils se convertirent
et demandèrent l'absolution, en rétractant leurs
erreurs et leurs serments (1).

Les confesseurs de la foi leur témoignèrent la plus
sincère charité, soit pour les assister dans leur agonie, soit pour leur sépulture, soit enfin pour leur
offrir devant Dieu le secours de leurs prières.

Ces prières toutefois n'étaient tolérées extérieure-
ment que dans la cérémonie des obsèques et aux
cimetières de l'île d'Aix ou de l'île Madame. A bord,
il fut toujours défendu de prier publiquement ; les
traditions séculaires de la marine française avaient
été brusquement suspendues depuis la Terreur. Au
lieu de rendre à Dieu, sur le pont, les devoirs accoutumés, le matin, avant les repas, et le soir, le capitaine, continuant à réunir ses hommes, ne tolérait
plus que le chant de la *Marseillaise*, qu'on répétait
plusieurs fois le jour et qui devait remplacer toutes
les anciennes prières (2).

Les prêtres souffraient vivement de ne pouvoir
s'unir pour prier ensemble ; ils étaient contraints de
s'entretenir secrètement avec Dieu ; ils n'avaient pas
même la consolation de réciter le bréviaire, car tous
les livres leur avaient été dérobés.

Il arriva cependant, à certains moments, que ceux

(1) *Relation* de la Biche, p. 26.
(2) Ibid., p. 24.

qui étaient doués d'une heureuse mémoire récitaient les psaumes au milieu d'un groupe d'amis, qui suivaient ou répétaient de leur mieux, tandis que deux ou trois autres faisaient les sentinelles, afin qu'on ne pût les surprendre pendant ce saint exercice. Le capitaine du *Washington* avait dit : « Je ne puis vous empêcher de prier dans votre cœur ; mais si je surprends quelqu'un faire le moindre signe de religion, je le fais fusiller sur-le-champ. »

Cependant les prisonniers avaient réussi à conserver un exemplaire de l'*Imitation de Jésus-Christ*, un *Nouveau Testament* et une *Pensée chrétienne*. Ils s'en servaient tour à tour, non sans péril, dans les endroits les plus cachés ; ils se rendaient parfois dans l'entrepont pendant le jour, pour y réciter les prières de la messe ou le chapelet, afin de suppléer ainsi à l'office du bréviaire.

Un jour, ils furent surpris par un chirurgien qui aperçut un livre entre les mains d'un prêtre ; il se hâta de le dénoncer au capitaine, mais le prêtre avait changé d'habit et de place ; on ne put le retrouver pour le punir. Le capitaine prononça alors cette terrible menace : « Il y a des livres parmi vous, brigands, je n'en puis douter ; mais quiconque sera surpris à lire, ou en possession d'un ouvrage, sera fusillé sans miséricorde. » Il avait porté la même peine capitale contre tous ceux qui parleraient en latin.

La cruauté des deux capitaines était si connue, même dans les milieux révolutionnaires de Rochefort, qu'elle provoqua une manifestation des patriotes contre *Laly*. Le 14 décembre 1794, il s'était présenté dans une réunion de la Société populaire de cette ville, à l'église de l'ancien couvent des Capucins. A sa vue, les assistants se mirent à crier : « *Dehors ! le lueur de prêtres !* » Et, comme il montait à la tribune pour payer d'audace et se justifier, les clameurs redoublèrent : de tous côtés on répétait : « *A bas le tueur de prêtres ! Dehors ! Dehors !* » Quelqu'un lui conseilla de se retirer au plus vite, car des citoyens indignés tiraient déjà leurs poignards ou levaient leurs mains chargées de pistolets.

Les chapitres suivants rappelleront les scènes qui devaient provoquer et susciter cette indignation populaire.

CHAPITRE X

Les journées sur le pont

La prière du matin à bord. — Étroit espace laissé aux 4oo déportés. —
Tout exercice est impossible. — Épreuves de la chaleur et du froid. —
Nourriture insuffisante et mauvaise. — Distribution par groupes de
dix. — Anémie et inanition des déportés. — Services rendus à l'équipage. — Occupations personnelles. — Privation de toute lecture et de
travaux intellectuels. — Résignation à souffrir et à mourir.

Dès le matin, la cloche appelait sur le pont les
matelots, les soldats, les mousses et les déportés.
Avant la Révolution, c'était la tradition, invariable à
bord, de commencer la journée par la prière, récitée
par le capitaine lui-même ou par un de ses officiers.
Les déportés furent loin d'avoir cette consolation.
On continuait, il est vrai, à se réunir, mais il ne restait comme souvenir de la prière qu'une parodie
civile fort pénible au cœur des ecclésiastiques. Un
ordre de service lancé par le ministre de la marine
avait prescrit de remplacer la prière habituelle,
matin et soir, par l'*Hymne des Marseillais*. Les patriotes y ajoutaient la *Carmagnole* et les cris répétés de
« Vive la République ! Vive la Révolution ! Vive la
Montagne ! » Alors aussi étaient annoncés tous les
événements favorables aux jacobins et de nature à
augmenter la tristesse et les peines des prisonniers.
Ceux-ci ne pouvaient manifester leurs sentiments inti-

mes sans s'exposer à de dures punitions; ils se contentaient donc de protester par leur attitude grave et silencieuse ; ils refusaient de se découvrir, et, dans le secret de leur conscience, ils offraient à Dieu leurs adorations et le priaient de pardonner à leurs persécuteurs. C'était aussi pour eux le moment de sanctifier toute la journée, par l'acceptation généreuse des souffrances et des privations qu'ils allaient subir. Beaucoup pensaient à leurs confrères malades ou décédés, aux parents et aux fidèles qui gémissaient au loin, dans leur pays, sur leur malheureux sort ; leurs prières, accompagnées de résignation et de confiance, montaient droit au ciel.

Un des confesseurs de la foi détenus à Rochefort a rapporté dans une lettre les exhortations d'un vénérable vieillard à cheveux blancs à ses confrères :

« Ayons bon courage, leur disait-il, notre sort est plus entre les mains de Dieu que dans celles des hommes. Eh? que peut-il nous arriver qui ne tourne à notre bonheur? Les souffrances sont la voie du ciel. Bénissons Dieu et ne lui demandons qu'une grâce : celle d'accomplir sa sainte volonté sur nous et de lui rester à jamais fidèles (1). »

Le spectacle de ces quatre cents prêtres étroitement serrés sur la moitié du pont était navrant. A cette vue, M. Pierre-Joseph Rousseau, déporté d'Amiens, éprouva un saisissement profond qu'il a essayé de traduire dans sa description du Martyre des prêtres français en rade d'Aix (2). Il fut enfermé un des derniers sur les *Deux-Associés*. Arrivé le matin, il fut d'abord, avec ses compagnons, visité et dépouillé de tous ses bagages par un officier. Ensuite on le fit pas-

(1) J. E. D., à ses paroissiens, p. 17.
(2) V., dans Jauffret, *Mémoires sur le XVIIIe siècle*, t. I, p. 350.

ser sur le devant du navire. Il connaissait déjà le
nombre des prisonniers.

« Aussi, nous dit-il, une horreur secrète s'empara de moi, à la
vue de l'étroite circonscription qui nous était assignée. Ce vaisseau, long d'environ quatre-vingt-dix pieds (3o mètres) sur trente
de large (10 mètres), avait une rembarde, ou cloison, hérissée de
longues pointes de fer et armée de quatre petits canons chargés à
mitraille et dirigés contre nous. Cette rembarde, qui séparait le
vaisseau par le milieu, formait la ligne de démarcation entre
l'équipage et nous. Des sentinelles armées d'un sabre et d'un pis-
tolet gardaient les portes de communication et en défendaient
l'accès. Il y avait peine de fers contre celui qui aurait eu la curiosité de regarder à travers les fentes. Tout effrayant qu'était ce spectacle, il cessa de m'occuper, lorsque je vis sortir les quatre
cents prêtres qui, à cause de notre arrivée, avaient été retenus
plus longtemps dans leurs sombres cachots.

« Des visages pâles et livides ; des figures desséchées autant par
le besoin que par le supplice de leur position ; des vieillards pouvant à peine s'arracher de leur cachot infect pour venir respirer
un air moins pestilentiel ; des spectres couverts de haillons et de
milliers d'insectes sans cesse renaissants ; tels furent les premiers
objets qui, en frappant mes regards et déchirant mon âme,
m'annoncèrent le sort auquel nous étions réservés. Je ne savais à
quels sentiments m'arrêter. Je demeurais immobile tour à tour,
et de douleur, et d'admiration. Sous ces voiles rebutants de la
misère, je découvrais tout l'éclat de la vertu. La douceur, la
patience, la résignation la plus parfaite, étaient empreintes sur
tous les fronts. Leurs yeux, à demi éteints, annonçaient le calme
d'une âme supérieure à tous les tourments.

« Notre présence inattendue excita, parmi ces dignes et vertueux compagnons de nos souffrances, des impressions de sensibilité qui passèrent dans toutes nos âmes. Ils souffraient, mais ils
auraient voulu souffrir seuls. Après nous avoir arrosés de leurs
larmes, et payé par là à la nature un tribut que la religion ne
condamne pas, ils se réjouirent en quelque sorte avec nous d'avoir
été jugés dignes de souffrir pour le nom de Jésus-Christ.

« Les détails qu'ils nous firent de tous les genres de supplices
auxquels il fallait nous préparer étaient si révoltants, que je les
eusse regardés comme exagérés, si j'avais pu suspecter leur récit ;
mais je ne tardai pas à me convaincre de leur exactitude.

« La première, et une des plus terribles épreuves dont nous
fûmes rendus aussitôt participants, était la posture qu'il fallait
garder sur le vaisseau. Forcés de nous tenir, au nombre de quatre cent-quarante hommes, dans un espace qui aurait pu à peine
en contenir deux cents, nous nous trouvions dans un tel état de

contrainte et de presse, qu'à l'exception de ceux qui avaient pu gagner les bords du pont ou les dessous des passavants, nous étions presque toujours condamnés à rester debout et immobiles, jusqu'à ce que quelques-uns de nos confrères eussent la charité de nous céder leur place. Il y avait cependant plus de trois mois que le plus grand nombre était dans cette attitude accablante. J'avoue que je ne pouvais comprendre comment la nature pouvait résister si longtemps à une pareille existence. Telle était cependant la terrible position à laquelle on était condamné depuis 7 à 8 heures du matin, jusqu'à 8 heures du soir (1). »

A cette gêne extrême des ecclésiastiques parqués sur le pont, au défaut de mouvement et d'exercice qu'elle entraînait nécessairement, il faut ajouter les souffrances causées par l'intempérie des saisons. Combien n'eurent-ils pas à souffrir, en effet, des ardeurs d'un été torride, de la pluie, de l'humidité et de la violence des vents en automne, et enfin des frimas et des glaces d'un hiver qui fut exceptionnellement rigoureux ! Ils étaient exposés aux rayons d'un soleil brûlant dont la chaleur était d'autant plus cuisante que les prêtres étaient toujours pressés et immobiles. Et si parfois on tendait une grande toile sur le milieu du navire, l'air ne circulait plus ; la fumée de la cuisine pénétrait sous cette toile; y formant de noires nuées qui asphyxiaient les détenus. Ce tourment se prolongea pendant tout le mois de juillet 1794 et la moitié du mois d'août, causant une recrudescence des maladies et de nombreux décès.

Au milieu de cette chaleur étouffante, les malheureux prêtres auraient désiré de pouvoir étancher leur soif avec un peu d'eau pure et rafraîchissante. « Mais, écrit M. Michel dans son Journal, ce qu'on accorde toujours aux plus grands criminels nous était refusé. » En effet, la barrique ouverte, mise à la disposition des prêtres, sur le pont, ne contenait qu'une eau

(1) *Op. cit.*, p. 352.

sale, corrompue, remplie de vers, et noirâtre. Elle avait une odeur insupportable et laissait dans la bouche un goût de pourriture dont on ne pouvait se délivrer.

Les matelots avaient cependant le moyen très facile de se rendre au Port-des-Barques, où l'eau pure et fraîche se trouvait en abondance. Il leur en coûtait peu de donner cette satisfaction aux déportés. Mais la compassion était un sentiment peu connu chez eux; ils ne donnaient de l'eau à peu près potable que rarement et parce qu'ils n'en avaient plus besoin pour eux-mêmes.

Après la saison des chaleurs, vinrent les journées de pluie, de vent et d'humidité. L'eau pénétrait bientôt dans les pauvres haillons des déportés; leurs pieds restaient mouillés toute la journée dans la boue qui se formait sur la poussière du pont; ils n'osaient se retirer dans leur cachot de la nuit, à cause du mauvais air qu'ils y respiraient et du défaut d'espace et de lumière. Alors, les heures leur paraissaient longues et pleines de tristesse.

Bientôt commença l'hiver de 1795, l'un des plus froids et des plus rigoureux qui aient paru jamais. Ailleurs on avait de la peine à se protéger, même avec les vêtements les plus fourrés et les appartements les mieux chauffés. Quel devait être le suplice des détenus dont les habits étaient délabrés, dont les journées se passaient au milieu des frimas, des rafales de neige et dans un air glacial? Aussi, un grand nombre de ceux qui avaient échappé aux fièvres contagieuses de l'été et aux autres maladies, au scorbut surtout, ne purent résister à cette dernière épreuve. Tout ce qui restait parmi les déportés, de vieillards, de gens atteints par l'asthme, les rhumatismes, ou l'épuisement, tout fut moissonné par cet hiver. Ceux qui purent survivre y contractèrent des infirmités dont ils se ressentirent le reste de leur vie (1).

Il leur était impossible de se réchauffer par l'exercice et le mouvement, car l'espace leur faisait absolument défaut. Impossible aussi de s'approcher du feu. Il y avait à bord deux foyers : celui de la cuisine du capitaine, et celui où se préparait la nourriture des matelots et des détenus. Mais comment approcher? Les geôliers veillaient sans cesse, ils étaient toujours prêts à insulter quiconque oserait sortir du parc réglementaire. En réalité, on ne connaissait le feu que par la fumée qui se répandait sur le pont et venait ajouter un nouveau tourment à celui du froid. En tout temps, le roulis du navire incommodait beaucoup la plupart des détenus. Quand la mer était plus agitée, le roulis devenait alors plus fort, leur occasionnant de violents maux de cœur et des vomissements qui allaient jusqu'au sang.

Avec ces causes de l'affaiblissement et des maladies des malheureux déportés, il faut en signaler une autre bien plus grave encore : l'insuffisance et la mauvaise qualité de la nourriture. En principe, et d'après le règlement, les prêtres devaient être au même régime que les matelots. En réalité, ils ne recevaient que le rebut des aliments de l'équipage, et le plus souvent avec une notable soustraction sur la quantité. Pendant six mois, ils avaient une livre et demie de pain chaque jour et trois quarts de bouteille de vin; mais ce pain était si grossier et parfois si noir et si moisi, qu'on avait grande répugnance à le manger; d'ailleurs il avait si peu de substance nutritive, qu'il ne pouvait apaiser la faim. A défaut de pain, on donnait du biscuit, environ six onces par repas

(1) V. *Relation* de la Biche, p. 65.

(190 grammes). Mais il était si dur qu'il fallait le briser et le concasser ; c'était pitié de voir de pauvres vieillards, dépourvus de dents et dévorés par la faim, ronger avec des gencives ensanglantées les croûtes d'ailleurs gâtées et souvent pleines de vers. On vit parfois des groupes de détenus, pressés par la faim, accourir vers la dépense, après le repas, pour demander en grâce un morceau de pain. Dans les premiers temps, le dépensier, touché de compassion, se laissait fléchir, mais, comme la distribution était fort restreinte, c'était à qui allongerait le bras, et saisirait le premier ce pain que tous dévoraient des yeux. A quelle extrémité se voyaient réduits ces hommes qui s'estimaient et se respectaient, ces prêtres vénérables, forcés d'arracher, pour ainsi dire, le pain des mains de leurs frères ! (1)

M. de la Biche rapporte même quelque chose de plus triste :

« J'ai vu, dit-il, de mes propres yeux, un de mes confrères demander avec instance quelques morceaux de pain, restes méprisés de la table du capitaine, qu'on se disposait à donner aux pourceaux. Sur le refus du mousse qui les portait, je l'ai vu, sitôt que cet enfant eut disparu, les retirer précipitamment du baquet de ces animaux, imbibés d'eau de vaisselle et d'autres immondices, pour en faire sa nourriture. Indigné du procédé du mousse, je pris sur moi de représenter au capitaine qu'il était révoltant pour l'humanité que l'on donnât du pain aux animaux, tandis que des hommes en manquaient. — « Ton observation paraît assez juste », dit l'officier ; mais il se ravisa en disant que ceux qui le faisaient donner aux pourceaux, devaient un jour manger la chair de ces animaux et faire tourner ainsi ce pain à leur profit. Et on continua à donner du pain aux cochons du capitaine (2). »

Les déportés devaient prélever sur leur ration le pain nécessaire pour la soupe, distribuée deux fois

____

(1) V. de la Biche, p. 67.
(2) *Op. cit.*, p. 68.

par jour sur les *Deux-Associés* et une fois seulement sur le *Washington*. Les autres aliments consistaient en une demi-livre de viande, six fois par décade, et trois onces de morue, ou quatre onces de gourganes, sorte de petites fèves des marais. Le soir, on servait régulièrement les gourganes avec le bouillon dans lequel elles nageaient. Mais, comme ces légumes étaient de date fort ancienne, et avaient été emmagasinées depuis quinze à vingt ans, ils résistaient à la cuisson, et se trouvaient remplis de charançons, insectes tout noirs qui surnageaient dans le bouillon avec un demi-doigt d'épaisseur. Dans les premiers jours, les prêtres ne pouvaient supporter cet aliment insipide et grossier; la plupart le jetaient à la mer. Mais la faim eut bientôt raison de toutes les répugnances; et après quelques mois on dévorait les gourganes, comme si elles eussent été un manger délicieux (1).

Les officiers du bord étaient payés par l'administration pour donner aux détenus les rations complètes, accordées aux matelots. Mais leurs rapines et celles de l'équipage réduisaient singulièrement les portions de viande et de morue.

On affectait d'attribuer aux plats des déportés les os décharnés, les parties de rebut, comme la rate, les mâchoires, les poumons des animaux; et cette viande avait traîné dans la poussière, elle était mal cuite, point assaisonnée, et le peu qui pouvait être absorbé se trouvait réduit souvent à la grosseur d'une ou deux noix. Quant à la morue, servie trois ou quatre fois par décade, non seulement elle était souvent gâtée et pourrie, mais, de plus, on ne la laissait pas détremper suffisamment, on la retirait de la chau-

(1) V. *Op. cit.*, p. 71.

-dière longtemps avant le repas; on la recevait froide
et dure, et le vinaigre qui la recouvrait achevait de
la rendre coriace et amère.

La distribution individuelle des vivres aurait été
interminable. Pour l'abréger, le capitaine avait divisé
les déportés par tables, composées chacune de dix
personnes. Il en avait désigné le chef, qui à chaque
repas était tenu d'aller chercher les vivres pour ses
compagnons. Ce mot de table était bien impropre,
car il eût été impossible d'en placer une seule au
milieu de la foule étroitement serrée sur le pont.
Chaque groupe avait une gamelle de bois pour la
soupe, un bidon en fer-blanc pour le vin, et un
gobelet qui servait à chaque convive, à tour de rôle;
on laissait à chaque détenu une cuiller en bois, qu'il
portait toujours suspendue à sa boutonnière (1).

Le repas se prenait dans les conditions les plus
incommodes. Il fallait manger debout, au grand air
par tous les temps, les pieds dans la neige ou l'humidité boueuse, dans une telle gêne qu'on était coudoyé
sans cesse et que la cuillerée de soupe était répandue
en partie sur les habits. La gamelle était soutenue
par un des convives, le chef faisait les parts de la
viande ou de la morue, et quand chacun avait reçu
la sienne dans ses mains, il fallait la déchirer avec
les dents. Les plus favorisés plaçaient la gamelle sur
un tonneau, sur une pile de câbles ou sur un banc;
mais ces moyens faisaient défaut le plus souvent;
alors on se succédait pour présenter la gamelle aux
confrères qui puisaient successivement avec le même
gobelet, pour retirer quelques gourganes noyées dans
le bouillon. Ainsi les jeunes mangeaient avec les
vieillards, les sains avec les malades, les scorbutiques

(1) V. Michel, son *Journal*, p. 17.

avec ceux qui n'étaient pas encore atteints de cette
maladie. C'était à faire bondir le cœur, dit M. de la
Biche, et il fallait être devenu insensible à tout,
pour se résoudre, malgré le tourment de la faim, à
manger autre chose que du pain. Les chefs de groupe
ne tardèrent pas à remarquer le mot d'ordre donné
par le capitaine au commis des vivres, pour diminuer
les rations réglementaires. Chaque groupe ne recevait en bloc que trois livres de pain, au lieu de cinq ;
quarante onces de biscuits, au lieu de soixante ; cinq
mesures de vin, au lieu de dix ; et ainsi de suite pour
les autres aliments. Il en résultait nécessairement
une grande faiblesse par inanition et une faim douloureuse.

Aussi les déportés avaient-ils beaucoup de peine
pour rendre aux matelots les services qu'on attendait
d'eux, moitié de gré, moitié de force. Tous les matins
de bonne heure, une trentaine étaient requis pour
laver le pont ; un peu plus tard, quand l'entrepont
était vide, il fallait le racler, le laver, ensuite vider
dans la mer les quatre baquets qui servaient la nuit.
Les gens de l'équipage appelaient aussi les prêtres à
l'aide pour tirer au cabestan, pour hisser des tonneaux d'eau douce, pour monter et mettre en place
les vivres. Au début, le capitaine avait bien déclaré
qu'ils n'étaient pas tenus à ces corvées, mais, après
les avoir simplement invités pendant quelque temps,
on finit par donner des ordres sévères ; tout refus,
même pour raisons bien fondées, était suivi de reproches et de menaces. Il fallait se rendre.

Quand c'était le bon plaisir des officiers, le signal
du branle-bas était donné par une voix de stentor, et
aussitôt il fallait transporter sur le pont tous les effets
contenus dans la prison obscure où se passait la nuit.
On était obligé de les ramasser à tâtons, de les réu-

nir en des paquets où ceux des voisins étaient parfois confondus pêle-mêle. Personne n'était exempt de cet exercice fatigant, et les infirmes eux-mêmes avaient l'obligation de s'y soumettre.

Les occupations personnelles des ecclésiastiques consistaient surtout à laver et à entretenir de leur mieux leur linge et leurs pauvres habits. Comme ils ne pouvaient les quitter la nuit, car ils n'avaient pas de lits où se reposer, après quelques semaines, ce linge et ces vêtements se trouvèrent fort usés et surtout d'une triste malpropreté. Ils étaient infectés de vermine, si imprégnés de miasmes fétides et, pour plusieurs, si déguenillés, que des mendiants eux-mêmes n'auraient pas voulu les ramasser dans une rue. On avait beau les laver, les coudre, les rapiécer, tant qu'il resta quelques lambeaux d'étoffe et quelques brins de fil, il vint un temps où ils furent dans un état lamentable ; ils ne pouvaient couvrir suffisamment les membres exténués ni les préserver des injures de l'air.

Comme il fallait les nettoyer à l'eau de mer, toujours à froid, il en résultait qu'ils ne séchaient jamais complètement et occasionnaient ensuite de cuisantes démangeaisons sur la peau.

Nous trouvons, dans toutes les relations, des détails plus navrants encore et qu'on oserait à peine rapporter, s'ils ne montraient la patience humble et résignée des confesseurs de la foi. Leur corps était tellement envahi par les insectes parasites, qu'ils étaient contraints de leur faire la chasse pendant de longues heures sans parvenir à se débarrasser complètement. Ils étaient pour cela dans la nécessité de se dépouiller, s'exposant en été aux ardeurs du soleil, et en hiver au froid humide et glacial.

« On n'a pas idée, écrit M. de la Biche, de l'inconcevable quantité de poux qui nous dévoraient le jour et la nuit. Plusieurs de nous périrent, sans qu'on pût assigner d'autre cause de leur mort, soit que les insectes eussent absorbé la partie la plus pure de leur sang, soit que, pour apaiser les intolérables démangeaisons qu'ils leur causaient, ils se déchirassent le corps au point d'y occasionner des plaies qui devenaient mortelles (1). »

Pour faire diversion à cette grande misère physique, les déportés auraient trouvé un puissant secours dans la récitation du saint office, dans la lecture de l'Écriture sainte ou des livres de piété. Mais, hélas ! leurs bréviaires avaient été saisis et enlevés impitoyablement. Les officiers se faisaient un jeu de les déchirer et d'en jeter les feuillets dans l'entrepont. C'était une grande joie pour le confrère qui réussissait à saisir une page ou un lambeau de feuillets contenant quelques versets d'un psaume ou quelque passage d'une homélie des saints Pères. Ces débris étaient conservés comme de précieux trésors ; on les lisait en secret, on les relisait sans cesse. Le lieutenant s'amusait à jeter ainsi des morceaux de papier. Or, un jour, après avoir dévalisé quelques prêtres nouveaux-venus, il lui arriva de jeter, avec le papier déchiré, des assignats d'une valeur totale de deux mille francs. Les prêtres n'osaient les ramasser, ils craignaient un piège ; ils se décidèrent cependant à les prendre, mais pour les remettre aussitôt, de peur d'encourir la peine de mort qui eût été facilement prononcée contre quiconque en aurait retenu quelque chose.

Les déportés ne pouvaient prier ensemble : c'était défendu sévèrement ; mais ils se dédommageaient dans le secret de leur cœur et offraient à Dieu leur corps, leur âme, leurs souffrances, leur vie même.

(1) V. *Relation...*, p. 61.

Ils s'encourageaient à voix basse, se promettant de persévérer ensemble dans la confession de leur foi et se recommandant mutuellement à Dieu.

Leurs actes intérieurs de religion étaient d'autant plus méritoires, qu'ils exigeaient un effort d'esprit et une fermeté de volonté rendus plus difficiles par l'agitation et le vacarme dont ils étaient sans cesse entourés.

La faiblesse physique, le défaut de lecture et d'occupations intellectuelles avaient fini par appesantir leurs facultés. C'était, assure M. de la Biche, ce qu'il y avait de plus humiliant et de plus déplorable dans leur situation. Il leur semblait parfois être à demi éveillés, ou sortir d'un long état de rêve. Et M. Michel ajoute :

« Nous nous sommes trouvés souvent fort embarrassés de connaître les jours et les mois ; nous ne parvenions à nous tirer de cet embarras qu'en calculant d'après les décades, qui étaient toujours annoncées par plusieurs pavillons. Ce moyen cependant nous jetait quelquefois dans des erreurs ; les mêmes pavillons se hissaient pour les fêtes extraordinaires célébrées sur le vaisseau ; et en nous les faisant confondre avec les décades, ils nous dévoyaient tellement dans nos calculs, que nous revenions difficilement à la vraie connaissance du jour et du mois (1). »

Isolés du reste des hommes, ne pouvant pas même s'entretenir avec l'équipage, les déportés ignoraient tout ce qui se passait en France et en Europe. Ils se demandaient avec angoisse si leurs parents et leurs amis vivaient encore, si la Terreur continuait à régner sur leur malheureuse patrie, si le nombre de ses victimes augmentait sans cesse. Les officiers du bord ne leur faisaient connaître que les événements favorables à la Révolution. On leur lisait, à haute voix, et d'un ton de triomphe, les bulletins de la Convention et

(1) V. *Journal*, p. 61.

les victoires des armées républicaines. De pareilles nouvelles ne pouvaient leur faire espérer leur libération; aussi les écoutaient-ils avec peine ou tout au moins avec indifférence (1).

Ce qu'ils auraient voulu apprendre, c'était la fin de leur malheureuse captivité sur les navires, c'était un prochain départ pour le lieu définitif de leur exil. Pendant les deux premiers mois, on leur donnait de temps en temps l'espérance trompeuse qu'on allait bientôt les diriger sur les côtes d'Afrique. Mais ils comprirent enfin qu'on se jouait de leur simplicité; on voyait leur nombre diminuer chaque jour par une effrayante mortalité; c'était comme un parti pris de les laisser se consumer et périr dans ces affreuses prisons.

Il est difficile de concevoir une existence plus sombre et plus douloureuse. Aussi, quand les prêtres voyaient mourir au milieu d'eux un si grand nombre de confrères, ils étaient portés à envier leur sort. La vie leur semblait en effet pire que la mort, et plusieurs déclaraient hautement que sans la crainte de Dieu, sans le désir de lui rester soumis et fidèles, ils se fussent jetés à la mer, pour mettre un terme à leurs souffrances.

Mais la foi et la confiance surnaturelle dominaient en eux les luttes de la nature; et s'il désiraient la mort, c'était en véritables chrétiens; c'est au sens de l'apôtre saint Paul qu'ils s'écriaient, au milieu de leurs maux : « *Cupio dissolvi et esse cum Christo! — Supramodum gravati sumus... ita ut tœderet nos etiam vivere* (2). »

C'est dans ces sentiments de résignation et d'aban-

(1) V. de la Biche, p. 58.
(2) 2 Cor., I, 8.

don à la volonté divine qu'ils voyaient approcher la mort.

Un vicaire général de Limoges, M. Pétiniaud de Jourgnac Raymond, sur le point d'expirer, âgé seulement de 47 ans, disait à ses confrères (1) :

« La mort est un gain pour nous. Qu'avons-nous besoin de vivre encore ? La cité sainte de la terre est livrée au pouvoir de ses ennemis. Ses vieillards ont été égorgés dans les places publiques, ses jeunes gens sont tombés sous le glaive homicide. Ses temples sont réduits à une profonde solitude, les instruments de sa gloire ont été enlevés. Ses jours de fête ont été changés en des jours de deuil ; ses solennités sont vouées à l'opprobre, sa magnificence profanée, son éclat souillé, ses honneurs anéantis.

« Mourons donc, avec l'espérance que nous allons être introduits dans la cité sainte du ciel, et réunis à nos frères aînés, qui déjà y ont été admis.

« Mourons, avec l'espérance que nos tribulations, qui n'auront duré qu'un moment, opéreront bientôt en nous une gloire éternelle.

« Mourons, avec l'espérance que Jésus-Christ transformera un jour notre corps vil et abject, pour le rendre conforme à son corps glorieux. »

(1) V. Bottin, *Récit abrégé*, p. 23.

CHAPITRE XI

Les nuits dans l'entrepont

Le signal du coucher. — Angoisse des déportés. — Le cachot trop étroit pour les recevoir. — Deux étages sur une hauteur totale de cinq pieds. — Point d'air ni de lumière. — Chaleur étouffante. — Les malades tombent en défaillance. — Dureté des geôliers. — Fumigation asphyxiante, tous les matins. — Le scorbut se propage. — Un chirurgien envoyé d'office. — Son rapport blâme et condamne le régime imposé aux détenus. — Odieux projet des capitaines.

Les journées passées sur le pont étaient marquées par la gêne, par la fatigue et par de grandes souffrances.

Et cependant, lorsque l'heure était venue de se rendre, le soir, dans l'entrepont, les cœurs se serraient, on apercevait sur les figures une impression soudaine d'horreur, comme en présence d'un tombeau où il faudrait s'ensevelir tout vivant (1).

A huit heures en été, un peu plus tôt en hiver, un maître d'équipage apparaissait au-dessus de la cloison qui partageait le pont. Il donnait trois coups de sifflet ; tous les prêtres étaient tenus de répondre aussitôt : « *Commande.* » Alors, d'un ton impérieux, était donné l'ordre par ces mots : « *En bas les déportés, à se coucher !* »

Et les quatre cents prêtres se dirigeaient par l'écoutille vers l'entrepont, où les attendait une nuit d'an-

(1) V. dans Jauffret : *Mémoires*, Rousseau, p. 358.

goisses. Il arrivait souvent que leur grand nombre et la faiblesse des vieillards et des malades les empêchaient de descendre les échelles aussi vite que les officiers l'exigeaient ; ceux-ci les pressaient alors avec le plat de leurs sabres ; par leurs menaces ou par des injures atroces, ils les forçaient à se précipiter, au risque de tomber et de se blesser dans la chute. Voici comment M. Michel nous raconte ses premières impressions :

« Il n'est pas possible, dit-il, de représenter combien nous étions entassés les uns sur les autres. Jamais je n'aurais cru, si je n'en avais été témoin, qu'un aussi grand nombre d'hommes pût tenir dans un si petit espace, et vivre dans un air aussi infect et aussi chaud.

« Pendant la première nuit que j'y passai, je ne pensais jamais en voir la fin ; je n'étais ni couché, ni assis, ni droit, mais appuyé sur l'épaisseur d'une planche, forcé de me courber, ayant tous mes membres dans l'état de la plus grande contrainte.

« Nous étions tellement serrés, que nous ne pouvions nous coucher sur notre dos. Il fallait toujours nous tenir sur le côté ; beaucoup avaient sur eux les pieds et les jambes de cinq ou six autres qui ne touchaient au plancher que par le milieu du corps. Pour ne pas laisser d'intervalle vide, nous étions entrelacés, de manière que l'un avait les pieds dans le sens où l'autre avait la tête. Tout le plancher était ainsi couvert de corps qui en remplissaient exactement les plus petits espaces. »

« Notre entrepont n'avait guère plus de cinq pieds de hauteur, sans compter les poutres qui descendaient plus bas. À près de deux pieds et demi de cette hauteur, se trouvait un autre étage, formé en partie de planches, en partie de toiles tendues, sur lequel était une rangée de corps, pareille à la première, en sorte que chacun avait les pieds de deux autres sur sa figure (1). »

Ce cachot ténébreux était en effet garni dans tout son pourtour, à moitié hauteur, de larges étagères qui formaient comme des lits de camp. C'est là que devaient s'étendre sur des planches mal ajustées, encore plus mal rabotées, tous ceux qui ne trouvaient

(1) V. *Journal* de M. Michel, p. 40.

plus de place libre sur le plancher inférieur. On y
couchait sans matelas et sans paille, tout habillé ;
pour relever un peu la tête, on n'avait que le sac de
nuit avec quelques hardes.

Enfin, dans les parties où la hauteur n'était pas
divisée par les étagères, appelées *placets*, on suspen-
dait des hamacs, tendus si près les uns des autres,
que ceux qui les occupaient se comprimaient et se
gênaient mutuellement, de la manière la plus pénible. Et comme ces hamacs recevaient deux hommes
au lieu d'un seul, ils s'affaissaient sous le poids et
incommodaient beaucoup ceux qui se trouvaient
étendus au-dessous. Souvent même ces derniers
devaient servir de marche-pied à ceux qui avaient à
grimper sur les hamacs.

Dès que les quatre cents prisonniers avaient péné-
tré dans l'entrepont, on fermait la porte à clef, on
tirait les verrous ; ils avaient à chercher leurs places,
sans lumière, à tâtons, marchant nécessairement sur
les corps de ceux qui s'étaient placés les premiers.

Sous aucun prétexte ils ne devaient sortir la nuit
de leur prison ; si quelques-uns étaient malades, ils
ne pouvaient être secourus.

Il arriva même une fois que, le feu s'étant déclaré
dans la cuisine des officiers, de manière à faire craindre l'incendie du navire, tout l'équipage se préparait
à se sauver sur les chaloupes, mais il ne songeait pas
même à ouvrir la porte aux prisonniers. Ceux-ci
étaient exposés à périr asphyxiés, mais leur vie importait peu à leurs cruels geôliers (1).

Ce qui leur importait encore moins, c'était l'extrême gêne des prisonniers entassés, selon le mot de
M. de la Biche, « comme des harengs en caque ». De

(1) V. de la Biche, p. 86.

temps en temps, ils introduisaient de nouvelles recrues de déportés, et quand on leur montrait qu'il serait bientôt impossible de respirer, ils répondaient : « Nous avons eu plus de 400 nègres à bord, et ils étaient au large. » Ils avaient même l'audace d'ajouter : « Ceux qui périront feront place aux autres. Vous en verrez bien d'autres ! S'il en meurt vingt, nous en ferons venir quarante ! » (1)

L'air et la lumière ne pénétraient dans cette noire prison que par deux *écoutilles*, avec ouverture sur le pont de cinq pieds en carré ; l'une d'elles était fermée par un treillis de bois, à mailles serrées ; on la couvrait même d'une toile cirée, à la moindre menace de pluie. La seconde écoutille, fermée aussi par un treillis, était plus obstruée encore, car on avait déposé au-dessus des malles, des colis et des barriques.

Aussi l'air manquait-il aux prisonniers plus encore que l'espace. Il ne pouvait arriver du dehors, encore moins circuler au dedans ; l'air qui se trouvait déjà sur l'entrepont au moment du coucher était vite altéré, corrompu, chargé de miasmes fétides et d'exhalaisons malsaines.

On avait placé aux angles de la prison quatre baquets pour les nécessités de la nature. On ne pouvait y arriver qu'après avoir foulé les corps des confrères, sur lesquels il fallait passer, en se traînant à tâtons. Il arrivait même que, les baquets ne pouvant suffire pour tant de malheureux, les ordures coulaient au dehors et inondaient les voisins, portant de tous côtés la corruption et la mort.

Pour avoir une idée de la chaleur qui régnait dans ce lieu de supplice, il suffit de signaler qu'elle arrivait à rendre liquide le goudron placé sous l'écoutille dans un tonneau.

(1) V. de la Biche, p. 42.

Une telle atmosphère viciée et délétère produisait sur les malheureux déportés des spasmes et des étouffements douloureux. Voici comment M. Rousseau nous a raconté ce qu'il avait éprouvé lui-même :

« Pour arriver à la place désignée, dit-il, j'étais déjà inondé de sueur ; j'espérais cependant qu'une fois placé, je pourrais en tarir la source, mais ce fut en vain. Notre réunion portait, en un instant, la chaleur à un tel degré, que de toutes les parties de notre corps sortaient des fontaines d'eau qui nous arrosaient mutuellement. Il fallait en effet que ces sueurs fussent bien abondantes, puisqu'un de mes confrères trouva, le lendemain de son arrivée, une veste rouge, qui lui servait d'oreiller, entièrement changée de couleur. Nous nagions véritablement pendant douze heures dans un étang d'eau brûlante, l'expression n'a rien d'exagéré. Je n'en étais pas surpris, mais on devait l'être, au contraire, de ne pas nous trouver tous morts, après une seule nuit passée dans ce four ardent. Au milieu des tourbillons de vapeurs épaisses qui nous étouffaient, plusieurs d'entre nous cherchaient en vain à fournir un peu d'air à leur respiration, en approchant leurs bouches contre les fentes du bois (1). »

Dans une pareille situation, il n'était pas rare que plusieurs détenus tombassent en défaillance ; mais leurs voisins étaient impuissants à les secourir et ne pouvaient pas même demander pour eux un verre d'eau.

« Les bourreaux qui nous gardaient, ajoute encore M. Rousseau, connaissaient bien cette horrible position, et cependant ils y étaient insensibles. Que n'allaient-il consulter les tigres ? Peut-être seraient-ils devenus moins cruels ! les tourments se multipliaient, en quelque sorte, par l'inutilité des plaintes que nous aurions pu faire entendre. Une fatale expérience nous avait appris qu'elles ne faisaient qu'accroître leur rage. Quelque temps avant notre arrivée, nos confrères avaient eu le malheur d'exposer aux officiers l'impossibilité de résister aux tourments d'une presse aussi effrayante. Pour jouir plus à l'aise de ce spectacle que l'enfer seul pouvait imaginer, les geôliers, descendent dans les cachots ténébreux, et ne frémissent pas d'essayer, le sabre à la main, de resserrer encore davantage les quatre cents victimes. Efforts inuti-

(1) V. Jauffret, *Mémoires* de Rousseau, p. 359.

les... Réduits à une telle extrémité, la nature aurait pu sans doute nous arracher des plaintes et des murmures, mais la religion, supérieure aux barbares traitements des bourreaux, nous faisait un devoir de souffrir et de nous taire (1). »

Tandis que les heures de la nuit s'écoulaient longues et tourmentées pour les malheureux déportés, au-dessus de leurs têtes les hommes de l'équipage, officiers, soldats, matelots et mousses, s'amusaient, toute la soirée, fort tard, sur le pont. Les uns riaient du supplice infligé aux prêtres, d'autres jouaient en faisant rouler des boulets de canon ; les mousses battaient du tambour sur les barriques; d'autres enfin dansaient au son du violon et frappaient du pied avec une telle violence que les têtes des prisonniers en ressentaient le contre-coup. On se permit un jour d'en faire l'observation au capitaine Gibert; on lui représenta que quatre prêtres actuellement à la veille de la mort étaient horriblement tourmentés par ce bruit. Il se contenta de répondre que ses hommes avaient bien le droit de s'amuser et qu'il en était bien aise !

Après les angoisses et les souffrances de la nuit, les déportés avaient encore à supporter, chaque matin, une opération aussi dangereuse qu'effrayante. Sous prétexte de purifier l'air, on portait dans l'entre-pont deux grandes jattes de goudron, on les versait dans un tonneau, et ensuite on y plongeait deux ou trois boulets de canon rougis au feu.

Une flamme violente jaillissait aussitôt ; on s'empressait de l'éteindre, mais elle était suivie d'une fumée épaisse qui se répandait comme un nuage, avec une odeur forte et âcre, dans toute la prison. On avait fermé hermétiquement toutes les ouvertu-

(1) V. dans Jauffret, *op. cit.*

res des écoutilles, de sorte que les détenus étaient presque asphyxiés. Aussitôt chacun de tousser, de se moucher, de cracher jusqu'au sang, sans qu'il fût permis aux plus incommodés de sortir et de respirer au grand air.

« Ce tourment est celui qui m'a été le plus cruel, écrit M. Santigny. Le vaisseau était plein de gémissements, la toux occasionnée par la fumée nous faisait faire de si grands efforts que tous nos pores s'ouvraient et nous étions couverts d'une sueur abondante. Je me voilais la figure avec mon mouchoir, je me tenais la bouche fermée le plus longtemps que je pouvais, je retenais mon haleine tant qu'il m'était possible, mais, malgré ces précautions, la fumée me pénétrait et me suffoquait ; une partie du jour, je souffrais encore de ses suites par une respiration gênée. J'ai vu, pendant cette fumigation, des asthmatiques faire des efforts si grands, qu'ils rendaient des flegmes en abondance et même du sang (1). »

Dès qu'on ouvrait l'écoutille, chacun se traînait comme il le pouvait vers la sortie, afin de ne pas retarder le moment de respirer un peu et de donner à ses poumons brûlants le rafraîchissement nécessaire.

Mais, hélas ! la fraîcheur de l'air extérieur, au lieu de donner aux détenus la force et la vie, n'était pour eux bien souvent qu'un principe de maladie mortelle. Elle arrêtait brusquement la sueur dont leurs membres étaient encore inondés, et cette satisfaction momentanée occasionnait des crises qui faisaient tous les jours de nouvelles victimes.

Bientôt le scorbut de mer régnait sur les navires, et se propageait non seulement parmi les prêtres, mais aussi dans les rangs des équipages.

Le comité de salubrité du port de Rochefort en fut effrayé et délégua un chirurgien de première classe

____

(1) V. *Semaine religieuse de Sens*, 10 nov. 1861.

pour examiner la situation et aviser aux moyens d'y remédier.

Lorsque ce médecin se transporta sur les vaisseaux, il voulut étudier sur place les causes de l'épidémie. Il ôta ses habits, se munit d'un flacon de sels et essaya de pénétrer dans l'entrepont, vide en ce moment. A peine avait-il fait quelques pas, que la chaleur et la lourdeur de l'air l'empêchèrent d'aller plus avant. Craignant d'être suffoqué, il remonta au plus vite, et il affirmait au capitaine que : « *Si on mettait là quatre cents chiens pendant une nuit seulement, le lendemain on les trouverait morts ou enragés.* »

Le rapport qu'il adressa au comité de salubrité est fortement motivé et singulièrement instructif. En voici les principales observations :

« Le *Washington*, destiné à contenir trois cent cinquante déportés, n'en contenait pour le présent que deux cent vingt. Or, sur ce nombre, six étaient morts, âgés de 60 à 80 ans; dix-sept étaient à l'hôpital. L'équipage comptait soixante-dix hommes qui, d'après le médecin, seraient eux-mêmes fatalement atteints de l'épidémie. Il y avait urgence de réduire les déportés à deux cents.

« Au sujet des *Deux-Associés*, le rapport affirmait que les localités et l'administration étaient des plus vicieuses. La construction du navire ne convient pas à sa destination. Le système employé pour assainir l'air est pernicieux et funeste. On devra faire sortir les détenus, avant d'enfumer l'entrepont avec le goudron enflammé.

« On pratique sur ce navire un système de *sévérité* et même de *dureté*; or l'âme tourmentée par les affections tristes dispose le physique à l'action des maladies.

« Le capitaine, très révolutionnaire, doit veiller à la santé des déportés pour sauvegarder celle de son équipage dont sept hommes ont été atteints de scorbut; trois sont morts.

« Le chiffre de 420 déportés avec 110 hommes pour le service du navire est trop élevé actuellement, et surtout pour entreprendre une longue traversée.

« A cause de l'encombrement et de l'air méphitique de l'entrepont, on a constaté que beaucoup étaient atteints d'érysipèles, d'ecchymoses, de signes scorbutiques, d'infiltration des membres, signe de dissolution prochaine des humeurs.

« En trois mois, ce navire a perdu cent-douze hommes; il y en a encore quatre-vingt-sept aux infirmeries. Parmi les morts, plus de la moitié sont décédés dans la force de l'âge.

« A cause de la chaleur, il est urgent de réduire les détenus à trois cents et de retenir dans les prisons de la ville ceux qu'on se proposait d'envoyer sur les pontons.

« Enfin, il est nécessaire d'adjoindre à chaque navire une infirmerie flottante, qui recevra les malades en attendant des places libres à l'hôpital de terre, au Port-des-Barques (1). »

Ce rapport était la condamnation des procédés barbares dont on usait à l'égard des ecclésiastiques déportés.

Les deux capitaines, Laly et Gibert, pouvaient déjà prévoir la honte qui s'attacherait à leurs noms. Ils ne tenaient plus le langage cynique des premiers mois, lorsque, descendus au Port-des-Barques, pour y mener joyeuse vie, ils se demandaient l'un à l'autre comment allaient leurs déportés. Le premier assurait qu'aux *Deux-Associés* « ils allaient à merveille, qu'ils mouraient par demi-douzaine tous les jours, et que bientôt il n'y aurait plus de place ». Et le second, parlant à son tour de son navire, se plaignait de voir sur le *Washington* « que ces b... avaient l'âme chevillée dans le ventre ». Et Laly de répliquer : « C'est que tu ne sais pas les faire fumer comme il faut ! »

Ces cruels commandants, après le rapport du chirurgien, commencèrent à craindre pour leur vie et celle de leurs équipages.

On a même rapporté le sinistre projet qu'ils avaient conçu pour se défaire des prêtres contaminés, par les moyens les plus expéditifs. Ils voulaient supposer un complot de révolte de leur part, afin de les traduire devant le jury du bord, qui les aurait tous

(1) Archives de médecine navale, Rochefort, t. V, n° 6.

condamnés à mort. Il ne restait plus qu'à tirer sur eux avec les canons chargés à mitraille et à sabrer ensuite ceux qui seraient encore debout.

Mais comme on ne pouvait tirer le canon sans l'autorisation du capitaine, chef de la rade, qui résidait sur son navire *la Bombarde*, on n'osa pas même lui soumettre le projet criminel, car c'était un vieillard plus sage et moins inhumain, qui se serait fortement opposé à l'assassinat.

On avait songé alors à un attentat plus odieux encore, parce qu'il impliquait une horrible fourberie : un des officiers aurait demandé de mettre *quelque chose* dans le bouillon des déportés ! On recula, parce qu'il fallait s'attendre à compter avec l'opinion ; et le capitaine Laly, ainsi que nous l'avons dit, en fit la dure expérience, quand on le chassa du club des patriotes en lui criant : « Dehors ! le tueur de prêtres ! »

Ces projets inhumains parurent donc trop dangereux, et on s'arrêta à la décision d'isoler les malades en les déposant dans les chaloupes dites *barques-hôpitaux*, dont il sera question au chapitre suivant.

CHAPITRE XII

Épidémies et mortalité

Maladies contagieuses. — Fièvres chaudes. — Le scorbut de mer. — Presque tous les déportés sont atteints. — Beaucoup succombent. — Deux hôpitaux installés sur des chaloupes. — Triste situation des malades. — Défaut de soins et de remèdes. — Abandon des médecins. — Dévouement héroïque des prêtres infirmiers. — Calme et joie surnaturelle des mourants. — Ils reçoivent les sacrements de pénitence et de l'Extrême-Onction. — Leurs derniers moments et leur sainte mort.

« Jusqu'à présent, écrit M. de la Biche, on ne nous a vus que souffrant, à la vérité, excessivement, mais cependant jouissant, en quelque sorte, de la santé, si on peut donner ce nom à cet état habituel de langueur et de dépérissement où étaient les plus vigoureux et les mieux constitués d'entre nous. On n'a vu que le beau côté du tableau, c'est-à-dire qu'on n'a envisagé les confesseurs de la foi que sous l'aspect le moins affligeant pour l'humanité.

« Comment peindre maintenant ces hommes, dans l'état déplorable de maladie, lorsque la contagion commença à se répandre parmi eux ! Il en tombait malades, chaque nuit, jusqu'à dix, douze et au-delà. Et de quelles maladies ! des maladies les plus violentes, qui s'annonçaient par les symptômes les plus sinistres et les plus affreux.

« C'était le scorbut ; nous en étions presque tous atteints, et quelques-uns en étaient vraiment rongés. C'étaient des plaies horribles à voir, et qui, restant, le plus souvent, ainsi que les cautères, sans aucun pansement, devenaient nécessairement mortelles. C'étaient des fièvres malignes et inflammatoires, qui vous ôtaient tout de suite l'usage de la raison et qui, alors que vous eussiez eu besoin de toute votre présence d'esprit, pour vous donner à vous-même des soins que personne n'avait la pensée ou la facilité de vous donner, vous jetaient dans l'état le plus triste et le plus humiliant, de surdité, de stupeur et d'insensibilité. C'étaient surtout des fièvres chaudes et des accès de frénésie qui rendaient les malades furieux, jusqu'à attenter à leur propre vie et à celle de leurs confrères ; jusqu'à avoir besoin d'être mis aux fers, pour ne pas causer un désordre épouvantable dans le cachot. Et ces hommes étaient naguère doux comme des agneaux, vertueux comme des anges ! » (1)

Ce tableau si navrant ne saurait être mis en doute, car celui qui l'a tracé avait non seulement soigné les malades, mais il avait été lui-même atteint de la contagion ; il se trouvait à deux doigts de la mort, pendant que son frère plus jeune succombait à l'hôpital.

D'ailleurs, comment être surpris du grand nombre de malades et de morts, quand on se représente le sort qui leur était imposé et les mauvais traitements qu'ils avaient à subir et le jour et la nuit ! On devrait s'étonner plutôt que quelques-uns aient pu survivre ; impossible en effet d'attribuer leur salut à la force du tempérament ou à la vigueur de l'âge. La mort frappait également les forts et les faibles, les jeunes et les vieux. On voyait les plus robustes dépérir tout à coup et succomber rapidement. A partir du mois de juin, la contagion attaquait tout le monde indistinctement ; mais pendant les chaleurs excessives des mois de juillet et d'août 1794, elle enleva plus des trois quarts des déportés ; elle laissait les autres dans un épuisement général que l'air vicié et la nourriture malsaine ne faisaient qu'aggraver (2).

Les progrès du mal furent d'autant plus rapides que les soins et les remèdes manquaient absolument sur les navires. Il y avait cependant deux officiers de santé qui, par devoir d'état, auraient dû se rendre

(1) V. *Relation*, p. 96.
(2) V. Michel, son *Journal*, p. 48.

utiles et procurer quelque soulagement. Mais ils partageaient l'esprit et les sentiments des sectaires; ils se mettaient peu en peine de s'intéresser à ces ecclésiastiques qu'ils regardaient comme des proscrits et des condamnés. Leur incurie était telle que plusieurs malades restèrent jusqu'à 24 heures sur le pont, exposés à l'ardeur du soleil ou à la fraîcheur des nuits, sans qu'ils daignassent même s'informer de leur triste situation et de leur état. Tel fut le cas de M. d'Aligre, chanoine de Metz, dont le mal empira rapidement, par suite de cet abandon; sa mort ne pouvait tarder, il expira après quelques jours.

On arriva même à mettre en principe que personne, pour si malade qu'il pût être, ne recevrait aucun remède à bord et ne serait l'objet d'aucune attention; il n'avait d'autre ressource que de se faire porter à l'hôpital, dès qu'il se trouvait une place libre.

Une première infirmerie avait été établie à terre, au Port-des-Barques, dans la partie sablonneuse de ce village, à son entrée. C'était une construction en simples planches mal jointes, et tellement restreinte, qu'elle ne pouvait contenir qu'une douzaine de malades.

Cet hôpital improvisé fut rempli en vingt-quatre heures, et le nombre de contaminés allait toujours en augmentant. C'est pourquoi le médecin inspecteur, qui avait constaté le péril pour les équipages, demanda d'urgence deux chaloupes, qui devaient se tenir à deux cents mètres des pontons et leur servir d'hôpital.

Ces deux bateaux avaient environ 16 m. 60 de longueur sur 4 m. 60 de largeur. Ils étaient couverts par un pont élevé de 1 m. 60 au-dessus de la cale. A leur extrémité se trouvait une chambre destinée à loger le chef, deux matelots, un sergent et quatre soldats, car on traitait toujours les malades en prisonniers.

C'est au fond de la cale, sur une surface de soixante mètres carrés à peine, que furent bientôt déposés de cinquante à soixante malades, étroitement serrés dans cet espace insuffisant. Ils n'avaient ni matelas ni couvertures, pas même un appui pour reposer leur tête. Ils étaient étendus sur les planches nues, agités et secoués fortement par le tangage, dès que la marée soulevait les vagues. A peine vêtus de mauvais haillons qui laissaient apercevoir leurs membres décharnés et couverts d'ulcères, ils étaient souvent mouillés par une eau sale qui pénétrait à travers les fentes de la barque et se mêlait aux ordures de la cale.

Cette humidité permanente envenimait leurs plaies, auxquelles leurs vêtements finissaient par se coller. Il leur était impossible de s'étendre ou de se mouvoir à leur aise, car il fallait garder l'immobilité pour ne pas tourmenter des moribonds couchés à leurs côtés, entièrement épuisés et à bout de forces.

Les nuits étaient particulièrement douloureuses. Il fallait les passer sans lumière, sans aucune assistance, parfois auprès de pauvres malheureux agités par la fièvre et devenus, dans les ténèbres, dangereux et terribles pour leurs confrères.

M. de la Biche, qui avait séjourné dans les deux hôpitaux, nous rapporte quelques exemples de ces crises menaçantes :

« Un de mes amis, dit-il, attaqué d'une fièvre chaude, avait mordu cruellement ses voisins ; je profitai d'un moment lucide pour le disposer à une bonne mort. Je l'entendis en confession, et même avec beaucoup de consolation, le trouvant parfaitement revenu à lui-même. Quelque temps après, il me fait appeler de nouveau. Je me traîne, comme je puis, à sa place et, m'agenouillant à ses côtés, je me penche sur lui pour entendre ce qu'il avait à me dire. Mais, hélas! sa tête n'y était déjà plus ; heureusement j'avais fait le nécessaire. Il me saisit la main avec un poing d'hercule. Je crus l'avoir à l'étau. Je n'avais que les os et la peau, j'étais faible... je fis quelques efforts pour me débarrasser, mais ils furent impuissants et ne servirent qu'à l'irriter et à le rendre furieux. Ses yeux, qui portaient encore la marque des coups qu'il s'était donnés, s'enflammèrent et parurent se remplir de sang. Il criait : « Que ne puis-je te mordre! » Je frissonnais; j'appelai au secours les infirmiers, nous flattâmes le malade, je saisis le moment favorable pour dégager ma main, et je trouvai des jambes, tout infirme et débile que j'étais (1). »

Une autre fois, le même témoin, à peine convalescent lui-même, sentit pendant la nuit quelqu'un tomber sur ses jambes ; c'était un fiévreux, incapable de se soulever ; il fallut le garder sur soi, lui offrir la poitrine pour appuyer sa tête et passer de longues heures, jusqu'au matin, dans cette pénible situation.

Un second fait plus triste encore se produisit aussi la nuit. On avait déplacé un malade très agité par une fièvre chaude. Or, dans l'obscurité, il voulut d'instinct revenir à son ancienne place et tomba sur un pauvre moribond qui l'occupait alors. Le lendemain, on le trouva dormant sur un cadavre, et son visage était tourné, bouche à bouche, vers celui d'un autre confrère voisin qui était à l'agonie.

Dans les chaloupes-infirmeries, les malades étaient pour ainsi dire abandonnés à leur triste sort, sans médecin et sans remèdes. Deux jeunes officiers étaient payés pour les visiter et les assister ; mais ils passaient des journées entières sans se présenter, et quand ils arrivaient, ils n'avaient rien de plus pressé que de repartir au plus tôt. Ils avaient peur de contracter le scorbut; aussi ne faisaient-ils que de courtes apparitions. Ils se bornaient à tâter le pouls, en courant,

(1) V. *Relation*, p. 104.

puis ils écrivaient des ordonnances quelconques, sans se préoccuper si les remèdes indiqués pourraient être mis à la disposition des malades.

Ces remèdes, d'ailleurs, se réduisaient à des purgatifs plus ou moins énergiques, au jalap et à l'émétique. Ces drogues étaient de mauvaise qualité, faisaient même défaut pendant trois ou quatre jours ; si on augmentait ensuite la dose, on s'exposait aux résultats les plus funestes. Parfois, l'eau douce ayant manqué, on donna l'émétique sans l'avoir suffisamment étendu d'eau, et dès lors il devait produire l'effet d'un vrai poison.

La nourriture donnée aux malades qui pouvaient encore la supporter était très insuffisante. Un peu de mauvais bouillon, une cuillerée de riz et deux ou trois bouchées de viande par jour, c'est tout ce qu'on leur procurait.

Quand on établit un petit hôpital de mer, ils passèrent trois jours sans eau, sans feu et sans remèdes. Et cependant l'officier de santé faisait sa tournée quotidienne, sans se préoccuper d'une si triste situation ; il se bornait à laisser une ordonnance et à prescrire des tisanes qui n'arrivaient point.

Un des ecclésiastiques infirmiers fut indigné d'une pareille conduite et finit par lui demander « s'il venait insulter à l'humanité souffrante, ou porter des remèdes aux malades ». La réponse fut brutale : « Il ne t'appartient pas de te mêler de ce qui concerne les malades ; et je vais te faire punir en conséquence. » Aussitôt il fit saisir l'infirmier par les soldats ; on le séquestra, on lui fit subir un interrogatoire devant un jury qui fut sur le point de le condamner à être fusillé. On craignit cependant l'indignation du commandant de la rade, et on finit par envoyer le prévenu au *grand hôpital*, pour qu'il y fût contaminé et *mourût plus lentement.* C'était la recommandation qu'avait faite le médecin barbare, pour se venger.

Les infirmiers étaient pris, non point dans l'équipage, mais uniquement parmi les prêtres déportés. Leur dévouement fut admirable ; ils méprisaient le danger et la mort pour soulager de tout leur pouvoir leurs malheureux frères. Leur charité fut d'autant plus méritoire qu'on oubliait souvent de leur faire arriver des pontons les vivres qui leur étaient destinés à eux-mêmes. Ils furent même obligés au début de coucher au milieu des malades, et ce ne fut qu'assez tard qu'on leur permit de passer la nuit sur le pont, abrités par une simple toile, contre la fraîcheur du vent et les atteintes de la pluie.

Toutes les relations sont unanimes à louer hautement le zèle et la douce complaisance des infirmiers. Ils ne laissaient rien à faire pour diminuer le malaise et atténuer les souffrances de leurs confrères. Les uns s'occupaient de préparer du bouillon et de la tisane ; les autres les distribuaient et avaient soin d'arranger les malades de leur mieux. Enfin il y en avait qui lavaient les chemises avec l'eau de mer, opération longue et pénible, qu'il fallait répéter souvent, malgré l'usure et le délabrement du linge qui tombait en lambeaux.

Deux fois par décade, on envoyait six auxiliaires de supplément pour faire la grande lessive, gratter les ponts, nettoyer la cale et mettre tout en ordre, autant que possible. Mais, hélas ! les infirmiers eux-mêmes succombaient à la peine, et sans cesse il fallait en appeler de nouveaux pour remplacer les défunts. Vingt-quatre heures de séjour suffisaient parfois pour développer le germe de mort qu'ils respiraient dans ce milieu pestilentiel. Se consacrer au service des malades, c'était se dévouer à une mort certaine.

Il y eut cependant, pour un infirmier, une exception mentionnée dans tous les Mémoires, avec une satisfaction mêlée de reconnaissance :

« La Providence, disent les survivants, l'a sans doute permis ainsi, afin de laisser à chacun de nous un monument vivant de l'héroïsme de la vertu, et un objet bien cher à tous nos cœurs. Son nom, Renaudeau, de Châtellerault, au diocèse de Poitiers, sera inscrit dans les fastes de la religion à côté des confesseurs de la foi et des héros de la charité (1). »

C'était un jeune diacre qui ne cessa pendant neuf mois de donner aux malades tous les soins imaginables. De tous les infirmiers, nul ne rendit plus de services que lui. Son intelligence lui faisait trouver des moyens de soulager les malades, qui tous le chérissaient et demandaient à Dieu de vouloir bien le conserver.

Voyant les matelots venir à la hâte pour prendre les dépouilles des morts, il dit à l'un d'eux « *qu'on était plus empressé à dépouiller ses confrères qu'à les soulager* ». Cette parole lui fit passer plus de huit jours aux fers, et pendant ce temps les malades souffraient de son absence (2).

A partir du mois de juin 1794, la mortalité fut effrayante. Sur les chaloupes-hôpitaux, on trouvait, tous les matins, cinq ou six morts, au milieu des malades étonnés et épouvantés d'avoir passé la nuit auprès de ces cadavres. Il est même arrivé, au fort de la contagion épidémique, de retirer des deux hôpitaux quatorze morts en vingt-quatre heures.

A peine avait-on constaté les décès des déportés, que le patron de la barque s'emparait immédiatement de tous leurs effets ; il faisait hisser aussi un pavillon

(1) V. Rousseau, p. 375, dans Jauffret.
(2) V. Michel, *Journal*, p. 51.

particulier au bout du mât, pour annoncer aux vaisseaux la funèbre nouvelle. Et, alors, tous les hommes des équipages, comme s'ils avaient appris une victoire ou le supplice d'un grand coupable, élevaient leurs chapeaux, poussaient des hourras, criaient : « Vive la République ! Vive la Montagne ! » Et, pour finir, ils chantaient la *Marseillaise*, dont ils avaient fait leur prière unique.

Aussitôt, un canot arrivait, conduit par des matelots qui devaient prendre les dépouilles des morts ; on leur adjoignait quelques prêtres valides, escortés par la troupe, pour procéder à l'inhumation.

Les derniers moments des confesseurs de la foi étaient marqués d'une grande édification pour leurs frères et d'une ferme confiance dans la bonté divine. Ils voyaient dans la mort la fin de leurs maux ; ils ne connaissaient ni les angoisses ni les terreurs si fréquentes à cette heure suprême ; ils conservaient le calme et la paix et s'endormaient avec joie dans la résignation et l'espérance. Leurs confrères eux-mêmes ne voulaient point se désoler en recevant leur dernier soupir ; ils enviaient plutôt leur sort, à la pensée que le ciel s'ouvrait et recevait leurs âmes.

On entendait même parfois des regrets inspirés par la foi aux malades dont la vie se prolongeait encore :

« Ne suis-je donc pas assez purifié par la souffrance, disaient-ils, pour que Dieu me destine à de nouvelles peines et qu'il ne me juge pas encore digne d'être rappelé à lui ? — Quand permettra-il que cet heureux moment arrive pour me faire participer au bonheur de mes frères ?

« La patience et la résignation augmentaient cependant avec les maux. Nulle plainte, pas de murmure, un courage au-dessus de tout, une soumission parfaite, et toujours cette tranquillité d'âme inséparable du sentiment de son innocence et de l'intime conviction qu'on souffre pour Dieu, qui est témoin des souffrances et qui en dédommagera au centuple (1). »

(1) V. Michel, *Journal*, p. 52.

Les prêtres assermentés, voyant ces dispositions héroïques, en étaient profondément touchés ; ils éprouvaient alors le besoin de calmer leur conscience en reconnaissant leurs erreurs, ils rétractaient publiquement leur serment.

Au bon exemple et aux entretiens tout célestes, venait s'ajouter un principe de force et de consolation d'un ordre plus élevé. Les malades se confessaient mutuellement et se donnaient l'absolution de leurs fautes. Ils rappelaient aux agonisants la sainteté de la cause pour laquelle ils avaient sacrifié leur liberté et voulaient donner leur vie ; ils excitaient en eux l'espérance et la joie des prédestinés.

La Providence avait permis aussi, dans sa miséricorde, que l'huile consacrée pour l'extrême-onction fût conservée parmi les ecclésiastiques déportés. La petite quantité de cette huile ne permettait de faire qu'une seule onction, mais, si on ne pouvait accomplir toutes les cérémonies, on avait grand soin de ne rien omettre d'essentiel, de bien prononcer les paroles sacramentelles, et le malade était averti du secours surnaturel qu'il allait recevoir. Ensuite les confrères se mettaient en prières pour faire la recommandation de l'âme aux agonisants, ils les assistaient et les fortifiaient dans le dernier combat. Quand ils avaient reçu leur dernier soupir, ils les accompagnaient encore de leurs suffrages, ils demandaient à Dieu de préserver des flammes du purgatoire ces bons serviteurs qui avaient tant souffert pour lui rester fidèles (1).

Au 30 août 1794, *la Statistique officielle*, conservée aux archives de Rochefort, portait, pour les *Deux-Associés* : Sur 497 prêtres, 245 sont morts, 144 sont malades, 108 sont en assez bonne santé.
Pour le *Washington* : Il a reçu 265 prêtres, dont 20 sont morts, 36 sont malades,, et 209 en santé. (275 prêtres devaient encore succomber et recevoir la sépulture dans l'île Madame).

(1) V. *Relation* de M. de la Biche, p. 107.

CHAPITRE XIII

L'île d'Aix

Pendant les longues journées de souffrances passées sur le pont des navires, les confesseurs de la foi apercevaient devant eux, à deux kilomètres de distance, l'île d'Aix, avec ses deux phares blancs et la masse sombre d'une forêt de pins.

C'est là que deux cents d'entre eux devaient trouver le repos de la tombe, au terme de leur cruelle agonie.

Dans les premiers mois de supplice sur les pontons, beaucoup avaient déjà succombé. Les capitaines considéraient comme plus commode de jeter leurs corps à la mer; mais ce procédé expéditif pour se débarrasser ne put se prolonger longtemps. Le littoral était proche, et les vagues, par le flux et le reflux, repoussaient les cadavres sur le rivage. Les populations des bords de la Charente et des rives de l'Océan furent indignées et se plaignirent. Les unes protestaient contre cette profanation arbitraire, les autres signalaient le grave danger, pour le pays, d'être infecté par la présence de ces corps en décomposition avancée.

Les administrateurs de Rochefort s'empressèrent de faire droit à de si justes réclamations ; ils obligèrent les capitaines à prendre des mesures pour procéder aux inhumations des prêtres décédés à leur bord.

L'estuaire de la Charente, les sables et les terrains vaseux de ses rives furent d'abord comme la fosse commune où, sous la Terreur, on venait jeter sans cercueil, dans un trou creusé à la hâte, les corps des malheureux déportés qui avaient succombé.

Sur la rive gauche étaient déjà ensevelies une quarantaine de victimes décédées à Brouage, sans compter celles qui avaient trouvé la mort dans les prisons ou dans l'hôpital du Port-des-Barques.

Si chaque tombe eût été surmontée d'une croix, on aurait pu en distinguer au moins une centaine, le long du fleuve, à droite et à gauche, disséminées à travers les marais sablonneux, mais plus particulièrement groupées autour des forts.

Aux environs du Fort-Vaseux, furent enterrés plus de vingt prêtres dont les noms sont marqués à l'état-civil, avec indication de leur sépulture.

Lorsque survinrent les chaleurs de l'été en 1794, le nombre des décès s'étant rapidement accru, on jugea nécessaire de désigner l'île d'Aix comme lieu ordinaire des inhumations. Un champ assez avancé dans les terres fut choisi pour servir de cimetière. On le désignait sous le nom de *Sables-du-Moulin*, à cause d'un moulin à vent situé dans le voisinage. Sur ce terrain aride, souvent laissé en jachère, on n'aperçoit que le fenouil, le tamaris, et des immortelles jaunes qui croissent en abondance jusqu'à la mer.

Cette île convenait à une pareille destination. Elle était, en effet, à proximité des pontons ancrés dans

la rade qui porte son nom, et sa situation écartait
tout danger d'infection par des émanations délétères.

Située au milieu de cette mer intérieure limitée au
nord par l'île de Ré, au sud par l'île d'Oléron, et à
l'ouest par les bords de l'Océan depuis La Rochelle
jusqu'à la région de Rochefort et de Marennes, elle
se trouve à trois kilomètres de la terre, en face du
cap de l'Aiguille. Autrefois elle était même reliée par
un isthme avec cette pointe du rivage, et au sei-
zième siècle on pouvait y arriver à pied sec.

Elle forme actuellement une sorte d'archipel avec
les îles Madame, d'Oléron et de Ré, séparées par le
détroit d'*Antioche*. Son étendue est de six kilomètres
de long sur seize cents mètres de largeur, en
moyenne; elle jouit d'un climat modéré, d'un ciel
lumineux et d'une température qui favorise la culture
de la vigne. On y trouve un village de trois cents
habitants vivant de la pêche et des travaux de culture, mais généralement peu fortunés.

Elle est dominée par un fort qui croise ses feux
avec les forts d'Enet et de Boyard, dressés comme
deux sentinelles pour garder le détroit d'*Antioche* et
défendre l'accès de la Charente et de Rochefort.

Peu remarquée avant la Révolution, cette île allait
acquérir dans l'avenir une double célébrité par des
motifs d'ordre bien différent, l'un simplement historique, et l'autre religieux.

Bientôt, en effet, elle sera le dernier asile de Napoléon, qui viendra y passer sa dernière semaine avant
de quitter la France pour toujours.

Plus tard, elle sera visitée par les fidèles et les
pèlerins, qui viendront, après un siècle de demi-
abandon, s'y édifier et prier sur les tombes des prêtres martyrs, victimes de la persécution révolutionnaire.

De nombreux visiteurs s'y rendent de nos jours, les uns attirés par le souvenir des vertus et de la sainteté des ecclésiastiques déportés, les autres désireux de connaître la maison qui abrita l'empereur vaincu et désarmé. C'est ici que les marins français vinrent lui offrir leur vie pour forcer le passage à travers la flotte anglaise et le transporter en Amérique. C'est ici que son frère Joseph, venu pour l'embrasser, le conjura de profiter de sa ressemblance avec lui, pour accepter une substitution : il prendrait sa place, tandis que Napoléon se retirerait à Bordeaux et passerait incognito aux États-Unis. Cet acte de dévouement fraternel ne fut pas accepté, et le comte de Las Cases, cet ami fidèle dans l'adversité, fut envoyé à Maitland, capitaine du *Bellérophon*. Il devait lui remettre une copie de la lettre historique, adressée, le 13 juillet 1815, de Rochefort au régent d'Angleterre :

« En butte aux factions qui divisent mon pays et à l'inimitié des grandes puissances de l'Europe, j'ai consommé ma carrière politique, et je viens, comme Thémistocle, m'asseoir au foyer du peuple britannique. Je me mets sous la protection de ses lois, que je réclame de Votre Altesse Royale, comme du plus puissant, du plus constant, et du plus généreux de mes ennemis. — NAPOLÉON. »

Le capitaine prit sur lui de recevoir l'empereur à son bord ; le 15 juillet, au milieu des sanglots d'une foule accourue sur son passage, Napoléon quittait l'île d'Aix sur le brick *l'Épervier* ; il montait ensuite sur le *Bellérophon*, qui le conduisait en Angleterre et le retenait jusqu'au 8 août 1815. Ce jour-là, l'illustre vaincu passait sur le *Northumberland* et partait pour Sainte-Hélène, où il devait succomber, après une si douloureuse captivité, le 5 mai 1821.

En cette même île d'Aix, se réveillent aujourd'hui

des souvenirs historiques d'une émotion pieuse et plus pénétrante :

« Vous ne pouvez faire un pas à travers les sables fleuris d'immortelles, sans fouler une place où des morts aient reposé. Comme le paysan phrygien qui, menant César dans la lande broussailleuse où jadis avait été Troie, l'arrêtait tout à coup : « Prends garde, tu vas ici marcher sur les cendres d'Hector. *Heroem calcas !* », un monument devrait ici avertir l'étranger : « Passant, recueille-toi et songe : « Deux cent dix corps sacrés « dans ce pli de terre ont dormi ! » Sous la vigne et le blé, sans doute il en reste encore. Mais la charrue a si longtemps mis des ossements au jour ! Et quand on a fait les terrassements des forts, la pelle des soldats en a tant remué !

« Dans la crypte de la pauvre église où vous pouvez descendre, on a réuni, il y a vingt ans, le plus de crânes et de tibias qu'on a pu, prêtres et forçats, victimes et bourreaux, confondus jusqu'au grand tri de la résurrection éternelle. Hélas! que de poussière humaine est restée mêlée au sable de la dune ou s'est envolée dans le vent du large!

« Voilà bien un reliquaire national incomparable, le plus grand sans doute de France! (1) »

Les inhumations à l'île d'Aix commencèrent au mois de mai 1794 et se prolongèrent jusqu'au 20 août; à cette date ce fut dans l'île Madame que les prêtres décédés reçurent la sépulture.

Parmi les premiers inhumés à l'île d'Aix, signalons le chanoine de Limoges, Antoine Roulhac, victime d'une affreuse calomnie et fusillé le 3 mai, sur les *Deux-Associés*, à l'âge de 40 ans.

Le 18 mai, on y enterrait Henri Lécuyer de la Papotière, chanoine de Chartres, âgé de 55 ans, et le lendemain Jean-Baptiste-Xavier Loir, né à Besançon et religieux capucin de Lyon, âgé de 77 ans, qui avait édifié ses confrères par ses grandes vertus et son humilité profonde; il était mort à genoux, tandis qu'il offrait à Dieu le sacrifice de sa vie.

(1) V. Gabriel Aubray, *Les 600 prêtres martyrs*, p. 11.

Le 21 mai, fut inhumé un Frère des Écoles chrétiennes, Jean Maupinot, né à Reims, instituteur à Moulins, qui mourut sur les *Deux-Associés*, en véritable saint, comme il avait vécu.

Charles Collas Dubignon, sulpicien à Bourges, âgé de 51 ans, fut enterré à l'île d'Aix le 3 juin 1794. Il avait donné à ses confrères le mot de ralliement et de confiance qui les soutenait et les encourageait parmi tant de tribulations : « *Il est vrai, nous sommes les plus malheureux des hommes ; mais aussi nous sommes les plus heureux des chrétiens.* »

C'était aux ecclésiastiques déportés qu'on laissait le soin de donner la sépulture à leurs confrères décédés. Aussitôt qu'un malade avait rendu le dernier soupir, les matelots arboraient un drapeau, manifestaient une joie bruyante, et sans le moindre respect se débarrassaient au plus tôt de la dépouille mortelle.

« Quoi de plus révoltant, écrit M. de la Biche, que la manière dont les matelots jetaient ce corps, vénérable aux yeux de la foi, dans la chaloupe qui devait le transporter à sa dernière demeure? On eût dit (qu'on me pardonne cette comparaison révoltante), on eût dit une charogne infecte qu'ils cherchaient avec empressement à s'ôter de dessous les yeux. Aussi ne lui donnaient-ils pas d'autre nom, et nous disaient-ils, sans tergiversation, lorsque nous leur en faisions doucement quelques reproches, que quand le corps était mort, tout était mort. C'est-à-dire que ces prétendus chrétiens n'étaient pas même de bons païens, puisque les païens tant soit peu instruits admettaient l'immortalité de l'âme. »

Quatre soldats, conduits par un caporal, et la baïonnette au fusil, surveillaient les prêtres dans l'accomplissement de leur funèbre mission. Après une traversée de deux kilomètres, on arrivait à l'île d'Aix. Parfois la marée ne permettait pas à l'embarcation d'atterrir, et alors les prêtres étaient obligés de se jeter à l'eau, chargés des cadavres qu'ils portaient sur leurs épaules. Quand la chaloupe était reliée à la terre par une longue pièce de bois, il leur arrivait d'être précipités à la mer par le mouvement des vagues avec leur précieux fardeau, et c'était avec une peine infinie qu'ils parvenaient à le ressaisir pour le porter au rivage. Ensuite ils étaient obligés de le charger sur leurs épaules et de se rendre à un quart de lieue, à travers les sables mouvants, jusqu'au cimetière.

Ils creusaient eux-mêmes une fosse profonde de six pieds et y déposaient, sans aucun signe extérieur de religion, sans inscription et sans croix, les tristes dépouilles des confesseurs de la foi.

Ils avaient la douleur de voir les soldats s'emparer des habits du mort, sans même lui laisser l'unique et dernier vêtement que les plus pauvres emportent au tombeau.

« Frères bien-aimés, s'écrie M. Bottin, curé de Paris, c'était ainsi que nous étions forcés de vous rendre les derniers devoirs. C'était là toute la pompe funèbre qu'il nous était permis de faire en votre honneur ! Nous ne pouvions qu'arroser de larmes le coin de terre où nous déposions les restes de votre mortalité, et prier dans le secret du cœur pour le repos de vos âmes immortelles. Chers collègues, Dieu sait combien il nous en coûtait de vous perdre, et combien la séparation nous était cruelle ! Il nous semblait qu'on nous arrachait une partie de nous-mêmes, et nos cœurs faisaient de violents efforts pour vous suivre. Sans cesse de nouvelles pertes nous causaient de nouveaux regrets, et à peine pouvions-nous suffire à les pleurer toutes (1). »

« Ces corvées si pénibles, quoique consolantes en un sens, ajoute une autre relation, devinrent extrêmement fréquentes à l'époque des grandes chaleurs, où elles étaient infiniment plus fatigantes. Il arrivait quelquefois que nous enterrions de la sorte trois ou quatre prêtres à la fois. A peine étions-nous de retour de l'île, harassés, demi-morts de faim, qu'il fallait repartir pour rendre le même service à quelque autre de nos confrères qui, dans l'intervalle, avait passé à une vie meilleure. On peut penser si de pareilles fatigues, jointes à tant d'autres souffrances, nous disposaient à aller rejoindre prochainement ceux que nous venions de

(1) V. *Récit abrégé des souffrances...*, p. 25.

mettre en terre. Aussi qui peut dire de combien de généreux confesseurs de la foi cette île d'Aix, si resserrée dans son enceinte,
recèle les précieux ossements ? O terre trop fortunée! heureuse
île des Saints, les honorables dépôts que tu renfermes en si grand
nombre t'assurent à jamais une célébrité que tu ne pouvais attendre ni de ton étendue ni de la fertilité de ton sol (1). »

La précipitation des matelots pour faire enterrer les morts était extrême. Un jour, ils avaient fait emporter un vénérable vieillard de 75 ans, Joseph Imbert, ancien jésuite, doyen du chapitre de Montfaucon. Au moment de le mettre en terre, on s'aperçut qu'il respirait encore. Le caporal et les soldats se refusaient à le reconnaître et voulaient le jeter dans la fosse. Malgré leurs menaces et leurs imprécations, les prêtres le ramenèrent sur les *Deux-Associés*, où malheureusement il devait succomber le 9 juillet 1794. C'était un ecclésiastique de grand mérite ; il avait composé un cantique sur l'air de la *Marseillaise*.

Dans l'espace de trois mois à peine, l'île d'Aix reçut dans ses champs sablonneux les restes de deux cent treize victimes, dispersées sur le rivage ou déposées dans le cimetière du *Moulin*.

Le soc de la charrue a depuis bien des années soulevé ces ossements sacrés dont on découvre çà et là quelques fragments épars. Un fort, entouré de larges remparts et de fossés profonds, a été construit sur un autre emplacement occupé d'abord par des tombes des martyrs. Dans la crypte de la modeste église paroissiale on a réuni, il y a 20 ans, une partie des ossements exhumés, mais ceux des victimes sont confondus avec ceux des persécuteurs. Nous avons vu, en effet, que les fièvres et le typhus, qui décimaient les déportés, atteignirent aussi les gens des équipages. Dans le courant du mois de juin, trois

(1) *Relation très détaillée* de la Biche, p. 111.

d'entre eux avaient déjà succombé, et ce furent les prêtres qu'on obligea à leur donner la sépulture, comme à leurs confrères.

« Une fois, dit M. de la Biche, on nous fit porter en terre le cadavre, tombant en lambeaux, d'un garde national, que la mer avait rejeté sur la côte et dont personne ne pouvait supporter l'infection. Il est vrai qu'on nous en pria honnêtement, car le peuple le désirait avec ardeur, et il disait ouvertement qu'il n'y *avait que les prêtres déportés qui pussent avoir assez de charité pour l'entreprendre.*

« Les habitants de l'île comblèrent de remerciements et de bénédictions M. Guibert, de Limoges, et M. Prod'homme, de Séez, qui eurent seuls le courage de se prêter à cette œuvre de charité. Mais elle n'en fut pas moins dégoûtante ni moins pénible; elle n'en eut pas pour eux des suites moins fâcheuses. Ils tombèrent en effet malades dès le lendemain, l'un et l'autre. Ce fut sans doute par un miracle de la Providence, qui voulait récompenser leur dévouement généreux, qu'ils revinrent des portes de la mort auxquelles les conduisit cette maladie (1). »

A dater de ce jour, les officiers municipaux de l'île mirent à la disposition de nos pauvres fossoyeurs soit des civières, soit des tombereaux, pour le transport des cadavres. Ils s'attelaient à ces véhicules et arrivaient au cimetière après un trajet de deux kilomètres à travers les sables mouvants. A peine étaient-ils rendus, que leurs gardes, leur refusant tout repos, les obligeaient à creuser sans retard des fosses profondes et ne craignaient pas d'activer le travail par leurs insultes et leurs grossiers reproches.

Au mois de juillet, les convois se multiplièrent et se succédèrent plusieurs fois par jour. A cause de la chaleur excessive et du travail, les prêtres étaient accablés d'émotion, de fatigue et de faiblesse. On leur offrait, pour tout secours de route, un biscuit et un verre de vin. Lorsque le caporal chef de l'escorte était moins inhumain, il leur donnait un petit verre

(1) V. *Relation très détaillée*, p. 110.

d'eau-de-vie pour ranimer leurs forces. Mais ce léger remède ne les empêchait pas de sentir vivement les horreurs de la faim. Un d'entre eux raconte qu'ils jetaient un regard d'envie sur le morceau de pain noir qu'ils voyaient aux mains des insulaires. Ils étaient tentés de faire appel à leur pitié, mais la crainte des insultes et des outrages des matelots les obligeait au silence (1).

Souvent, au retour, les soldats s'arrêtaient à quelque auberge, pour se rafraîchir. Alors les prêtres avaient un moment pour se reposer. Il arriva même, mais rarement, que les gardes leur permirent d'entrer après eux, et s'il se trouvait encore quelque petite monnaie sauvée du pillage, elle était mise en commun pour soulager tous les confrères.

Les habitants de l'île hésitèrent toujours à se montrer compatissants à leur égard : ils craignaient de devenir suspects en paraissant s'intéresser à leur malheureux sort.

Une fois cependant, un des confesseurs de la foi crut avoir trouvé dans une auberge une marque de compassion, mais il fut vite détrompé.

C'était le 18 juillet 1794. M. Léonard, ancien curé de Marennes, s'était arrêté dans l'auberge de Pierre Giraud, qui avait une fille âgée de 21 ans.

Celle-ci lia conversation et manifesta l'intérêt que lui inspirait la cruelle position des déportés. Elle demanda la cause de la mortalité sur les pontons.

Le digne curé raconta en termes fort modérés l'extrême gêne qu'ils éprouvaient à bord des navires, ajoutant que, le nombre des morts croissant tous les jours, les survivants seraient bientôt plus à l'aise et résisteraient mieux aux maladies.

(1) V. Rousseau, *Mémoires.*

Dès le lendemain, 19 juillet 1794, M. Léonard était appelé à comparaître devant le jury des *Deux-Associés*. Marie Giraud le dénonçait par écrit « comme ayant tenu le langage *le plus inconstitutionnel*, en disant que les prêtres souffraient beaucoup, que les malédictions que leur faisaient les patriotes tomberaient avant peu sur leurs auteurs, et autres propos auxquels elle n'avait pas voulu répondre et s'était retirée ».

M. Léonard rétablit les faits, nia les paroles à lui gratuitement attribuées et fit appel aux témoins de l'entretien. Ceux-ci assurèrent qu'ils n'avaient rien entendu de semblable à l'accusation, mais, le secrétaire du jury insistant, le président déclara que le jugement ne serait prononcé qu'en présence de la dénonciatrice et du capitaine. Le 20 juillet, Marie Giraud vint affirmer de vive voix ses accusations mensongères, et le curé fut condamné à subir huit jours de fers. Il ne put survivre longtemps à cette dure épreuve, et peu de semaines après il rendait son âme à Dieu, en portant un dernier regard sur le clocher de Marennes, sa chère paroisse, qu'il pouvait apercevoir de sa prison (1).

Plusieurs prêtres furent en péril de mort au retour d'une inhumation à l'île d'Aix. C'était le soir ; la mer était fort agitée, la pluie tombait à torrents, les vents et la marée étaient contraires. Les matelots voulurent partir, mais bientôt la chaloupe était enlevée par les vagues vers la haute mer, et on perdait de vue les pontons qu'il fallait atteindre.

Les marins furent saisis d'épouvante ; le pilote commanda aux déportés de se coucher à plat ventre sur le fond du bateau déjà envahi par l'eau. Les matelots étaient impuissants à exécuter les manœuvres

(1) Archives de Rochefort, livre du jury des *Deux-Associés*.

indiquées, ils ne pouvaient tendre les voiles ni les gouverner. Alors tout l'équipage demande aux prêtres d'invoquer l'Étoile de la mer, et ils s'empressent de réciter la prière de saint Bernard : « *Souvenez-vous, ô très pieuse Vierge Marie.* » La manœuvre est reprise et finit par réussir ; on arrive auprès des pontons, les cordes sont jetées du navire ; les prêtres, trempés d'eau, exténués de fatigue et de faim, peuvent les saisir, ils montent à bord et remercient Dieu de les avoir sauvés. Leurs confrères les attendaient avec angoisse ; ils leur offrent le bouillon et le vin dont ils s'étaient privés pour eux, ils leur donnent du linge et des vêtements secs pour passer la nuit et se remettre de leur pénible voyage.

Ce fut dans un de ces convois à l'île d'Aix que les prisonniers apprirent une nouvelle importante qu'on leur cachait soigneusement sur les pontons. Un sergent, mieux disposé à leur égard, leur apprit que Robespierre avait été guillotiné avec tous les principaux Terroristes. Il les invita même, après l'enterrement, à se restaurer avec lui. Ce jour-là, l'abbé Durand, ancien principal du collège de Cusset, au diocèse de Moulins, fut reconnu par deux soldats ses anciens élèves, qui l'embrassèrent avec une vive émotion et lui firent espérer la délivrance prochaine, qui serait la conséquence de la nouvelle donnée par le sergent. Elle fut communiquée sans retard à tous les déportés sur les trois navires ; ils sentirent leur courage se ranimer et prièrent avec plus de ferveur encore. Une circonstance inattendue vint favoriser leur piété. Ils étaient depuis longtemps privés de bréviaires et de livres de dévotion. Ils pensaient même que ceux qui leur avaient été enlevés avaient été jetés au feu ou à la mer. Il en restait cependant, et un officier de garde consentit à leur faire passer des flocons de papiers coupés et déchirés qui, dans sa pensée, devaient être utilisés comme chiffons pour entretenir la propreté. Ces débris furent accueillis avec joie, ils furent réunis avec soin et suffirent pour reconstituer un psautier assez complet.

Désormais ils récitèrent ensemble non seulement le chapelet, mais aussi l'office des morts. Cette application quotidienne à la prière en commun, jointe à leur parfaite soumission à la volonté de Dieu, leur procurait la paix intime de l'âme et un courage invincible pour supporter et sanctifier leurs souffrances.

La France honnête commençait à respirer, les prisons s'ouvraient peu à peu, les exécutions devenaient plus rares. Aussi, de divers côtés, les familles inquiètes sur le sort des prêtres déportés avaient recours aux informations. On écrivait à Rochefort et au Port-des-Barques, pour avoir des nouvelles d'un fils, d'un frère, d'un oncle dont on désirait ardemment connaître le sort. Malgré la réaction progressive contre le régime de la Terreur, les administrateurs gardaient encore, surtout quand il était question des prêtres, des manières et des procédés qui n'arrivaient pas à la bienveillance. Leurs réponses, qui annonçaient le plus souvent le décès d'un parent ou d'un ami déporté, étaient empreintes d'une certaine dureté administrative.

Le mois d'août 1794 fut loin, d'ailleurs, d'être favorable aux malheureux prisonniers. Les chaleurs excessives aggravaient leurs maladies, et les décès furent plus nombreux que jamais.

Les habitants de l'île d'Aix, voyant augmenter sans cesse les inhumations sur leur territoire, finirent par être effrayés. La municipalité, s'étant persuadé que la peste était sur les pontons, adressa une protestation aux autorités de Rochefort pour obtenir qu'on cessât de porter les morts dans leur île. On fit droit à leur requête, et à partir du 20 août ce fut à l'île Madame, ou autour des forts de l'estuaire de la Charente, que se firent les inhumations.

Parmi les derniers confesseurs de la foi enterrés dans l'île d'Aix, M. de la Biche signale un saint religieux chartreux de Bourg-Fontaine, né au diocèse de Soissons et âgé de 58 ans, Claude Béguignot, en religion Dom Claude. Ses confrères le nommaient le *Bienheureux Labre*. C'est lui qui appelait l'île d'Aix l'*île des Saints*, nom qui devait lui rester. Il désirait y être enterré : *Hæc requies mea in sœculum sœculi*, et son vœu fut exaucé le 16 juillet 1794. Après avoir passé la plus grande partie de sa vie dans la contemplation et dans la pratique de toutes les vertus du cloître, il la termina plus saintement encore dans la confession de la foi, au milieu des œuvres du saint ministère. Presque tous les malades avaient recours à lui, quoiqu'il ne fût guère moins malade qu'eux.

Il mourut comme il avait vécu, en vrai prédestiné.

La vue seule de cet homme de Dieu inspirait l'amour de la pénitence. Il portait la mortification de Jésus-Christ peinte sur tout son extérieur. Jamais on ne se lassait de l'entendre parler de Dieu, tant il en parlait dignement et avec onction (1).

A l'île d'Aix, fut aussi enterré Claude-Joseph Jouffret de Bonnefonds, sulpicien âgé de 42 ans, et supérieur du petit séminaire d'Autun. Il se faisait estimer et chérir par sa vertu et sa douceur. Tous ses discours respiraient la piété et la soumission parfaite à la volonté de Dieu. Animé d'une grande dévotion envers la très sainte Vierge, il s'attendait à mourir

(1) *Relation* de la Biche, p. 112.

dans cette terrible épreuve, il y pensait toujours, sans que jamais fût altérée la douce gaieté de son caractère naturellement enjoué. Il succomba le 10 août 1794.

Le même jour, fut enterré François François, religieux capucin, en religion Père Sébastien, déporté de la Meurthe. Il était en vénération à raison de ses vertus et de son éminente piété. Il priait sans cesse ; on le trouva mort à genoux, les mains jointes et les yeux élevés au ciel.

Plus de deux cents confesseurs de la foi avaient été inhumés dans l'île d'Aix, quand le cimetière général fut transféré à l'île Madame.

CHAPITRE XIV

L'île Madame

A l'embouchure de la Charente, après le dernier village, Port-des-Barques, la rive gauche se prolonge par une jetée, longue d'un kilomètre, formée, presque au ras de l'eau, par des roches mêlées de cailloux et de sable. Cette jetée naturelle, appelée la Passe-aux-Bœufs, aboutit à une petite île, escarpée au Nord, mais s'abaissant vers la mer par une pente douce, dans sa partie méridionale. Avant la Révolution, cette île avait reçu son nom d'une princesse de la famille royale ; elle s'appelait l'*île Madame*. Les patriotes de 1793 s'empressèrent de changer ce nom trop aristocratique ; ils l'appelèrent l'*île Citoyenne*. Au mois d'août 1794, les prêtres déportés qui y furent soignés pendant leurs maladies convinrent entre eux de la consacrer avec leurs personnes à la sainte Vierge ; ils la baptisèrent l'*île Notre-Dame*. Plus tard, en souvenir des nombreux confesseurs de la foi qui y furent hospitalisés et y furent inhumés au nombre de près de trois cents, le peuple la nomma *l'île des Prêtres,* et peut-être sera-t-elle dite l'*île des Saints* ou l'*île des Martyrs,* quand l'Église aura glorifié les victimes de la persécution révolutionnaire.

Au mois d'août 1794, lorsque se produisit une réaction salutaire contre la tyrannie de la Terreur, les capitaines des pontons furent informés que l'*île Citoyenne* avait été choisie pour l'établissement d'un hôpital où ils devaient désormais faire transporter tous leurs prisonniers malades.

L'ordre fut exécuté lentement, le transport fut douloureux, et l'installation fut d'abord très imparfaite.

Cependant les prêtres ouvraient leur cœur à l'espérance. Ils voyaient s'élever quelques tentes dans l'île Madame dans la partie du Sud-Est, appelée le *jardin* et protégée par un monticule contre les vents de l'Océan.

Le 15 août, ils se mirent en prières et firent ensemble un vœu à Dieu, en lui demandant d'être délivrés par l'intercession de la Reine du Clergé, qu'on n'invoque jamais en vain.

Trois jours après, le 18, on commença le transport des malades. Des chaloupes venaient les retirer du bateau-hôpital par bandes de douze à quinze pour les débarquer sur le rivage de l'île Madame. Toutefois l'accès n'était facile qu'à la faveur de la marée montante ; aussi fallait-il attendre le moment favorable pour atterrir, et les voyages se prolongèrent pendant trois ou quatre jours.

Le service des vivres et l'assistance des malades laissèrent beaucoup à désirer pendant l'intervalle, car on n'avait point préparé de provisions ni prévu les secours nécessaires.

Les récits des infirmiers nous démontrent que les
matelots ne pensaient guère à prendre les précautions
que devait inspirer la simple humanité :

« Quand les déportés ne pouvaient marcher, écrit M. Duchazeau, chanoine de Périgueux, on les descendait des vaisseaux au
moyen d'un palan, et souvent on les laissait tomber violemment
sur la chaloupe, comme un ballot de marchandises. M. l'abbé de
Leymarie de la Roche, prieur de Coutras, qui se trouvait sur les
Deux-Associés, fut traité de cette manière ; il en mourut. Les chaloupes étaient envahies par l'eau, qui en remplissait le fond, de
sorte que les infirmiers étaient obligés de soutenir les malades
par les bras, de crainte qu'ils ne fussent bientôt étendus de leur
long et complètement inondés. »

On eut encore plus de difficulté pour les déposer à
terre :

« La chaloupe, écrit M. Sombardier, ne pouvait naviguer jusqu'au bord de l'île, parce que la plage forme une pente imper-
ceptible et très prolongée dans la mer. Nous fûmes obligés de
charger nos moribonds, les uns après les autres, sur nos épaules,
et de les porter ainsi, marchant dans la mer, l'espace de trente
pas. Arrivés sur la grève, nous les déposions successivement sur les
bords de l'île ; il nous fallut ensuite les reprendre l'un après l'autre, et même porter encore sur nos épaules ceux qui ne pouvaient
pas absolument marcher. Or, les tentes étaient à un quart de
lieue environ. Arrivés sous les tentes, il n'y avait pas encore de
lits ni de hamacs ; nous ne pouvions les coucher que dans les sillons d'une terre fraîchement labourée, et nous n'avions pour les
couvrir que leurs vêtements. »

Les infirmiers s'efforcèrent de suppléer par leur
dévouement à l'indifférence des matelots et des soldats
qui refusaient leur concours. Leur premier soin fut
de retirer les hardes des malades, couvertes de vermine, et de leur donner du linge nouvellement
blanchi. Ils auraient vivement désiré leur procurer
des lits où ils pussent enfin se reposer plus commodé-
ment. Mais tout manquait encore, et plusieurs infirmes entrèrent en agonie, et succombèrent peu de
temps après leur débarquement.

Il fallut se contenter, pendant quelques jours, d'une couchette formée à la hâte avec quelques planches couvertes de paille. Les tentes furent plus longtemps attendues, car le travail fut long ; fort heureusement, la température était douce, et les malades n'eurent pas trop à souffrir de la fraîcheur des nuits.

Les prêtres infirmiers se mirent à l'œuvre avec les ouvriers, et, grâce à leur activité, huit tentes furent enfin achevées. Elles étaient en rang sur une même ligne, séparées par une distance de dix pieds. Les plus grandes avaient vingt pieds de large sur cinquante de long ; les autres avaient huit ou dix pieds de moins dans chaque dimension. Dans les premières on pouvait disposer de vingt à vingt-cinq lits. Sur les côtés on avait dressé huit autres tentes moins grandes, destinées aux officiers de santé, aux infirmiers et aux gens d'administration chargés de la distribution des vivres et des remèdes.

Chaque fois que le médecin-major faisait sa tournée, il demandait et obtenait quelque amélioration. C'est ainsi que bientôt il fit donner aux malades des matelas garnis de bourre de chanvre ; dès lors ils se reposaient et respiraient à l'aise.

Dans le compte rendu du 24 août, le major constate la présence de cent quarante-sept malades placés sous les tentes. On en avait amené trente-six autres, mais ils avaient succombé déjà, « *ce qu'il faut attribuer*, dit le rapport, au *manque de précautions prises pendant l'opération du débarquement* (1) ».

Les déportés cependant éprouvèrent un grand soulagement de se trouver enfin à terre et au grand air, délivrés des miasmes délétères de l'entrepont des navires. Il leur semblait sortir d'un rêve pénible et

(1) Archives de la Marine, Rochefort.

douloureux pour arriver enfin comme dans une oasis de calme et de repos. Voici comment le chanoine de la Biche nous raconte ses impressions :

« Je me rappelle encore avec une douce émotion, écrit-il, les sensations délicieuses que j'éprouvai, quand, pour la première fois, je mis le pied dans cette petite île.

« Je crus entrer dans un paradis terrestre, quoique assurément cette plage, presque déserte, et dont l'air est peu sain, ne soit pas un lieu de délices. Mais je désirais si ardemment revoir la terre !... Il y avait, à ce qu'il me semblait, si longtemps... si longtemps ! que j'étais sur mer ! Car les souffrances ralentissent la marche du temps, de même que le plaisir lui donne des ailes.

« Il me sembla donc que je renaissais, lorsque, approchant du rivage, j'aperçus de la verdure, une haie, quelques arbres, en petit nombre, épars çà et là. Il ne me manquait plus que de voir quelques êtres vivants qui animassent un peu ce séjour. J'aperçus un papillon : c'était beaucoup ; et le plaisir fut vif en le voyant ; mais je cherchais de l'œil quelque oiseau. J'en découvris plusieurs, des linottes, des bergeronnettes, des hirondelles, etc. Je fus au comble de la joie.

« Au bout de quelques jours, je quittai la fièvre, et j'éprouvai un mieux sensible. Ce n'est pas que les convalescents fussent merveilleusement soignés. Nous manquions de beaucoup de choses, et nous éprouvions en particulier le tourment de la faim ; mais nous nous en défendions un peu, en dévorant tout ce qui nous tombait sous la main : des pommes à demi mûres qu'on vendait au cher denier, à ceux qui avaient eu l'adresse de conserver quelques assignats ; des mûres sauvages que nous cueillions dans les haies ; des crabes et des moules que nous pêchions nous-mêmes, lorsque la mer s'était retirée ; des escargots tant de terre que de mer ; des mousserons et jusqu'à l'oseille sauvage et des crochets amers que nous recueillions dans les prés.

« Du reste, quelle différence entre cette manière d'être et notre état précédent ! Nous n'étions pas surveillés de trop près ; nous pouvions prier à l'aise, et même nous réunir pour ce pieux exercice, auquel tout nous invitait puissamment. Nous jouissions à la fois de la vue de la campagne et de la mer, nous nous promenions beaucoup ; chaque jour, nous gagnions quelques toises de terrain, et la consigne devenait moins sévère par rapport à nous, grâce à l'humanité du commandant du fort. Nous trouvions parfois quelque honnête volontaire ou quelque bon villageois qui nous témoignait de l'intérêt. Nous allions à la pêche, nous tendions des pièges aux oiseaux ; nous étions délivrés de la vue importune de nos buveurs de sang, et surtout nous n'entendions plus retentir à nos oreilles leurs injures, leurs menaces et leurs horribles blasphèmes. En un mot, notre état était devenu supportable. Heureux si nous eussions pu le prolonger, en attendant notre entière liberté! Mais les pluies et les vents de l'automne arrivèrent; bientôt survinrent les premiers froids; il ne fut plus possible d'habiter sous nos tentes. On nous remit donc sur les vaisseaux, où nous souffrîmes tout ce qu'on a vu plus haut, et, de plus, un froid excessif, après avoir souffert des chaleurs intolérables; en sorte que, à l'égard de la température, nous avons éprouvé les deux extrêmes, sans changer de climat (1). »

On voit par cette intéressante relation que le régime des malades était sensiblement amélioré. Tous les jours un gardien du petit fort de la Passe-aux-Bœufs, du nom de *Fournon*, était chargé d'apporter pour eux de la viande fraîche. A midi, on leur servait du bouillon, et le soir une soupe à la graisse de porc. Deux infirmiers étaient chargés de la cuisine et préparaient des tisanes d'orge et de réglisse. Deux autres s'occupaient de la pharmacie et exécutaient les ordonnances du médecin, qui faisait sa ronde tous les matins et prescrivait le traitement de chacun.

Les médicaments étaient peu variés et se réduisaient à l'émétique, au jalap, au sel de nitre, aux cantharides, à deux espèces d'onguent. Les infirmiers recevaient pour eux-mêmes du petit-salé et de la merluche; on leur donnait, pour leurs confrères, des pruneaux médiocrement sucrés, du vinaigre et pendant quelques décades, au début, deux bouteilles d'eau-de-vie, tous les six jours.

Leur dévouement fut admirable, et plusieurs en furent victimes; leurs soins délicats firent oublier aux malades la brusquerie des chirurgiens qui s'acquittaient de leurs fonctions avec des manières désagréables et sans aucun ménagement. Un seul parmi eux se concilia, par ses procédés honnêtes, l'estime et

(1) *Relation très détaillée* de La Biche, p. 120.

la reconnaissance des malheureux déportés. Tandis que les autres ne supportaient aucune remarque et n'accueillaient aucune demande de la part des prêtres, tandis qu'ils annonçaient brutalement leur mort par ces paroles : « Encore un qui ne tardera pas à rejoindre les autres dans le charnier », l'officier de santé, appelé *Coupe*, consolait et soulageait les malades de tout son pouvoir. Il multipliait ses services et les témoignages de l'intérêt qu'il prenait à leur malheur; ses sentiments généreux produisaient sur les malades une douce et salutaire impression.

Les soldats qui formaient la garde de l'hôpital ne craignaient pas de s'entretenir parfois avec les prêtres et consentaient même à leur acheter certaines provisions, car ceux qui avaient pu sauver quelques assignats du pillage à bord, mettaient tout en commun avec leurs frères. Mais ici encore ils étaient victimes de la rapacité de leurs geôliers, qui faisaient payer fort cher leurs services; ils ne craignaient pas de vendre un citron trente sous et de demander un papier de cinquante livres pour un litre de lait.

« Mais, ajoute M. Michel dans son récit, ces prix excessifs ne nous arrêtaient pas; nous voulions profiter du peu qui avait échappé, dans la crainte que, de retour sur le bâtiment, on ne nous enlevât tout ce que nous aurions réservé pour un autre temps. La suite devait prouver que ces craintes étaient bien fondées (1). »

Malgré l'amélioration que leur arrivée à l'île Madame avait opérée dans leur régime, les prêtres déportés furent encore éprouvés terriblement par les épidémies et par la mort. Les divers genres de maladies qui s'étaient déclarés à bord, le scorbut et la fièvre putride, avaient déposé dans leurs veines des

(1) V. son *Journal de déportation*, p. 70.

germes mauvais qui se développèrent rapidement. Dans les trois premières semaines il mourait sept à huit malades par jour, et tous auraient péri, si le grand air et les soins des infirmiers n'avaient enfin produit une réaction et ralenti les progrès de l'épidémie.

Dans leur détresse, les prêtres se tournaient avec confiance vers la Sainte Vierge, qu'ils appelaient leur mère et qu'ils avaient particulièrement invoquée au jour de son Assomption au ciel. Depuis lors ils redoublaient de ferveur et de prières, ils lui consacrèrent leur nouvel hôpital qu'ils appelèrent *Sainte-Marie*, et le 8 septembre, fête de la Nativité, ils renouvelèrent la consécration de leurs personnes et de l'île même, qu'ils aimaient à nommer l'île *Notre-Dame*.

Leur confiance ne fut pas vaine, car l'état général des malades fut bientôt plus rassurant ; la mortalité diminuait peu à peu. D'ailleurs, ils trouvaient une satisfaction morale dans la liberté de prier ensemble, de se fortifier mutuellement et de s'encourager par des entretiens inspirés par la foi et par la plus ardente charité pour Dieu et pour leurs frères.

Bien loin de se plaindre et de se laisser abattre par leurs épreuves et leurs souffrances, ils se rappelaient les exemples des apôtres et des martyrs, ils avaient conscience de marcher sur leurs traces, ils comptaient eux aussi sur la récompense promise aux confesseurs de la foi. Jamais ils ne regrettèrent d'avoir refusé de prêter un serment que réprouvait leur conscience, ils se faisaient gloire d'être persécutés pour leur fidélité à l'Église catholique et la défense de ses droits.

Aussi, quand ils voyaient approcher le moment de leur mort, ils ne connaissaient ni la crainte ni les regrets : ils se réjouissaient plutôt de leur délivrance ; ils offraient à Dieu leurs âmes sanctifiées par la souffrance et la tribulation.

M. René, chanoine de Vézelay, rassurait, au moment de mourir, un de ses plus intimes amis qui se désolait et versait des larmes :

« Consolez-vous, lui disait-il, ne plaignez pas mon sort ; je pars pour un séjour meilleur où je rejoindrai les nobles victimes tombées dans nos rangs et couronnées maintenant par Dieu. Il est doux de mourir quand on porte dans sa chair les stigmates de Jésus-Christ. »

Sur les vaisseaux, on ne pouvait administrer l'extrême-onction aux agonisants que le soir, en cachette ; il fallait supprimer les prières liturgiques et se borner aux paroles essentielles du sacrement. Mais à l'île *Madame* il en fut tout autrement ; on avait pu sauver un exemplaire du Rituel, et désormais on en récitait toutes les belles prières qui excitaient dans l'âme du malade les meilleurs sentiments de foi, de résignation et d'espérance. On lui mettait même dans les mains une croix sculptée par un des infirmiers, avec l'image du Sauveur ; le moribond, embrassant avec amour ce signe du salut, expirait ainsi dans le baiser du Seigneur (1).

« Oh ! s'écrie M. Rousseau dans sa relation, combien nous étions frappés du spectacle attendrissant que nos confrères présentaient en mourant ! Qu'il était grand ! qu'il était digne de cette religion sainte dont ils mouraient comme les confesseurs et comme les martyrs ! »

M. de la Biche ajoute un témoignage qui démontre l'esprit de pénitence et l'austère sainteté des victimes :

(1) Cette croix, conservée par M. de la Biche, est aujourd'hui déposée au trésor des reliques, au presbytère de Saint-Martin-de-Ré.

« Je ne saurais, dit-il, terminer mon article sur l'île *Citoyenne*, sans faire part aux lecteurs religieux d'un spectacle que j'y vis et qui me surprit autant qu'il m'édifia.

« Ce furent divers instruments de pénitence qu'un de nos infirmiers avait recueillis parmi les effets de nos confrères morts : cilices, disciplines, chaînes de fer, etc. ; jamais je n'en vis autant de rassemblés. Ce souvenir me glace encore d'effroi, en même temps qu'il me pénètre de consolation.

« Ah! ces vénérables confesseurs de la foi, que nos officiers regardaient comme des séditieux et des mutins, et le gouvernement comme des réfractaires et des rebelles, étaient donc de vrais martyrs de la pénitence autant que de la foi; ils avaient craint de ne pas souffrir assez sur les vaisseaux ou sur les côtes d'Afrique. Ils voulaient y suppléer par des rigueurs et des macérations volontaires !... Je laisse ceci à méditer à nos persécuteurs et aux philosophes du jour (1). »

De tels exemples devaient produire une forte et salutaire impression sur les prêtres constitutionnels déportés pour motifs politiques et mêlés, dans l'île Madame, aux ecclésiastiques fidèles et insermentés.

Ils étaient assez nombreux et arrivaient du vaisseau le *Washington*, où ils étaient d'abord plus de cent. Parmi eux, plusieurs avaient eu le malheur d'apostasier, de se marier même, pour se plier aux volontés des jacobins. Leur lâcheté n'avait pu les sauver, car le citoyen Malarmé, représentant du peuple dans la Meurthe et dans la Moselle, avait fait arrêter et déporter tous les prêtres sans distinction, bons ou mauvais, sans se mettre en peine de leurs opinions ou de leur conduite.

Beaucoup d'entre eux, contraints de voir et d'admirer la paix et la céleste résignation des ecclésiastiques fidèles, reconnurent leur erreur, rougirent de leur faiblesse et déplorèrent leurs fautes. Ils se rétractaient et donnaient des preuves d'une sincère conversion. Parmi ceux qui succombèrent, la plupart

(1) V. *Relation très détaillée*, p. 122.

voulurent réparer le scandale qu'ils avaient donné. Non seulement ils remerciaient Dieu de les avoir conduits auprès de leurs dignes confrères qui les avaient tirés de l'illusion et de. l'erreur, mais ils offraient leur vie à Dieu en esprit d'expiation ; ils recommandaient, en mourant, de faire connaître leur rétractation à leurs paroissiens et de leur demander pour eux pardon de les avoir trompés.

Un seul de ces malheureux assermentés mourut dans l'obstination et le désespoir. Il étouffa ses remords, se laissa dominer par une orgueilleuse suffisance et persista dans son aveugle endurcissement.

Les prêtres fidèles eurent la douleur de lui refuser la sépulture ecclésiastique ; faisant usage de leur liberté, et appliquant les lois canoniques de l'Église, ils l'inhumèrent à part, et un fossé profond le sépara de la terre bénite où reposaient les confesseurs de la foi.

Le cimetière où furent enterrés les prêtres décédés dans l'île Madame se trouve à trois cents mètres environ du lieu où étaient dressées les tentes de l'hôpital. Les habitants du pays en ont gardé le souvenir : ils ne passent jamais sur cette terre sanctifiée, qu'ils appellent le *Cimetière des Prêtres*, sans donner un signe de respect et de religion, en mémoire des confesseurs de la foi qui y reposent. Pendant de longues années, les pèlerins étaient fort rares ; seuls, des parents ou des amis personnels des défunts venaient faire une prière sur leur tombe.

En 1866 et en 1871, les curés de Saint-Nazaire, paroisse de l'île Madame, firent exécuter des fouilles dont les résultats ont été publiés dans le *Bulletin religieux de la Rochelle* du 22 juillet 1871. En voici les principaux détails rapportés par l'abbé Hervoise, qui était curé à cette époque :

« M. le commandant de Lacrivier eut la bonté de me donner une escouade de soldats. Nous partîmes pour cette sainte expédition, le commandant, le docteur Roullet, le lieutenant Mantin et moi. J'étais agité d'une émotion singulière, très douce mais profonde.

« Au bout d'un quart d'heure, nous étions au *Champ des Martyrs*. Ce sont des terrains vagues, sablonneux, sans culture, anciens lais de mer absolument arides, situés à main gauche, au sud-ouest de la Charente, à 800 mètres de la Passe-aux-Bœufs, dans la direction du Fort.

« Ce champ a une surface plane dans toute son étendue. De place en place, un renflement donnant l'idée d'un tumulus; partout, de légères dépressions du sol, à peine perceptibles. Disséminés çà et là, sans symétrie, sans forme constante, tantôt larges, tantôt étroits, des *ronds* plus creusés et plus apparents ne me semblaient point dus à l'action du vent sur les sables. J'étais convaincu que la main de l'homme avait passé par là; qu'on y avait enseveli quelqu'un, et que, le tumulus primitif de l'inhumation, s'étant affaissé peu à peu avec les cadavres, avait fait place à une dépression. Guidés par ces observations, nous résolûmes de faire sonder un de ces plis. Les soldats se mirent à l'œuvre.

« Après une heure de travail, la fosse avait atteint 90 centimètres de profondeur sur une largeur de 2 mètres.

« Tout à coup, la pioche d'un soldat résonna sur un corps dur. On recommanda aussitôt de grandes précautions. C'est un ossement, un squelette peut-être; nous voulons le voir dans son entier, tel qu'il a été enseveli.

« Enfin un travailleur se baisse et retire un os long et fort.

« C'est le tibia d'un homme, prononça le docteur, d'un adulte de « 30 à 35 ans. » Puis, examinant attentivement la projection de l'ossement dans le terrain, il fit enlever la croûte de terre qu'il supposait recouvrir le squelette. Un instant après, apparaissait l'os fémoral gauche, puis les os du bassin, l'épine dorsale, les côtes, et enfin le squelette tout entier, dans un état de parfaite conservation. Il avait été inhumé sans cercueil, et probablement sans vêtements, car nous n'avons trouvé aucun vestige de bois, de linge, de fer, ni aucun signe particulier.

« Le docteur ayant exprimé le désir d'examiner le crâne, je le pris dans mes mains et le lui présentai. Les sutures crâniennes, étaient ossifiées, ce qui indique un âge au-dessus de 25 ans, la dentition était superbe. Le docteur nous fit remarquer les proportions nobles de l'os frontal, l'ouverture caractéristique de l'angle facial, marque de distinction et d'intelligence.

« Inutile de dire de quelle religieuse émotion nous nous sentions pénétrés. Des larmes me montaient aux yeux en présence de ces ossements sacrés d'un confesseur de la foi. Au moins, quand ils revoyaient la lumière, après soixante-dix-huit ans, un prêtre était là pour assister à leur réveil. Des mains consacrées étaient là pour recueillir cette tête où avait germé et fleuri la résolution généreuse de donner sa vie pour la foi à Jésus-Christ et à son Église. Avec quel respect je touchai ces doigts de prêtre qui avaient porté Jésus-Christ !

« Merci, mon Dieu ! Martyr du Seigneur, priez pour moi ! »

Procès-verbal fut dressé de la découverte, et le rapport est conservé aux archives de la fabrique.

Le nombre des confesseurs de la foi qui reposent au cimetière de l'île Madame est fort élevé. On en a compté jusqu'à 275, car la mort avait moissonné la plus grande partie des malades descendus des navires et portés à l'hôpital Sainte-Marie.

Après deux mois de séjour, les prêtres ne trouvèrent plus dans l'île les conditions de soulagement et de santé des premières semaines. L'automne déchaînait des vents froids et violents qui pénétraient dans les tentes et glaçaient les infirmes dans leurs lits. La pluie filtrait à travers les voiles, remplissait les trous faits, en avant des tentes, pour allumer le feu. Enfin, pour comble d'infortune, les vivres étaient moins abondants, on n'avait d'ailleurs qu'un mauvais pain fait, aux Port-des-Barques, d'un mélange de pois, de maïs et d'orge.

Dans la crainte de passer un hiver rigoureux dans une pareille situation, les déportés s'adressèrent aux officiers de marine pour obtenir d'être transférés sur le continent, dans un véritable hôpital, ou pour être au moins recueillis dans le fort de l'île.

Un de ces marins, *Valentin*, assez humain en apparence, se chargea de porter à Rochefort une pétition à cette fin. On la lui remit avec une somme de deux cents francs pour frais de voyage et de séjour. Il partit, mais il fit savoir ensuite qu'il avait craint de se compromettre, étant menacé d'une dénonciation comme incivique et traître à la patrie.

L'officier qui remplaça Valentin accepta la même mission et reçut la même somme, mais le résultat ne fut pas plus heureux. Alors les prêtres se résignèrent et s'abandonnèrent à la Providence. Bientôt le capitaine des *Deux-Associés*, Laly, vint leur annoncer, avec des manières plus honnêtes, qu'ils allaient être transportés de nouveau à bord des navires en rade. Il manifestait des intentions plus pacifiques et quelque peu rassurantes.

Le 30 octobre, le conseil de santé déclara l'hôpital de l'île Madame fermé, et, à partir de la Toussaint, les prêtres furent dirigés vers les navires. Les malades furent placés sur l'*Indien*, les convalescents sur les *Deux-Associés*, et les valides sur le *Washington*. Il ne restait guère en tout que 274 survivants d'une légion de 850 confesseurs de la foi. 58 étaient malades, 89 convalescents, et 127 assez bien portants. Une centaine avaient été inhumés sur les bords de la Charente, surtout au Fort-Vaseux; 210 victimes étaient enterrées dans les sables de l'île d'Aix, et 275 dans le cimetière de l'île Madame.

CHAPITRE XV

Vers la libération

Ramenés à bord des navires au commencement de novembre 1794, les prêtres déportés avaient connu de nouveau les longues journées passées sur le pont, et les nuits plus longues encore et surtout plus douloureuses dans leur étroite prison.

Voici comment M. Michel, plus tard supérieur du séminaire de Nancy, nous dépeint au vif leur état d'âme :

« Nous avions quitté notre pays, dit-il, sans la moindre espérance de le revoir jamais; chaque pas que nous avions fait dans notre voyage, nous mettant dans le cas de perdre la vie, nous prouvait de plus en plus l'impossibilité d'y retourner. L'état d'irréligion et d'impiété où nous laissions tout le peuple français, la fureur et la rage qui se manifestaient si ouvertement et si généralement contre nous, rendaient impossible toute idée de retour.

« Pendant notre séjour sur le bâtiment, l'extrême misère où nous étions réduits, la grandeur des maux que nous avions à endurer, le spectacle toujours présent d'une mort prochaine, avaient tellement captivé notre esprit, qu'entièrement absorbé dans le sentiment douloureux du moment et l'attente de l'avenir éternel, il avait oublié tout le passé; il ne se rappelait rien de ce qui l'avait affecté si sensiblement. Parents, amis, patrie, ces noms, jadis si chers, étaient pour nous comme s'ils n'eussent jamais existé. Et si quelquefois ils nous revenaient dans la mémoire, ce n'était que pour nous rappeler des objets dont la jouissance était une chimère et auxquels il était ridicule de s'arrêter. Nous avions passé six mois entiers, isolés ainsi des mortels, sans que notre pensée osât franchir le petit intervalle qui nous en tenait séparés.

« Ce ne fut qu'au bout de ce temps que, commençant à avoir une lueur d'espérance de voir finir notre exil, nous sortîmes de cette espèce d'assoupissement léthargique (1). »

Vers la fin de novembre, on apprenait que la Convention nationale avait mis un terme au régime de la Terreur et qu'elle manifestait des dispositions de modération et de tolérance. Informée de l'état déplorable des prêtres déportés, elle avait donné ordre de les déposer à terre et avait chargé les autorités de Rochefort de l'exécution de son décret. Mais, comme ces administrateurs étaient naguère des créatures de Robespierre, ils ne mirent aucun empressement à obéir. Ils prétextèrent le défaut de local pour recevoir les prêtres et promirent vaguement de leur préparer un refuge. Ce délai devait être funeste, car l'hiver fut très rigoureux; après avoir souffert de la chaleur, les déportés eurent à souffrir plus encore de l'excès du froid; plusieurs succombèrent.

Cependant, les nouvelles reçues ranimaient leur courage. Ils sentaient renaître en eux leurs plus chères affections, ils donnaient un libre cours aux désirs et aux mouvements de leur cœur. Ils goûtaient d'avance la satisfaction de revoir bientôt des parents et des amis qu'ils croyaient avoir quittés pour la vie. On leur permit même de leur écrire, de recevoir de leurs nouvelles, et ce fut pour eux une très douce consolation.

(1) V. *Journal* de Michel, p. 85.

Les trois navires reçurent l'ordre de lever l'ancre
et de se rapprocher de la terre. Ils vinrent se ranger
dans l'embouchure même de la Charente, en face du
Port-des-Barques, à deux kilomètres de l'île Madame.
Ce mouvement mit en péril de mort tous les hommes
du *Washington*. Une fausse manœuvre pour lever les
ancres mit ce bâtiment à la merci des vents violents
et des flots agités. Les vagues l'emportaient déjà vers
un navire beaucoup plus fort, contre lequel il se serait
brisé. Tout le monde était dans l'effroi à bord, à la
vue du danger imminent de sombrer. Fort heureusement, le capitaine de l'autre vaisseau gardait tout
son sang-froid ; il commanda une manœuvre qui
empêcha la violence du choc, et sauva le *Washington*, qui en fut quitte pour la perte du beaupré, brisé
et mis en pièces.

Les prêtres détenus sur l'*Indien* furent les moins
malheureux. Leur capitaine, M. Boivin, qui avait été
chargé des malades, leur témoigna constamment une
sincère humanité. Tous furent unanimes à lui témoigner leur gratitude pour sa bienveillance, son affabi-
lité et sa justice. Il souffrait de leur malheur, les soulageait par tous les moyens dont il pouvait disposer,
et communiquait à son personnel ses nobles sentiments. Il encourageait surtout un jeune officier de
santé qui suppléait par son dévouement à la négli-
gence de l'administration, dont les secours restaient
insuffisants et lents à venir.

Le capitaine des *Deux-Associés*, Laly, qui avait reçu
à bord les convalescents, n'avait plus la même attitude : il commençait à traiter les prêtres avec plus
d'humanité, leur faisait donner des voiles et des couvertures, pour les défendre contre le froid ; au lieu
des fumées de goudron qui rendaient l'entrepont
inhabitable tous les matins, il employait des fumiga-

tions de vinaigre pour assainir l'air et dissiper les miasmes.

Le capitaine du *Washington*, chargé de la garde des déportés valides, fut plus obstiné à maintenir chez lui le régime de la Terreur. Jusqu'au milieu du mois de décembre il persista à traiter durement les malheureux prisonniers.

« Sachant que plusieurs avaient conservé quelque argent, écrit M. Michel, il fit sur nous une recherche très rigoureuse qui cependant ne produisit presque rien. Se voyant ainsi frustré dans ses espérances, il crut s'en dédommager sur nos petits paquets, en s'emparant de quelques méchants effets dont, malgré lui, nous avions hérité de nos confrères et qui nous auraient été d'une grande utilité pour nous couvrir durant l'hiver. Il exerçait ce second pillage pour en pallier un premier. Il voulait ramasser de quoi remplir les malles des prêtres de son bord, qu'il avait vidées, et dont il craignait qu'on ne lui demandât compte.

« Relevant presque tous de la maladie la plus cruelle, nous fûmes condamnés, pendant trois mois d'un froid excessif, à coucher sur un plancher nu, sans paille même, ni couverture, avec des habits tout déchirés et couverts de poux, privés entièrement de feu, ne pouvant obtenir la permission d'aller même un instant recouvrer, auprès de celui de la cuisine, un peu de la chaleur qui nous était si nécessaire.

« L'unique moyen de dégourdir un peu nos membres toujours glacés était de sauter, le corps courbé, car le pont n'était pas assez haut, et de conserver ainsi à notre sang, par ce mouvement continuel, son état de circulation qu'il était toujours sur le point de perdre.

« Le froid, joint à cet exercice, que nous ne pouvions interrompre sans être aussitôt assoupis d'un sommeil mortel, nous donnait une faim dévorante qui nous tourmentait jour et nuit. Jusqu'alors, ce besoin naturel n'avait été presque rien pour moi, mais dans tout l'hiver, je n'ai point souffert de plus cruel supplice. La modique nourriture que nous avions ne servait qu'à m'affamer davantage. Le moment où je souffrais le plus était celui où je cessais de manger ; mon estomac me déchirait, et rien ne m'était donné pour le satisfaire. Je pensais souvent avec regret aux bons régals que je faisais à l'île Citoyenne avec un autre de mes confrères. L'oseille sauvage toute crue, le pissenlit arrosé quelquefois d'un peu de vinaigre, du fenouil et autres herbes, des champignons, des cancres, des moules que nous allions pêcher furtivement, en un mot, tout ce qui se présentait,

était pour nous des mets que la faim nous faisait trouver délicieux. Mais sur le bâtiment il n'y avait plus aucune ressource ;
on n'aurait pas vu sur le pont une seule miette de pain, ou une
seule gourgane tombée. La faim alla même jusqu'à forcer plusieurs à chercher dans l'eau des cochons, pour en tirer quelques
croûtes de pain, ou quelques morceaux de viande, que les mousses y jetaient, après avoir lavé les plats des officiers. Ils les ava-
laient avec avidité et achevaient de ronger les os qu'ils avaient le
bonheur de trouver.

« C'était encore à qui aurait les restes de soupe que quelques
matelots, devenus plus humains, donnèrent enfin à ceux qui se
présentaient les premiers. Quand, dans le mois de décembre, on
nous donna des gourganes à nettoyer, nous n'attendions pas
qu'elles fussent cuites, nous en mangions de toutes crues.

« Les vivres qu'on nous distribuait étaient aussi malsains que
pendant l'été. Comme on apportait un jour les portions, ceux du
plat, ne voyant que du biscuit plus gâté et plus moisi qu'à l'ordinaire, se dirent entre eux : « *Comment ferons-nous pour le
manger ? Il nous fera périr !* » Le lieutenant, pour cette parole,
en condamne quatre aux fers pour toute la nuit ; le lendemain,
l'enflure de leurs pieds, occasionnée par le grand froid, ne permettait plus d'ôter les fers, et ce n'est qu'avec une grande peine
et bien longtemps après qu'ils sont parvenus à pouvoir marcher (1). »

Non seulement la nourriture était mauvaise, mais
on refusait aux prêtres l'eau nécessaire pour étancher
la soif dévorante occasionnée par la viande de salai-
son mal préparée. On les obligeait même, à l'époque
du grand froid, à prendre les repas sur l'entrepont,
en plein air, au milieu de la neige et des glaçons ;
on leur faisait attendre parfois plus d'une demi-heure
la distribution.

Lorsque le capitaine des *Deux-Associés* eut permis à
ses matelots d'apporter des fruits pour les vendre
publiquement, les prêtres du *Washington* estimant
que leur équipage aurait la même liberté, l'un d'eux

(1) V. *Journal* de M. Michel, p. 76.

chargea un des hommes du bord de lui rendre le même service. Mais le lieutenant en eut connaissance, fit aussitôt fouiller le prisonnier, espérant s'emparer de son argent, et lorsqu'il se vit déçu dans sa cupidité, il se vengea en infligeant au malheureux la peine de huit jours de fers, qu'il lui fit subir entièrement sans la moindre pitié.

Cependant la connaissance de ces traitements inhumains avait ému l'opinion. Dans le mois de décembre, le capitaine Laly ayant paru dans la Société populaire de Rochefort, un cri général s'éleva contre lui : « A bas le tueur de prêtres ! Dehors le tueur de prêtres ! » On lui conseilla de disparaître au plus vite, car on était sur le point d'user de violence pour lui faire expier sa cruauté. Cette leçon, qui n'était que trop méritée, porta ses fruits, non seulement pour celui qui en était l'objet, mais aussi pour les officiers et les matelots de tous les navires. Craignant d'être déshonorés, de perdre leurs places et peut-être même d'être poursuivis et châtiés, ils allèrent jusqu'à s'abaisser devant leurs victimes. Connaissant bien leurs chrétiennes dispositions et leur générosité, ils n'hésitèrent pas à leur demander des attestations et des certificats qui serviraient à leur défense et à leur justification, s'ils étaient accusés.

Les prêtres, disposés à l'oubli des injures et au pardon, ne pouvaient cependant se résoudre à mentir et à signer des attestations manifestement fausses et contraires à la vérité.

Sur de nouvelles instances, ils consentirent à rédiger un certificat vague et général, où ils attestaient que, malgré les mauvais traitements qu'ils avaient essuyés à bord des *Deux-Associés*, ils aimaient à croire que le capitaine ne s'était comporté de cette manière que forcé par les circonstances impérieuses du temps ; plus tard, il les avait traités plus humainement (1).

Quelques déportés refusèrent de signer, mais cette pièce, telle qu'elle était, servit beaucoup à Laly pour être maintenu dans le service de la marine.

Le capitaine du *Washington* fit des démarches semblables et, malgré qu'il l'eût peu mérité, il obtint une attestation dans le même sens.

Comme on parlait déjà ouvertement d'un débarquement des prêtres et de leur prochaine libération, tous les officiers, médecins et matelots, s'empressèrent de solliciter eux aussi des certificats. Dans leur premier mouvement et dans une pensée de généreux pardon, les déportés allaient les accorder ; mais ils réfléchirent et cédèrent à la crainte de faire maintenir en place de mauvais sujets et de se rendre responsables du mal qui en résulterait. Il fut donc résolu de ne délivrer aucune attestation, surtout aux majors et aux officiers qui avaient refusé des remèdes nécessaires, pillé les rations et volé les dépouilles des morts. L'évidence des faits s'opposait à une complaisance dangereuse.

Comme leurs malles avaient été dévalisées et leurs effets vendus au profit de leurs geôliers, on voulut encore, après avoir rempli ces malles de vieilleries et des défroques des morts, faire signer un inventaire, ou du moins une déclaration constatant que c'était bien là les effets des prisonniers survivants. Ceux-ci refusèrent absolument de se prêter à cette déloyale manœuvre, et laissèrent aux coupables la charge difficile de rendre compte des effets qu'ils avaient volés.

Les déportés pouvaient reconnaître par ces instances significatives que le terme de leur captivité appro-

(1) V. *Journal* de Michel, p. 81

chait et que les autorités administratives leur seraient favorables. Aussi formèrent-ils le projet d'adresser une requête au proconsul de Rochefort et de La Rochelle. C'était alors le représentant Blutel ; il accueillit volontiers la pétition, et dès le lendemain il fit savoir qu'il allait demander des pouvoirs à la Convention afin de satisfaire à leurs justes désirs et de procurer leur élargissement.

Cette nouvelle causa une grande joie à ces malheureux qui souffraient depuis si longtemps et n'osaient pas, la veille encore, espérer d'échapper enfin à la mort.

Ils se tournèrent aussitôt vers Dieu, pour lui rendre grâces, et dès lors ils eurent chaque jour des conférences de piété pour s'exhorter mutuellement à la confiance, pour se rappeler les devoirs du sacerdoce, pour se préparer déjà à se rendre utiles et à se dévouer aux fidèles dans le poste qu'il plairait à la Providence de leur assigner.

D'un commun accord, ils rédigèrent et adoptèrent tous les résolutions pratiques qui convenaient à leur situation et devaient garantir le parfait accomplissement de la divine volonté. M. de la Biche nous en a transmis le texte dans sa relation. En voici les traits principaux, qui suffisent à faire ressortir les dispositions admirables et les vertus héroïques de ces âmes vraiment sacerdotales :

« 1° Ils ne se livreront point à des inquiétudes inutiles sur leur délivrance ; mais ils s'efforceront de mettre à profit le temps de leur détention, en méditant sur leurs années passées et formant de saintes résolutions pour l'avenir, afin de trouver dans la captivité de leurs corps la liberté de leur âme.

« Ils regarderont comme un défaut de résignation à la volonté de Dieu les moindres murmures, les plus légères impatiences, et surtout cette ardeur excessive à rechercher les nouvelles favorables, contraire au recueillement et à cette soumission sans bornes à Dieu qui doit leur ôter toute inquiétude pour l'avenir.

« 2° Si Dieu permet qu'ils recouvrent la liberté, ils éviteront de se livrer à une joie immodérée, en recevant la nouvelle ; ils conserveront une âme tranquille, ils montreront qu'ils ont supporté sans murmure la croix qui leur avait été imposée, et qu'ils se disposaient à supporter plus longtemps encore avec courage et en vrais chrétiens qui ne se laissent pas abattre par l'adversité.

« 3° S'il était question de leur rendre leurs effets, ils ne montreront aucune avidité à les réclamer ; ils feront avec modestie et dans l'exacte vérité la déclaration qui pourrait leur être demandée ; ils recevront sans se plaindre ce qui leur sera donné, accoutumés à mépriser les biens de la terre et à se contenter de peu, à l'exemple des apôtres.

« 4° Ils ne satisferont pas les curieux, ne répondront pas aux vaines questions ; ils laisseront seulement entrevoir qu'ils ont supporté leurs peines avec patience, sans les raconter en détail, sans montrer aucun ressentiment contre ceux qui en furent les auteurs.

« 5° Ils auront la plus grande sobriété dans les auberges durant leur voyage ; ils se garderont bien de faire la comparaison, devant les étrangers, des mets qu'on leur servira avec leur ancienne nourriture. Évitant tout empressement pour la bonne chère, ils se montreront les imitateurs de la pénitence de Jésus-Christ.

« 6° Dans leurs familles, ils ne se hâteront pas de raconter leurs peines, ils ne les feront connaître qu'à leurs parents et amis, et encore avec beaucoup de prudence et de modération. Ils n'en parleront pas en public ; chez eux, et dans les invitations reçues, ils observeront une égale frugalité, toujours sobres et modestes.

« 7° Ils garderont un silence absolu sur les défauts de leurs frères, sur les faiblesses causées peut-être par leur triste situation, par leurs maladies et la durée de leurs maux. Ils auront la même charité à l'égard des assermentés, se contentant de les plaindre, de prier pour eux et de les gagner par leur douceur et leur modération.

« 8° Ils ne montreront aucun regret de la perte de leurs biens, aucun empressement pour les recouvrer, aucun ressentiment contre ceux qui les détiennent. Ils recevront seulement les secours de la nation pour leur subsistance, toujours contents du simple nécessaire, tant pour les vêtements que pour la nourriture.

« 9° Dès à présent, ils ne feront ensemble qu'un cœur et qu'une âme, sans acception de personnes et sans montrer de l'éloignement pour aucun de leurs frères, sous quelque prétexte que ce soit.

« Ils ne se mêleront point de nouvelles politiques, se contentant de prier pour le bonheur de leur patrie et de se préparer eux-mêmes à une vie nouvelle, si Dieu permet qu'ils reviennent dans leurs foyers, et à y devenir un sujet d'édification et des modèles de vertu pour les peuples, par leur éloignement du monde, leur application à la prière, et leur amour pour le recueillement et la piété.

« Enfin, ils liront, de temps en temps, ces résolutions, pour s'en pénétrer, et s'affermir dans la pratique des sentiments qui les ont dictées (1). »

A la veille de Noël, alors que les prêtres déportés commençaient à ouvrir leurs âmes à l'espérance, les matelots leur annoncèrent tout à coup l'arrivée de trois vaisseaux qui, disaient-ils, amenaient les ecclésiastiques prisonniers à Bordeaux et à Blaye pour les diriger vers les côtes d'Afrique. On ajoutait même que tous les déportés partiraient pour la même destination. La fausseté de cette nouvelle fut bientôt connue et calma les inquiétudes qu'elle avait fait naître. Le 27 décembre 1794, les trois navires annoncés arrivaient dans l'île d'Aix et jetaient l'ancre à l'embouchure de la Charente. M. Rousseau va nous offrir le récit de cette rencontre (2) :

« Bientôt, dit-il, ces nouveaux compagnons d'infortune furent assez rapprochés de nous pour que nous puissions les voir et les entendre. Instruits sans doute de nos malheurs, et persuadés de l'amertume qui abreuvait nos cœurs, ces dignes confrères cherchent, avant de nous adresser la parole, à distraire un instant notre douleur, en exécutant, sur un des ponts les plus élevés, quelque symphonie touchante, à laquelle nous répondîmes par les applaudissements de la plus tendre reconnaissance.

« Après ce premier tribut, offert, de part et d'autre, à l'intérêt qu'inspire un malheur commun, ils hasardèrent quelques questions sur notre position actuelle. Nos réponses les portèrent à solliciter d'autres détails, qui leur apprirent bientôt la mort d'une foule de leurs compatriotes et de leurs amis. Nous n'étendîmes pas trop loin nos colloques; nous avions lieu de craindre qu'ils fussent interrompus par l'apparition subite de nos officiers.

« Mais nous ne fûmes pas longtemps sans être dédommagés de ce sacrifice qu'un reste de crainte nous dictait. Trois ou quatre

(1) V. *Relation* de la Biche, p. 140.
(2) V., dans Jauffret, *Mémoires sur le XVIIIe siècle*, t. I, p. 438.

jours après cette entrevue lointaine, plusieurs d'entre eux accompagnèrent leurs officiers qui venaient visiter ceux de notre équipage. Ah ! ce fut alors que nous nous livrâmes, avec une tendre émotion, à tous les sentiments que notre rapprochement seul avait produits. Nos cœurs, sans se connaître encore, étaient déjà, pour ainsi dire, unis par les doux liens de l'amitié; ils le furent bientôt par ceux de la reconnaissance.

« En effet, à peine nous avaient-ils vus, que, touchés du spectacle déchirant de notre misère, ils ne voulurent nous quitter qu'après nous avoir fait promettre de partager avec eux les faibles ressources dont ils jouissaient encore au sein de leurs vaisseaux. Ils n'avaient pas été traînés, comme nous, devant des comités de brigands et livrés ensuite sur les vaisseaux entre les mains d'hommes avides et spoliateurs. Ils n'étaient pas, comme nous, environnés d'une cohorte de soldats et surtout d'une bande atroce de matelots, pour qui la rapine semblait être un besoin.

« Les officiers de leurs vaisseaux étaient des êtres sensibles et humains, qui, par toute sorte d'égards et d'attentions, adoucissaient réellement le malheur de leur position. J'ai été dans le cas d'en juger par moi-même :

« Quelques jours après cette première entrevue, nous demandâmes à nos officiers la permission d'aller rendre à nos nouveaux confrères la visite qu'ils nous avaient faite. Après l'avoir obtenue, nous nous rendîmes sur un des vaisseaux où nous fûmes parfaitement accueillis par les officiers.

« Ils nous proposèrent un petit concert, et ensuite nous offrirent, non des *rafraîchissements*, mais des *réchauffants*, avec ces témoignages d'honnêteté qui décelaient bien des âmes sensibles et compatissantes.

« Nous passâmes environ trois heures sur ce vaisseau; mais le temps nous parut trop court, pour témoigner à nos chers frères les *Bordelais* (c'est ainsi que nous les nommions) toute l'étendue de notre reconnaissance. Ils nous offrirent, non seulement pour nous, mais encore pour tous nos autres confrères, tout ce dont leurs facultés leur permettaient de disposer : linge, habits, chemises, souliers, ils voulurent que tout fût commun entre nous. Plusieurs d'entre nous acceptèrent ces offres généreuses ; le besoin le plus absolu put cependant seul les y déterminer.

« Ces visites réciproques se réitérèrent de temps en temps, jusqu'au mois de février 1795.

Ajoutons ici une réflexion de M. de la Biche :

« Quel ne fut pas l'étonnement de ces vénérables confrères parmi lesquels plusieurs de nous avaient des parents ou des amis, quand ils nous virent pour la première fois ! Ils ne nous reconnaissaient pas, tant les souffrances nous avaient exténués, desséchés, réduits à rien ! Tant elles avaient achevé de dépouiller nos têtes chauves, étrangement rembruni notre teint, horriblement altéré tous nos traits ! Ces hommes qui jusque-là s'étaient crus les plus malheureux des détenus, et qui avaient en effet été mis à de rudes épreuves, croyaient n'avoir rien souffert en comparaison de nous. Ils ne pouvaient, en nous voyant, retenir leurs sanglots et leurs larmes. Ils usèrent à notre égard de la plus grande générosité ; et, quoique commençant à sentir la détresse, ils se dépouillèrent en notre faveur d'une partie de leurs effets et de leurs modiques fonds, pour soulager notre misère bien plus grande que la leur.

« Nous leurs rendons le même témoignage que saint Paul rendait aux fidèles de Macédoine : « qu'ils furent charitables selon « leur pouvoir, et au delà même de leur pouvoir (1) ».

Les déportés, qui avaient tant souffert sur les pontons, devaient être les premiers libérés. Dans le courant du mois de janvier 1795, un gendarme vint leur annoncer leur prochain débarquement, ajoutant que trois goélettes étaient commandées pour les transporter à Brouage, et qu'elles seraient arrivées avant deux jours. Tous les yeux demeuraient fixés vers la terre, dans l'attente de ces bâtiments de transport. Mais la date fixée pour leur arrivée s'écoula sans qu'on les vît approcher, et plusieurs craignaient déjà d'avoir été trompés. Cependant le capitaine fut avisé que le froid alors excessif et les glaçons qui couvraient la Charente avaient causé le retard ; il était nécessaire d'attendre un temps plus favorable. Quinze jours s'écoulèrent avant le dégel, et dans cet intervalle survint un ordre nouveau. On avait décidé de conduire les prêtres, non plus à Brouage, mais à Rochefort.

Le 3 février 1795, la température s'étant un peu adoucie, on démarra, et les déportés aidèrent à la manœuvre pour dégager les navires de la vase sur laquelle ils étaient à l'arrêt.

(1) I Cor., viii, 3.

Le lendemain, les *Deux-Associés* se trouvaient au milieu de la Charente, attendant un chargement de trois cents barriques de farine pour Rochefort, lorsque se produisit un accident pareil à celui qu'avait déjà éprouvé le *Washington*.

Pendant la nuit, la marée étant dans toute sa force, et la rivière se trouvant encore couverte de glaçons, l'unique ancre qui retenait le vaisseau fut cassée, les *Deux-Associés* furent entraînés par le courant et allèrent se heurter contre une galiote danoise. Le choc cependant fut moins rude et moins dangereux qu'il n'eût été en pleine mer ; il fut amorti par les glaçons ; la proue seule fut endommagée, et le 5 février on se rendit enfin à Rochefort.

Le lendemain, vers 9 heures du matin, on annonçait aux ecclésiastiques leur destination pour Saintes, et trois goélettes arrivaient pour les recevoir et remonter la rivière. On distribua aussitôt la ration du déjeuner, on donna un biscuit de quatre onces à chacun pour le reste de la journée, et, après l'appel nominal, on quittait les *Deux-Associés*, théâtre de tant de douleurs, depuis le 1ᵉʳ mai de l'année précédente (1).

La marée était contraire, on avançait lentement ; le soir on arrivait à la petite ville de Tonnay-Charente, à cinq kilomètres de Rochefort. On ne permit pas aux prêtres de descendre à terre ; ils durent passer la nuit fort à l'étroit sur les embarcations et sans pouvoir obtenir, même à prix d'argent, de quoi apaiser une faim dévorante. Le lendemain, à 9 heures, les gendarmes les firent débarquer ; une quinzaine de charrettes furent amenées pour recevoir les malades et les invalides. Les autres suivirent à pied, à travers de mauvais chemins, par un temps humide et pluvieux,

(1) V. *Journal* de M. Michel, p. 89.

mais ils oubliaient leur fatigue, en se rappelant les supplices du passé, en respirant enfin un air pur et sain, au lieu des miasmes infects de leur obscure prison.

Ils reçurent une livre de pain, et, après six heures de marche, ils arrivaient vers la nuit à Saint-Porchaire.

On les avait logés d'abord dans une église, et, comme ils étaient transis de froid sous leurs habits trempés par la pluie, les gendarmes achetèrent du bois et firent allumer trois feux. Mais la fumée remplit bientôt l'édifice et en rendit le séjour impossible. On permit alors aux déportés de sortir et de chercher chez les habitants un refuge pour passer la nuit (1).

Le lendemain ils reçurent une livre de pain et la permission d'acheter quelques provisions dans la ville. Ils partirent aussitôt et arrivèrent vers midi, le 8 février 1795, à Saintes, où les attendait la plus généreuse hospitalité.

(1) V. *Journal* de M. Michel, p. 92.

CHAPITRE XVI

L'hospitalité de Saintes

La ville de Saintes, ainsi nommée parce qu'elle fut autrefois la capitale des *Santones* et plus tard de la Saintonge, fut appelée *Xantes* par les Jacobins, parce que son nom leur paraissait évoquer un souvenir du fanatisme. Agréablement située sur la rive gauche de la Charente, elle s'élève en amphithéâtre et présente des ruines romaines et des monuments religieux d'une haute antiquité. Grâce au caractère doux et modéré de ses habitants, grâce aussi à l'esprit religieux maintenu par le culte de saint Eutrope, dont elle vénère les reliques depuis l'origine du Christianisme dans la Gaule, cette ville ne connut pas les excès de la Terreur. La guillotine, dressée par Lequinio, ne fit qu'apparaître et fut aussitôt enlevée par l'agent national lui-même, qui s'opposa aux exécutions demandées par le proconsul. Au premier passage des déportés, les Saintois avaient été pleins de compassion et de générosité pour les assister. Mais ce fut surtout au retour de ces malheureux, après leur longue et douloureuse détention sur les pontons, que l'accueil le plus charitable et le plus émouvant leur était réservé.

« Ici, s'écrie M. de la Biche, la scène va changer. Il est temps de respirer et d'opposer, à ce long et lugubre récit de tant d'horreurs, le trop touchant tableau de la charité des habitants de Saintes. Cette peinture, d'un coloris si différent de celui qu'on vient de voir, sera comme un rayon de lumière, qui réjouit le cœur attristé des nautoniers, après une violente tempête, et leur annonce prochainement le retour du calme et de la sérénité. Nous avions la meilleure opinion de l'humanité de la ville de Saintes, par le récit que nous avaient fait nos confrères de l'Allier, des bienfaits multipliés qu'ils y avaient reçus. Mais nous pouvons affirmer, avec vérité, que la réalité est bien au-dessus de ce que la renommée nous avait appris des vertus de cette bienfaisante cité, digne à jamais de notre reconnaissance (1). »

L'administration centrale du département avait d'abord accepté avec peine la mission de recevoir à Saintes les débris de cette légion de déportés qu'on savait encore atteints de maladies auxquelles tant de prêtres avaient déjà succombé.

Mais le représentant du peuple, Blutel, favorable à ces malheureuses victimes, avait obtenu d'avance un ordre formel du Comité de sûreté générale ; les administrateurs durent se résoudre à l'exécuter. D'ailleurs, la municipalité de la ville était mieux disposée ; elle avait répondu volontiers et avec empressement à l'invitation de Blutel, qui lui recommandait de traiter avec toute l'humanité due au malheur les déportés sur le point d'arriver.

Les officiers municipaux adressèrent d'avance à la population un manifeste inspiré par une sincère bienveillance. Ils invitent

« les citoyens de Xantes à fournir des couchettes dans la mai-

(1) V. *Relation*, p. 127.

son des ci-devant bénédictines de Notre-Dame, où l'on se propose de loger 366 prêtres, non sermentés, qui doivent arriver dans cette commune, en cette décade, ou au commencement de la prochaine.

« Que les citoyens ne craignent pas que cette invitation soit un piège qu'on tend à leur bonne foi, afin d'en tirer des motifs de reproche que certains individus auraient pu leur faire sous le régime affreux de la Terreur. Ce temps de calamité est passé pour jamais.

« On attend donc de leur patriotisme ces actes de bienfaisance que commandent l'humanité et le devoir de républicains qui se caractérisent par la pratique de toutes les vertus. »

Cette affiche du 12 janvier 1795 était signée de trois officiers, de quatre notables, de l'agent national et du greffier.

De tous côtés, les habitants s'empressèrent de répondre à cette sympathique invitation ; ce fut comme une sorte d'émulation entre toutes les classes de la société, pour apporter au couvent de Notre-Dame des lits, des draps, des couvertures, des tables et des sièges qui devaient transformer cette prison en un séjour commode et agréable.

Tous les détenus qui s'y trouvaient avaient été transférés dans un autre local ; toutes les salles et les cellules devaient être exclusivement réservées aux prêtres.

A la veille de leur arrivée, la municipalité avait renouvelé son invitation à trois reprises, au son du tambour, demandant aux habitants de leur offrir de prompts secours.

Toute la ville était sur pied plusieurs heures avant qu'on vît apparaître les convois :

« Notre entrée dans cette ville fut un véritable triomphe, écrit un témoin. Un peuple immense nous attendait pour nous recevoir. Les haillons qui nous couvraient, la pâleur de la mort encore empreinte sur nos visages décharnés, notre contenance

accablée, tout sembla ajouter encore à l'intérêt qu'on avait déjà
daigné concevoir en notre faveur (1). »

Un autre déporté ajoute encore :

« Nous commençâmes à connaître le caractère humain et sensible des habitants, dès notre entrée, en les voyant adossés aux
murailles, le long des rues où nous passions, quoiqu'il plût à
verse, nous regarder avec les yeux humectés de larmes, et où se
peignaient, de la manière la moins équivoque, la compassion, la
joie, la bienveillance la plus empressée. Je sentis alors, pour la
première fois depuis six mois, que je n'étais pas si insensible que
je croyais l'être devenu, et que j'avais encore un cœur. Je répan-
dis des larmes que tous les indignes traitements de nos geôliers
n'avaient pu m'arracher (2). »

« On nous logea dans la magnifique communauté de Notre-
Dame. A peine y étions-nous, que les citoyens de tous les états,
de tout âge, de l'un et l'autre sexe, s'y précipitèrent après nous,
apportant à l'envi toutes sortes de secours, en linge, en vêtements, en meubles, en argent, en comestibles de toute espèce.
Ce fut une émulation de générosité et de charité, dont il ne se
vit jamais d'exemple. Je crus me retrouver à la naissance du
christianisme, je crus passer de l'enfer en paradis. La maison ne
désemplissait pas. Les escaliers, les corridors étaient obstrués.
C'était à qui nous rendrait quelque service, à qui meublerait nos
cellules, à qui emmènerait quelqu'un de nous en sa maison,
pour le sécher (car nous étions mouillés jusqu'à la peau), pour le
décrasser, le revêtir d'habits propres ou le régaler de son mieux.
Il n'y avait pas jusqu'aux prêtres infidèles de Saintes qui ne se
piquassent de bienfaisance et de générosité, quelques remords
que réveillât en eux le récit ou la vue de maux qu'ils cherchaient
à soulager. Oui, je puis l'affirmer en toute sincérité, eussions-
nous souffert encore davantage que nous n'avions fait, la réception toute seule qu'on nous fit à Saintes eût été capable de nous
dédommager de toutes nos peines, si nous n'eussions placé plus
haut nos espérances (3). »

Pendant toute la journée, les déportés furent l'objet des attentions les plus délicates. On s'empressa
d'allumer de grands feux dans toutes les chambres
pour les sécher et les réchauffer. On apportait des

(1) V. Rousseau, *Le Martyre...*, p. 448.
(2) *Relation de la Biche*, p. 128.
(3) Ib., p. 130.

bouillons pour les malades, des mets plus substantiels
pour les plus forts ; les riches s'estimaient heureux
de pouvoir donner beaucoup, les pauvres offraient
tout ce dont ils pouvaient disposer. C'était un spectacle touchant de voir des femmes oublier la noblesse
de leur condition et la délicatesse de leur sexe, pour
environner les lits des malades, leur prodiguer les
secours de la charité et panser elles-mêmes les plaies
dont la plupart étaient couverts. Elles surmontaient
la répugnance naturelle que devaient inspirer l'état
de malpropreté, la vue des insectes et de la vermine
qui rongeaient ces malheureux. Elles redoublaient
de soins et de dévouement pour les soulager et les
guérir. Quelques habitants demandèrent même
comme une faveur d'emmener chez eux quelques
prêtres pour les mieux assister et les réconforter. On
vit un modeste ouvrier de la paroisse Saint-Vivien
conjurer l'abbé Bonore, couvert de boue et exténué
de lassitude, de s'arrêter chez lui et d'accepter le fru-
gal repas de sa famille. On vit une pauvre marchande lorraine, établie à Saintes, accourir auprès
des déportés de son pays, pour mettre à leur disposition toutes ses provisions, pour intéresser à leurs
besoins des personnes plus riches et leur fournir tous
les secours nécessaires (1).

Les médecins et les chirurgiens de la ville accou-
rurent avec empressement pour offrir leur assistance
et procurer des remèdes à tous les malades. Les blan-
chisseurs vinrent recueillir leur linge et leurs habits
pour les nettoyer et les rendre en bon état.

« Quant à nous, écrit M. Michel, nous étions tellement frappés
d'un changement si subit dans notre situation, que nous restions
tout interdits, sans pouvoir dire un mot. Tout ce que nous

(1) V. Michel, *Journal*, p. 96.

voyions nous semblait un songe, et nous ne pouvions croire à ce que nos yeux nous rapportaient. Comment en effet se persuader que, dans un état aussi affreux et dans un pays si éloigné du nôtre, nous trouvions des âmes assez généreuses et assez compatissantes, pour faire à notre égard ce que nous aurions à peine osé attendre de nos plus proches parents et de nos plus fidèles amis? Après avoir été, pendant deux ans, poursuivis comme des bêtes féroces, comment nous voir, sans une émotion qui nous mit hors de nous-mêmes, fêtés, caressés et comblés des bienfaits les plus inespérés? Transportés en quelque façon des tourments de l'enfer dans les joies du paradis, ce changement pouvait-il s'opérer en nous, sans répandre un trouble délicieux dans toutes nos facultés morales et physiques?

« Ce ne fut donc que quelque temps après notre arrivée, que le départ de cette foule, qui avait cherché à l'envi à nous obliger, nous rendant à nous-mêmes, nous laissa goûter en paix le doux sentiment de la reconnaissance. Ces sensations si agréables et si neuves pour nous, effaçant le souvenir de ce que nous avions souffert, nous rendaient pour ainsi dire une nouvelle vie, et nous réconciliaient avec les hommes, en qui nous n'avions trouvé, depuis longtemps, que des ennemis et des bourreaux (1). »

On s'occupa bientôt de grouper les déportés par diocèses ou par provinces et d'organiser la distribution des secours. Pendant les premiers jours, les membres du directoire et du district ne mirent aucun empressement pour assurer la nourriture des déportés ; ils négligèrent même de leur faire donner la ration de pain toujours assurée aux prisonniers.

La charité privée ne se lassa jamais et suppléa à cette incurie des autorités. Non seulement les plus dévoués des habitants organisèrent des quêtes en faveur des ecclésiastiques, mais ils leur procurèrent aussi chaque jour d'abondantes provisions. On apportait sans cesse, soit de la ville, soit des campagnes environnantes, d'énormes pains et des paquets de légumes qui étaient distribués avec ordre dans toutes les chambrées. De pauvres ménages n'hésitaient pas

(1) V. Michel, *Journal*, p. 96.

à se priver pour faire eux aussi leur offrande. Un modeste journalier se présenta à la maison des prêtres et dit à M. du Pavillon, qu'il aperçut le premier : « Monsieur, mon travail me permet d'acheter tous les jours deux bouteilles de vin, pour mon usage et celui de ma femme et de mes enfants ; permettez que je partage et que je dispose d'une en faveur d'un déporté. »

Les conseillers municipaux vinrent en corps saluer les prêtres, leur parlèrent avec douceur et honnêteté, et leur offrirent même, s'ils se trouvaient à l'étroit, de leur procurer d'autres logements où ils seraient plus à l'aise.

Le 10 février, les administrateurs du département s'intéressaient plus particulièrement aux malades et demandaient, en leur faveur, l'établissement d'une chambre d'hôpital et d'un service spécial, dans l'intérieur même du couvent de Notre-Dame.

Une infirmerie fut aussitôt établie; on assura les visites régulières des médecins, leur traitement, la fourniture des vivres et des remèdes par l'autorité militaire.

Le 13 février, un nouvel arrêté autorisait à prendre des lits, matelas, linges, draps de lit et ustensiles nécessaires pour l'infirmerie, dans les magasins de l'hôpital militaire.

Quant aux remèdes que ne pourrait procurer cet hôpital, on les prendrait chez le pharmacien de la commune.

Un infirmier spécial était nommé aux appointements de 75 livres par mois.

Enfin chaque prêtre détenu devait recevoir, en outre du pain fourni par les magasins nationaux, une allocation de 25 sous par jour, payable d'avance, à chaque décade, sur les états nominatifs préparés par le commissaire municipal.

Les administrateurs du district, anciens jacobins en majorité, voyaient avec peine les bons offices de la population et la bienveillance de la municipalité. Ils osaient prétendre que la présence des déportés communiquait le poison du fanatisme à toute la commune ; trois d'entre eux allèrent même jusqu'à donner au concierge l'ordre de ne laisser entrer personne dans la maison des ecclésiastiques. Cette mesure hostile ne fut pas longtemps exécutée, car l'humanité de la population triompha de toutes les entraves.

Cependant, les mêmes jacobins firent rejeter la pétition des habitants qui demandaient la permission de recevoir chez eux les prêtres, mis en liberté provisoire, dans l'intention de les secourir plus facilement. On refusa, en alléguant que les pouvoirs reçus ne s'étendaient pas jusque-là.

Les déportés choisirent parmi eux quelques commissaires pour faire avec ordre la répartition des secours ; ceux-ci recevaient chaque jour les offrandes et les distribuaient à chacun selon ses besoins.

Les actes de charité des habitants de Saintes n'étaient point l'effet d'un accès de sensibilité. Ils se renouvelèrent et persévérèrent aussi longtemps que les besoins des déportés ; ils furent comme à l'ordre du jour jusqu'à leur entière liberté. Ils devaient même se prolonger au-delà, car, lorsque les prêtres venus de Bordeaux et de Brouage furent mis un peu plus tard en réclusion dans cette ville, ils éprouvèrent eux aussi la charité toujours active et inépuisable de sa généreuse population.

Aux derniers comme aux premiers arrivés, on procura non seulement le nécessaire, mais l'utile et l'agréable. A l'assistance corporelle on ajouta toujours les visites d'honnêteté, les marques distinguées d'estime et de considération, qui donnaient un prix plus élevé aux bienfaits reçus.

Les malades, admis dans l'infirmerie, eurent surtout à se féliciter des soins dévoués et des manières pleines de douceur et de bienveillance du médecin principal et des officiers de santé. Ils ne manquèrent jamais des remèdes ni des soulagements exigés par leur état. Non seulement on veillait à procurer par tous les moyens leur rétablissement, mais un des docteurs, jugeant que leur convalescence ne serait définitive qu'au sein de leurs familles, dans leurs foyers et au milieu de leurs amis, n'hésita pas à provoquer des pétitions pour leur prompte libération. Il les signait lui-même et les appuyait par des considérations pressantes, fondées sur la justice et l'humanité. Il les faisait parvenir à Paris et recommandait le succès à un député de ses amis, très influent à la Convention. Les démarches de cet ami sincère ne tardèrent pas à aboutir : bientôt on apprenait la nouvelle des ordres de libération qui brisaient les chaînes de plusieurs déportés.

La municipalité et les habitants de Saintes mirent aussi le comble à leurs bienfaits, en sollicitant auprès du Comité de sûreté générale la libération définitive de tous les prêtres. Lorsque leurs efforts furent couronnés de succès, ils prirent une part sincère à la joie des prisonniers et les accompagnèrent de leurs vœux et de nouveaux secours pour leur voyage.

En attendant leur liberté, les ecclésiastiques jouissaient d'une vie paisible et d'un régime fortifiant qui peu à peu les relevait de leur épuisement et faisait disparaître les traces de leurs souffrances et de leurs maladies.

Les témoignages de bonté qu'on leur prodiguait, les bonnes conditions de leur logement, leur nourriture saine, les avantages de petites promenades, leur faisaient supporter avec résignation, et non sans quelque satisfaction intime, la pensée de leur captivité. Les jours s'écoulaient pour eux dans la paix, dans un doux repos. La prière, la lecture, des instructions solides, la visite des malades, les visites des fidèles, partageaient tous leurs instants et rendaient leurs journées agréablement et utilement remplies.

Dans les premières semaines, ils ne pouvaient ouvertement exercer les fonctions du ministère sacerdotal, et ils devaient se borner à entendre secrètement des confessions, à conférer le baptême ou à bénir des mariages dans l'intimité des familles. Aussi quelle fut leur joie, quand ils apprirent que la Convention proclamait à nouveau, et cette fois, d'une manière sincère et pratique, la liberté des cultes !

La municipalité en écharpe vint leur donner lecture du décret, et les prévenir que dorénavant ils pouvaient user de leur liberté religieuse et dire la messe dans les locaux les plus convenables de la maison.

Depuis onze mois, ils étaient privés de célébrer les saints mystères ; aussi cette nouvelle les remplit de consolation, et ils s'empressèrent de remercier Dieu et d'user de la permission qui leur était donnée.

Les habitants de Saintes, parmi lesquels se trouvaient beaucoup de bons catholiques, voulurent jouir de ce même avantage : ils demandèrent à la municipalité qu'il fût libre aux prêtres de sortir, le dimanche et les fêtes, afin d'entendre leurs messes. Ce fut accordé sans peine, et tous les matins un grand nombre de prêtres allaient dans la ville, et même dans les campagnes des environs, remplir les fonctions du saint ministère (1).

(1) V. Rousseau, *Le Martyre...*, p. 102.

Les habitants de Saintes s'estimaient heureux d'attirer chez eux un prêtre pour se confesser et recevoir le pain eucharistique.

De modestes oratoires furent dressés, et la tradition en a fait conserver quelques-uns en souvenir des confesseurs de la foi qui vinrent y prier et offrir le saint sacrifice.

On en connaît deux, situés l'un et l'autre sur la paroisse de Saint-Eutrope. Ces bons prêtres, en effet, s'estimaient heureux de se rapprocher du tombeau de ce saint martyr, espérant obtenir de Dieu, par son intercession, la constance inébranlable et le zèle éclairé dont ils auraient encore besoin au service des âmes et de l'Église.

Une de ces chapelles se trouvait chez une pieuse personne du nom de Fraigniaud, dont l'activité et l'intelligence rendirent des services signalés aux déportés. Le soir du Vendredi saint, 3 avril 1795, une nombreuse assemblée s'y trouvait réunie ; c'étaient les artisans honnêtes du faubourg, hommes et femmes, qui venaient, après leurs travaux du jour, honorer la mémoire du Sauveur mourant pour nous, et assister à l'office des ténèbres présidé par un des ecclésiastiques libérés. On priait dans une chambre haute, décorée avec tout le soin possible ; elle était remplie et le recueillement était profond.

Le second oratoire se trouvait, rue Berthonière, chez Madame Maréchal et ses trois filles. Ces pieuses personnes avaient donné asile pendant la Révolution aux prêtres persécutés. Un d'entre eux avait même été frappé de mort dans cette retraite. Madame Maréchal se trouvait fort embarrassée ; mais, apercevant dans la rue l'agent national, elle l'appela et lui dit : « Citoyen Lériget, nous sommes en peine, mais nous avons confiance en vous... Un prêtre est mort ici et nous ne savons comment le faire enlever. — Je te connais, citoyenne, répliqua l'agent, on l'enlèvera cette nuit. » Et, de fait, l'inhumation se fit dans le plus grand secret.

Après la libération, cette chapelle fut visitée par plusieurs prêtres, qui y disaient la messe et entendaient les confessions des fidèles.

CHAPITRE XVII

La Délivrance

Nous avons déjà exposé comment les premiers décrets de mise en liberté furent obtenus en faveur des déportés arrivés de Bordeaux et détenus sur les trois négriers en rade de Rochefort. Les démarches des médecins et des officiers municipaux de Saintes avaient aussi obtenu quelques actes de libération, et l'agent national de Rochefort insistait auprès du Comité de sûreté générale à Paris pour obtenir une mesure générale de clémence, au nom de l'humanité.

Pendant que Legendre présidait ce Comité, M. Guyot, son gendre, l'avait sollicité d'user de son influence pour faire mettre en liberté tous les prêtres détenus qui lui avaient envoyé leurs noms et une demande personnelle avec l'indication de leur département. Tous ceux qui avaient recouru à cette protection furent promptement exaucés. Mais un grand nombre de déportés avaient redouté un piège; de peur qu'on ne

les fît passer pour assermentés, ils avaient refusé
d'envoyer leur pétition ; ils virent leur captivité se
prolonger pendant de longs mois.

Les premiers libérés passèrent à Saintes en retour-
nant dans leurs diocèses. Ils ne manquèrent pas de
faire connaître, à leurs collègues qui s'y trouvaient
alors, le moyen qui leur avait si bien réussi ; ils leur
conseillèrent d'y recourir à leur tour. Ce moyen, très
simple, parut si douteux et si problématique que
beaucoup ne voulurent pas l'employer. Quatre-vingts
seulement tentèrent d'en user ; ils reçurent une
réponse favorable par le retour du courrier ; ils furent
mis aussitôt en liberté.

Tandis que les autres se reprochaient leur défiance
et leur incrédulité, deux dames charitables de Saintes,
qui avaient eu elles-mêmes à se louer de la bienveillance de M. Guyot pour sortir de prison, se hâtèrent
de lui écrire en faveur des nombreux ecclésiastiques
déportés, encore retenus à Saintes. Elles reçurent
aussitôt l'assurance d'une décision favorable : elles
n'avaient qu'à envoyer la liste complète de *ces pauvres malheureux*, et sans retard elles recevraient en
trois paquets toutes les mises en liberté.

Ces dames s'empressèrent de communiquer cette
bonne nouvelle à leurs protégés, et tous attendaient
avec joie et impatience l'arrivée du courrier. Il y eut
une légère déception. Des troubles survenus à Paris
avaient empêché de confier les dépêches à la poste.
Cependant une lettre expliquait la cause du retard et
donnait l'assurance de l'envoi très prochain des paquets annoncés.

Déjà, le 5 avril 1795, cinquante-huit prêtres avaient
été mis en liberté. Le 12 du même mois, les décrets
de libération arrivèrent plus nombreux à Rochefort
et à Saintes. C'était le dimanche de Quasimodo ; les

bienfaiteurs des détenus vinrent, à dix heures du matin, leur annoncer qu'ils étaient libres. Ils leur présentaient le décret signé par Legendre, aux Tuileries, et constataient avec joie que, parmi les prisonniers de Saintes, aucun n'avait été oublié.

Il n'en était pas de même, malheureusement, des détenus sur les négriers de Rochefort ou dans les prisons de Brouage. Leurs listes avaient été dressées à la hâte, avec beaucoup d'omissions dont on ne s'aperçut qu'à l'appel nominal des libérés. Cent-cinquante environ devaient attendre le résultat d'une nouvelle demande adressée à Paris. M. Guyot offrait encore ses services, et son dévouement ne se démentit jamais. Mais il ne reçut les noms envoyés en dernier lieu qu'après l'expiration de la présidence de Legendre, son beau-père. Il était trop tard, car ses pouvoirs avaient cessé, et son influence ne pouvait suffire.

Le 19 avril, les capitaines des négriers reçurent l'ordre de désarmer; le 29 du même mois, leurs détenus furent débarqués : les uns, plus malades, étaient conduits à l'hôpital de Rochefort; les autres étaient dirigés sur Brouage, où ils devaient attendre longtemps encore leur libération.

Leur existence y fut presque aussi douloureuse que sur les vaisseaux, et ils eurent beaucoup à souffrir de l'insalubrité du climat, du régime toujours mauvais et de nombreuses maladies.

Leur situation devint si misérable qu'ils se virent contraints d'adresser une plainte au directoire du département. Le procureur syndic leur répondit, le 22 septembre 1795, que la Convention nationale pouvait seule les libérer, mais qu'en attendant il allait faire des démarches et prendre des mesures pour améliorer leur sort (1).

(1) Arch. départ., Corresp., L. 12, L. 2.

Le 26 octobre suivant, on invitait la municipalité
de Saintes à préparer un logement pour recevoir les
malheureux détenus de Brouage, au nombre de 150.

Les correspondances administratives traînèrent en
longueur, et ce ne fut qu'après un hiver, passé dans
une noire misère, que les prêtres de Brouage arrivèrent à Saintes dans deux chaloupes au nombre de 125.
C'était le 2 avril 1796 ; ils demeurèrent encore captifs,
jusqu'au 4 décembre de la même année, mais ils
éprouvèrent eux aussi les bienfaits de la charitable
cité et furent aussi bien assistés par les habitants que
les premiers déportés, hospitalisés l'année précédente.

Nous avons vu que ceux-ci avaient été libérés en
avril 1795. Avant de quitter la ville de Saintes, les
confesseurs de la foi eurent à cœur de témoigner à
leurs bienfaiteurs leur vive reconnaissance. Pendant
deux ou trois jours les visites d'adieux se multiplièrent ; elles furent signalées encore par de nouveaux
actes de charité. On invitait les prêtres aux repas de
famille, on leur demandait un souvenir dans leurs
prières, on les conjurait d'accepter quelques secours
pour leur long voyage.

Déjà les déportés avaient chanté leur reconnaissance pour les nombreuses offrandes anonymes qui
leur parvenaient chaque jour. Leur poésie, simple
mais cordiale, montrait bien que, malgré leurs
cruelles épreuves, ils gardaient au plus intime de leur
âme la source des émotions sincères, les sentiments
les plus élevés et les plus délicats. Voici les strophes
de leur reconnaissance :

I

Vous qui voilez avec succès
La main qui nous est salutaire
Et sous le cachet du mystère
Savez couvrir tous vos bienfaits,

Amis, notre reconnaissance
D'autant plus éclate dans nous
Que nous voyons le soin en vous
De voiler votre bienfaisance. (*bis*)

II

Qu'il est doux de faire du bien !
D'aider à la vertu plaintive !
Et de l'indigence captive
D'être le père et le soutien !
Imitant la bonté féconde
Et la sagesse de son Dieu,
L'homme alors savoure en tout lieu
Tout le bonheur qu'il fait au monde. (*bis*)

III

Nous goûtions jadis le bonheur :
Les malheureux étaient nos frères ;
Pouvoir consoler leurs misères,
Portait l'ivresse dans nos cœurs.
Aujourd'hui, quelle différence !
Nous n'avons que des souvenirs,
Et nous jalousons les plaisirs
De votre douce jouissance ! (*bis*)

IV

Si, de pénétrer jusqu'à vous,
Dépendait de notre tendresse ;
De reconnaissance, sans cesse,
Nous serions tous à vos genoux.
Mais, de nos âmes prisonnières
L'accès jusqu'à vous est détruit
Et tout leur pouvoir est réduit
A vous aider de leurs prières. (*bis*)

Toutes les relations que nous ont laissées les déportés retracent avec émotion les sentiments de profonde gratitude qu'ils conservèrent tous jusqu'à leur mort pour la généreuse cité de Saintes.

Avant de la quitter, les prêtres avaient chargé l'abbé

de Féletz, bien connu depuis par ses ouvrages, de rédiger une adresse publique de remerciements, au nom de tous. La copie en fut affichée dans toutes les rues de la ville. En voici le texte :

« Les prêtres déportés à Rochefort, détenus ensuite à la maison Notre-Dame, aux habitants de la ville de Saintes :

« Généreux citoyens,

« C'est pour nous un devoir sacré de vous témoigner notre reconnaissance pour tous vos bienfaits. Vous nous avez accueillis et tirés de la misère; vos soins empressés nous ont rappelés à la vie; vous avez oublié vos propres besoins pour satisfaire abondamment aux nôtres. Depuis plus de deux mois que nous éprouvons les effets de votre charité, loin de se ralentir, elle ne fait, ce semble, qu'augmenter. Nous souffrons de ne pouvoir répondre à vos bontés que par des paroles bien au-dessous de nos sentiments. Mais nous élevons nos mains vers le ciel, afin que Celui qui vous a inspiré la pensée de nous soulager soit lui-même votre récompense. Jouissez, respectables citoyens, de la douce satisfaction de nous avoir comblés de biens ! Nous allons nous répandre dans toute la France et faire connaître en tous lieux la générosité chrétienne dont nous avons été l'objet. Nos amis et nos parents attendris, en nous recevant dans leur sein, s'uniront à nous pour bénir la ville de Saintes qui nous a conservés à leurs plus ardents désirs ! »

Parmi les nombreux témoignages d'admiration et de gratitude reproduits dans les diverses relations, nous ne citerons que celui d'un curé de Paris qui nous paraît résumer tous les autres de la manière la plus expressive et la plus cordiale (1) :

« Vertueux habitants de Saintes, peuple compatissant et généreux, voici les œuvres de miséricorde que vous avez pratiquées à notre égard : Vous avez vu des prêtres de votre religion éprouvant des besoins de tout genre, et vous les avez soulagés. Vous les avez vus réduits à une nudité presque entière, et vous les avez revêtus. Vous les avez vus tourmentés de la faim, et vous les avez nourris. Vous les avez vus travaillés de maladies, et vous les avez soignés. Vous les avez vus détenus dans une prison, et, non contents de les visiter et de les assister, vous leur avez procuré la liberté.

(1) V. Bottin, p. 31.

« Après tant de bienfaits répandus sur les ministres du Seigneur, il vous a semblé que vous aviez encore trop peu fait pour eux. Vos inépuisables libéralités, qui avaient satisfait à leurs nécessités présentes, se sont étendues jusqu'à leurs besoins futurs.

« Vous n'avez pas voulu recevoir leurs adieux, sans leur fournir des ressources pour la route qu'il leur restait à faire, et vos dons les ont conduits jusqu'à leur destination.

« Rien n'a pu vous empêcher de suivre, jusqu'à la fin, les mouvements de la charité de Jésus-Christ qui vous pressait de secourir ses ministres : les railleries, les injures, les menaces des ennemis de l'Église n'ont pas été capables de refroidir votre zèle, ni de ralentir le cours de vos bonnes œuvres. Ces hommes sans pitié marquaient vos noms sur des listes de mort, mais le Dieu de toute bonté les inscrivait sur le livre de vie !

« Vous tous, qui avez été nos consolateurs, nos bienfaiteurs, nos libérateurs, que vous rendrons-nous pour la tendre commisération que vous nous avez témoignée, pour les charitables soins que vous nous avez prodigués, pour les abondantes largesses dont vous nous avez comblés? Comment nous acquitterons-nous du tribut de reconnaissance que nous vous devons à tant de titres ?

« Ah! nous ne pouvons pas répondre à votre générosité par des bienfaits réciproques, puisque Dieu nous a ôté toutes nos possessions en ce monde. Mais, dans notre dépouillement, il nous reste le cœur pour vous aimer d'un amour éternel. Il nous reste la bouche pour vous bénir à la face du ciel et de la terre, pour vous souhaiter toutes sortes de prospérités, les biens de la nature et les dons de la grâce, la félicité de la vie présente et le bonheur de la vie future.

« Puisse toute l'Église catholique être informée des aumônes que vous avez versées avec tant de profusion dans le sein des prêtres souffrants, et les célébrer avec nous à jamais ! »

A la veille de la libération, les administrateurs du district, persévérant dans leurs dispositions hostiles, avaient signifié à la municipalité l'obligation de surveiller le départ et d'assurer aussi la surveillance des municipalités respectives qui devaient recevoir et garder les libérés sur leur territoire.

Pour atténuer l'odieux de cette mesure, le représentant Blutel s'entendit avec les officiers de la commune de Saintes et avec le département, et offrit un secours aux voyageurs. On distribua à chacun des déportés, sur un état dressé d'avance, la valeur d'un franc en assignats pour chaque lieue qu'ils avaient à parcourir avant d'atteindre leur domicile.

Cette somme était bien modique, vu la cherté des vivres et la dépréciation du papier-monnaie, car la plupart des prêtres, encore affaiblis par de longues souffrances et de graves infirmités, furent obligés de prendre des voitures pour se rendre dans leur pays. Fort heureusement, la charité privée vint à leur aide. On avait organisé des quêtes à leur intention à Poitiers, à Tours, à Bordeaux, à Lyon, à Paris. Orléans avait reçu trois mille francs, Angoulême deux mille. De plus, les parents et les amis prévenus s'empressèrent, autant qué la distance et le temps pouvaient le permettre, d'envoyer des secours.

La poste ou les négociants de la ville de Saintes servirent d'intermédiaires pour faire parvenir ces offrandes du dévouement et de l'amitié.

Les prêtres qui avaient moins de chemin à faire, ou qui manquaient de ressources pour louer des voitures, prirent la résolution de voyager à pied. Ils se mirent en route, le sac au dos, avec le petit bagage indispensable.

Le retour fut mêlé de fatigues, de privations, mais souvent aussi de consolations, de dons généreux et d'agréables surprises.

Parmi les déportés de Nancy, dix étaient rendus à la liberté le même jour, et ils auraient désiré faire ensemble leur voyage à travers la France. M. Michel nous raconte dans son *Journal* comment ils furent contraints de se diviser :

« Trois ne pouvaient marcher, écrit-il, et ils furent obligés d'attendre quelque occasion ; deux autres avaient des affaires qui les retenaient encore pour quelque temps ; un sixième avait le projet d'aller dans un autre pays. D'ailleurs, la difficulté de trouver des vivres nous aurait mis dans la nécessité de nous séparer.

« Nous nous mîmes donc quatre ensemble pour faire le voyage à pied ; nous nous sentions des forces pour cela. Avec l'aide de Dieu, nous en sommes venus à bout, non cependant sans beaucoup de peines. Nous n'étions encore qu'à une trentaine de lieues de Saintes, et nous pensions déjà ne pouvoir plus continuer. Nos pieds, attendris et enflés par la marche, étaient tellement écorchés, que le dessous n'était qu'une plaie. Nos souliers, tout déchirés, laissaient entrer du gravier qui nous faisait un mal incroyable. La douleur cuisante de nos pieds nous empêchait de reposer la nuit ; tous les matins, nous pouvions à peine les poser à terre. Quand il s'agissait de se remettre en marche, c'étaient de nouvelles douleurs qui, jointes à la lassitude, nous ôtaient quasi tout courage.

« Outre ces maux ordinaires, inséparables d'un grand voyage pour des personnes qui ont perdu depuis longtemps l'habitude de la marche, nous avions encore à souffrir de la faim. Partout la rareté du pain était excessive ; dans la plupart des auberges il était impossible de s'en faire donner. Nous nous sommes vus plusieurs fois obligés de nous écarter de la grande route, pour tâcher d'en trouver dans les villages. A Vaucouleurs, entre autres, il était plus de midi, et nous avions fait près de cinq lieues, sans avoir pu nous en procurer. Nous parcourons toutes les auberges, et dans toutes on nous dit qu'on n'a point de pain. Ne pouvant aller plus loin, nous prenons le parti de recourir à la municipalité pour lui exposer notre état. Le maire nous répond que, n'ayant rien pour les habitants, il ne peut pourvoir au besoin des voyageurs ; il nous renvoie au village voisin, où, ne trouvant rien non plus, nous nous déterminons à manger des œufs durs.

« Jusqu'à Poitiers, nous étions ordinairement reconnus dans toutes les auberges, car on savait sur cette route que nous retournions dans notre pays ; mais depuis là nous ne nous fîmes connaître nulle part. Le souvenir des injures que nous avions reçues nous rendait timides au delà de tout ce qu'on peut croire, et la crainte de les voir se renouveler nous forçait de cacher qui nous étions. Les propos que nous entendîmes à Amboise nous montrèrent la nécessité de cette précaution. Un autre jour, en arrivant dans un village, nous frappions aux portes, mais personne n'ouvrait. Un jeune enfant, nous apercevant, se met à crier et court avertir ses parents, qui étaient à la messe. Les assistants s'imaginent qu'on vient enlever leur curé et saccager leurs maisons. Ils accourent en foule, nous les rassurons. Et après avoir trouvé là tout ce dont nous avions besoin, nous continuons notre route. Enfin, après dix-sept jours de marche, depuis Saintes, nous arrivâmes à Nancy, le jeudi 30 avril 1795, treize mois après en être sortis (1). »

(1) V. *Journal* de Michel, p. 107.

D'autres ecclésiastiques libérés furent plus heureux. Ceux de Grenoble, en arrivant à Clermont, trouvèrent réunie sur une grande place une foule d'hommes, de femmes et d'enfants, riches et pauvres, tous accourus en habits de fête, pour acclamer les confesseurs de la foi et leur offrir des vivres, du linge, des habits et tous les secours nécessaires. L'un d'eux racontait ensuite qu'on lui avait donné une chambre magnifique avec un lit des mieux garnis ; mais, habitué à la planche dure du navire, il n'avait pu fermer l'œil et avait dû, pour s'endormir, se débarrasser des matelas et ne garder qu'une simple paillasse (1).

Un autre groupe de prêtres avait demandé un logis modeste et un seul plat dans une auberge. Un inconnu survient et désire se renseigner sur eux. Bientôt après on les prévient que leur souper est servi dans une salle où ils seront plus au large. Ils sont alors placés à une table somptueusement servie ; les plats choisis se succèdent, de bons vins sont offerts, et ils sont inquiets sur l'insuffisance de leur bourse pour s'acquitter. Le domestique les rassure et les encourage à se bien servir sans la moindre crainte. Vers la fin du repas, arrivent cinq citoyens dont l'un demande aux prêtres si le souper leur convient et s'il vaut mieux que les gourganes des pontons ; puis il débouche une bouteille de marque, en verse dans tous les verres, et lui-même avec ses quatre amis boit à la santé et au bon retour des malheureux qui ont tant souffert sur les vaisseaux. Le lendemain, les prêtres apprirent, non sans étonnement, que cette généreuse réception leur était offerte par quelques artistes comédiens qui se rendaient à Bordeaux.

Dans les régions où l'esprit public était devenu

(1) V. *Vie de M. Germain*, curé de Roussillon.

meilleur, les déportés étaient reçus avec respect et avec bonheur par les fidèles. Dès qu'on les avait reconnus, on s'empressait autour d'eux, on les félicitait, on les honorait comme des martyrs, et les familles les accueillaient comme des envoyés de Dieu portant la bénédiction à leurs foyers.

Les prêtres de Limoges, en traversant Jarnac, se rappelaient qu'à leur premier passage, deux demoiselles âgées de quarante ans environ les avaient salués en leur disant : « Priez pour nous, pauvres malheureux ! » Au retour, l'un d'eux, apercevant ces mêmes personnes, leur rappela leur salut et leur vœu de l'année précédente. Elles déclarèrent aussitôt, qu'ayant été élevées dans la religion protestante, elles reconnaissaient leur erreur en considérant la résignation, la patience et le courage des prêtres catholiques. Aussi avaient-elles déjà abjuré devant Dieu leur ancienne hérésie, avec la ferme résolution de se faire recevoir dans l'Église romaine, dès que la paix religieuse serait rétablie.

Cette impression salutaire de respect et d'édification fut généralement produite dans presque tous les diocèses, sur le passage des confesseurs de la foi.

Mais ce fut surtout dans leurs paroisses, au sein de leurs familles et de leurs amis, que leur retour excita les sentiments les plus généreux d'affectueuse vénération. On avait admiré leur sacrifice, on n'avait cessé de parler de leur courageuse résistance au schisme et à l'hérésie, on ne cessait de regretter leur absence, et bien des fois on avait souffert de la privation de leur ministère. Aussi, dès que le pasteur est annoncé, dès qu'il approche, on accourt au-devant de lui, on lui baise les mains, on se dispute l'honneur de lui donner un asile provisoire. Ses traits ont changé, les souffrances et les maladies les ont altérés, mais on reconnaît sa voix quand il adresse à chacun une parole d'affection, car lui, il reconnaît bien vite toutes ses brebis. Dans les villes et villages où l'église est ouverte, on s'y rend en foule pour offrir à Dieu des actions de grâces. Quand on ne peut y pénétrer encore, c'est dans la maison la plus vaste qu'on se réunit pour prier ensemble : c'est là que, sans tarder, on viendra assister de nouveau aux saints mystères, entendre la parole de Dieu et recevoir les sacrements.

Il y avait aussi, malheureusement, des paroisses moins fortunées où le règne des impies n'était pas encore proscrit. La Convention, entraînée par les discours de Grégoire, avait bien porté le décret du 21 février 1795, proclamant la liberté des cultes ; plusieurs églises étaient rendues aux fidèles, mais les lois de persécution contre le clergé n'étaient point abolies. Le calme obtenu n'était qu'apparent ; les persécuteurs n'avaient pas désarmé, et, sous le Directoire, un nouvel assaut contre la religion allait se produire, entraînant contre les bons prêtres une proscription de cinq années et une nouvelle déportation.

CHAPITRE XVIII

Persécution sous le Directoire

Hostilité du Directoire contre les prêtres. — Mesures de persécution contre eux et contre la religion. — Les Cinq-Cents et l'opinion publique s'y opposent. — Coup d'État du 18 fructidor. — Déportation politique. — Proscription des prêtres en France, en Belgique et en Savoie. — Dénonciations. — Procédure arbitraire. — Convois vers Rochefort. — Les prisons de cette ville. — Dur régime des détenus. — Ordre de départ pour Cayenne.

La Convention, avant de disparaître, avait flétri les excès de la Terreur et condamné plusieurs de ses membres signalés par leur cruauté dans leurs missions en province; mais elle n'avait pas rendu justice au clergé, elle l'avait même exclu de l'amnistie générale.

Bien qu'elle eût toléré la mise en liberté des prêtres déportés à Saintes et à Rochefort, elle n'avait rapporté aucune des lois tyranniques dirigées contre eux. Le Directoire allait reprendre et poursuivre l'œuvre néfaste de la persécution religieuse.

Le gouvernement avait changé de forme. Au lieu d'une Chambre exerçant sans contrôle et sans appel le pouvoir souverain, la France avait désormais à sa tête un Corps législatif composé de deux Chambres, destinées à se surveiller et à se modérer réciproquement. Le *Conseil des Cinq-Cents* fut ainsi appelé du nombre de ses membres qui devaient être âgés de

3o ans; le *Conseil des Anciens* avait 25o membres, tous au-dessus de 4o ans. La Convention s'était réservé, par une loi, les deux tiers des sièges dans les deux assemblées; aussi son esprit et ses passions allaient se perpétuer, comme l'indiqua aussitôt le choix des cinq directeurs chargés du pouvoir exécutif. C'étaient La Révellière-Lépeaux, Le Tourneur, Barras, Rewbell, et Carnot élu à la place de Siéyès qui se récusa.

Dès le 9 décembre 1795, le Directoire ordonnait à tous les commissaires nationaux d'appliquer avec rigueur tous les décrets portés par la Législative et la Convention contre les prêtres réfractaires. Les fonctionnaires publics étaient avertis que les prêtres rentrés en France n'étaient pas seulement frappés d'exil à perpétuité (loi du 6 septembre 1795), mais qu'ils étaient condamnés à mort par la loi du 22 germinal. Cinq mois s'étaient à peine écoulés, que déjà dix-huit prêtres étaient exécutés, dont sept envoyés à la guillotine par les tribunaux, et les autres fusillés ou massacrés, surtout dans l'ouest.

Le Directoire défendait tout ménagement, toute indulgence; il recommandait avec instance une surveillance active, infatigable contre les prêtres, qu'il fallait *inquiéter le jour, troubler la nuit,* afin de *désoler leur patience.* Les fonctionnaires négligents dans cette poursuite seraient passibles de deux années de prison (1).

Pour augmenter encore le nombre des réfractaires, le Directoire imposait un nouveau serment, celui de haine à la royauté. Pour arrêter le mouvement religieux déjà renaissant, il faisait détruire les églises. La cathédrale de Fénelon, à Cambrai, était vendue

(1) V. *Moniteur,* 19 frimaire an IV.

contre 120.000 livres en assignats et tombait sous le marteau des démolisseurs. Celle d'Arras eut le même sort, malgré une protestation suivie de dix-huit pages de signatures de bons citoyens. Les cathédrales d'Avranches, de Liège, de Mâcon, furent également livrées aux vandales. Celle d'Orléans fut sauvée uniquement par absence d'adjudicataires. L'église de Cluny, la plus vaste de toute la France, fut démolie de fond en comble. L'église de Saint-Nicaise, à Reims, une merveille d'architecture gothique, disparut entièrement. A Paris seulement, plus de cent églises furent vendues et détruites. Notre-Dame fut adjugée pour 450.000 livres en assignats ; elle ne fut sauvée que parce que Simon, l'acheteur, se trouva insolvable.

Le Directoire proposait sans cesse de nouvelles mesures d'oppression contre le clergé. Le 8 mars 1796, il réclamait une loi contre la sonnerie des cloches, et le 1er avril il obtenait un décret condamnant les prêtres qui les sonneraient à une année de prison et, en cas de récidive, à la déportation.

Cependant le peuple finit par se lasser de cette guerre faite à la religion ; l'opinion se prononçait tous les jours plus ouvertement en faveur des idées de modération et d'équité. On demandait la vraie liberté des cultes, le rappel des prêtres et la révocation des lois révolutionnaires.

Les élections qui eurent lieu en 1797, pour le renouvellement par tiers des deux Conseils, montrèrent bien cet état général des esprits, car la plupart des députés élus furent pris parmi les modérés; il y eut même parmi eux des royalistes.

Aussi le Conseil des Cinq-Cents se rendit bientôt au vœu général ; après plusieurs rapports de Dubruel de l'Aveyron et de Jordan de Lyon, concluant à la pacification religieuse, il abolit, le 24 août 1797, toutes les lois tyranniques votées contre les prêtres insermentés ou réfractaires. Il décréta que les prêtres déportés ne seraient plus assimilés aux émigrés rentrés, et il rendait à tous ces proscrits les droits de citoyens français.

Ce retour vers une tolérance équitable et cette réaction contre les excès de la Terreur ne pouvaient être agréables à trois membres du Directoire, obstinés révolutionnaires.

La Révellière-Lépeaux, Barras et Rewbell résolurent de triompher par la force de leur impopularité, et décidèrent de faire le coup d'État du 18 fructidor an V (4 septembre 1797). Foulant aux pieds la Constitution, ils firent arrêter deux de leurs collègues, Carnot et Barthélemy, annulèrent les élections qui leur étaient défavorables, renouvelèrent le personnel administratif et judiciaire, supprimèrent la liberté de la presse et lancèrent un décret de proscription contre les députés modérés qui leur faisaient opposition.

La minorité servile conservée par eux dans les deux Conseils vota une loi de bannissement contre les émigrés et les prêtres en bloc, et nommément contre 42 membres du Conseil des Cinq-Cents, 11 du Conseil des Anciens, 2 directeurs et dix personnages politiques. Quarante-huit proscrits réussirent à s'échapper, les autres furent enfermés au Temple dans les mêmes appartements où avait été détenu Louis XVI avec sa famille.

Le lendemain, 6 septembre, paraissait le décret suivant :

« Le Directoire exécutif arrête :
« Art. 1. — Les individus condamnés à la déportation par la loi du 19 fructidor seront transférés à Cayenne.
« Art. 2. — A cet effet, il sera mis en état, le plus tôt possible,

au port de Rochefort, un bâtiment de la République qui partira pour sa destination, dès qu'ils y auront été embarqués.

« Art. 3. — Il sera pourvu à leur sûreté et à leur subsistance, tant à bord que dans la colonie, et toutes les mesures nécessaires seront prises pour empêcher leur évasion.

« Le Président : RÉVELLIÈRE-LÉPEAUX. »

Le même jour, le ministre de la marine donnait de sévères instructions au commandant d'armes à Rochefort. Les déportés ne devaient pas séjourner en ville, mais être de suite embarqués ; le silence le plus profond serait gardé sur les dispositions prises contre eux ; vingt soldats d'artillerie de marine les garderaient à bord.

Le 9 septembre, à deux heures du matin, les prisonniers étaient tirés du Temple ; Barthélemy était amené de Luxembourg ; on lui avait offert toute facilité de s'évader, mais il avait refusé. Le général Augereau commandait la garde ; il fit monter les déportés sur des chariots grillés de barreaux de fer. L'escorte était de 600 hommes et de deux canons pour traverser Paris. A la barrière d'Enfer, il ne resta qu'un escadron de cavalerie de 150 hommes. Le voyage fut pénible et dura quatorze jours.

En arrivant à Rochefort, les détenus trouvèrent des chaloupes qui les attendaient et les portèrent aussitôt sur le lougre *le Brillant*. Ils étaient exténués de fatigue et de faim ; on leur apporta deux seaux contenant de grosses fèves bouillies dans l'eau. On les avait insultés en poussant les cris de : « A bas les tyrans ! à l'eau ! on va les faire boire à la grande tasse ! » Ils ignoraient leur destination et songeaient même aux bateaux à soupape rendus célèbres par Carrier.

A dix heures du soir, ils furent descendus dans

des chaloupes et embarqués sur la *Vaillante*, où le commandant Jurien les rassura par son accueil plein de loyauté.

Le lendemain on avait quitté la France, mais la *Vaillante* était rappelée le soir par des signaux. Le commandant du bord était changé, et Jurien fut remplacé par La Porte. On eut beaucoup de peine à échapper à la croisière anglaise ; les déportés restèrent enfermés dans un espace fort étroit, avec un air méphitique et une nourriture grossière : ils n'avaient que deux heures par jour pour respirer sur le pont. Après 51 jours de traversée, ils arrivèrent à Cayenne, le 11 novembre 1797. On les accueillit avec honnêteté, et ils furent d'abord logés à l'hôpital. Le 28 novembre on les embarquait pour Sinnamary, d'un climat malsain. Les maladies arrivèrent vite et firent des victimes. Huit déportés tentèrent de s'enfuir au mois de juin 1798, mais plusieurs moururent en route. En moins d'une année il en était mort là moitié. Un seul prêtre se trouvait parmi les déportés : c'était l'abbé *Brotier*, mathématicien, chanoine de Sens. Il mourut à Cayenne, le 3 septembre 1798.

La *Vaillante* était repartie pour Rochefort, et cette fois elle allait recevoir un groupe nombreux d'ecclésiastiques réfractaires, arrêtés et condamnés à la déportation par les ordre du Directoire.

« La proscription, écrivait Madame de Staël, s'étendit de toutes parts après le 18 fructidor, et cette nation qui avait déjà perdu, sous le règne de la Terreur, les hommes les plus respectables, se vit encore privée de ceux qui lui restaient. Chaque jour croissait l'effroi des honnêtes gens... Je quittai Paris, car dans les crises politiques la pitié s'appelle trahison (1). »

Ce fut surtout contre les prêtres que s'acharnèrent

(1) V. *Considérations sur la Révolution*, t. II, p. 186.

les poursuites du ministre de la police. Le 1er brumaire, il écrivait à toutes les administrations centrales pour obtenir les listes de ceux qu'on pouvait regarder comme un sujet de troubles et de discorde.

En Belgique, Augereau, l'homme d'épée de fructidor, activait la persécution par ses circulaires. Il écrivait :

« Partout où se trouve un soldat de la liberté, les émigrés et les prêtres insoumis doivent disparaître. »

Et il multipliait les arrestations par centaines.

A Marseille, on arrêtait à la fois 200 réfractaires à la loi du 19 fructidor. En Savoie, on inscrivait sur la liste de déportation tous les missionnaires et tous les prêtres faisant du ministère. Dans le système des persécuteurs, il suffisait d'être prêtre pour être proscrit : celui qui était insermenté était appelé rebelle, celui qui était revenu de l'exil était traité comme un émigré rentré.

Le ministre n'exemptait pas même les sexagénaires, les constitutionnels, les apostats et les mariés, si pour un motif quelconque on les taxait d'adversaires. On les avait soustraits aux tribunaux et soumis directement à l'administration pour rendre impossible toute indulgence.

Le Directoire s'était fait accorder la faculté de déporter tous les prêtres par des arrêtés individuels motivés, et il procédait en bloc, par départements ou par localités, avec une formule générale et vague : incivisme, superstition, fanatisme, etc.

Voici comment on procédait : sur la dénonciation soit de particuliers, soit d'une municipalité, transmise par le département ou par le commissaire du Directoire exécutif, le ministre de la police envoyait l'ordre d'arrêter tel prêtre ou tel groupe de prêtres, de les interroger, de recueillir des renseignements sur leur compte. Quand il s'agissait de prêtres ayant exercé le culte sans avoir prêté les serments requis ou sans avoir fourni la déclaration exigée, une fois le fait établi, l'administration départementale était compétente pour statuer sur leur déportation. Il en était de même pour les prêtres rentrés avant fructidor et qui ne s'étaient pas exilés eux-mêmes dans le délai porté par la loi.

Le Directoire se réservait de se prononcer sur les prêtres qui, en règle avec la loi, étaient signalés comme turbulents et fanatiques. Enfin les tribunaux criminels et les commissions militaires étaient chargés de juger et de condamner à mort les prêtres rentrés depuis fructidor, assimilés aux émigrés.

La grande difficulté fut de s'emparer des ecclésiastiques dénoncés. Quelques-uns n'avaient rien changé à leurs habitudes ; ils se sentaient protégés par l'opinion et par les fidèles. Mais beaucoup d'autres, moins rassurés, se cachaient et trouvaient facilement des asiles discrets.

Le commissaire de Toulouse disait dans son rapport :

« Il est difficile d'atteindre le but désiré. Ces individus savent si bien se cacher, leurs sectateurs mettent tant de zèle et d'adresse à les dérober à l'œil vigilant de la police, que, bien qu'on ne puisse douter de leur présence, on ne saurait pénétrer les antres obscurs qui leur servent d'asile. »

Un autre commissaire de Malines écrivait de Belgique :

« Je ne sais quelle main invisible soustrait ces êtres malfaisants à la juste punition qu'ils ont encourue... C'est sans doute beaucoup obtenir qu'ils ne souillent plus le sol de la liberté, mais ce serait mieux qu'ils fussent vomis au-delà des mers (1). »

(1) Arch. Nat., F. 7, 7365.

Les rapports de la même contrée disent que les prêtres s'évadent presque tous, même sous les yeux de la police ; on sonne aux portes, il y a une heure de retard pour ouvrir ; on coupe même le fil de la sonnette, et lorsqu'enfin la porte cède, on ne trouve personne, et la perquisition n'aboutit à rien.

Tous les moyens étaient mis en œuvre pour échapper aux recherches. Les prêtres se déguisaient en charretiers, en chasseurs, en courtiers de commerce ; les gendarmes, de leur côté, voulaient user de ruse et se faisaient contrebandiers ou voyageurs à l'allure pacifique ; ils partaient la nuit, arrivaient avant le jour au village suspect, à la ferme désignée par les espions ; parfois ils découvraient quelques ornements, un bréviaire, un calice, mais celui qu'ils voulaient arrêter avait disparu comme par enchantement.

Les populations leur témoignaient leur mépris et les appelaient des *grippe-Jésus*. Et quand ils avaient fini par découvrir un prêtre dans une cave, dans une meule de foin ou au grenier, ils avaient souvent à redouter les menaces et les oppositions armées de la foule, surtout dans les montagnes et les pays connus pour leur attachement à la religion.

Non seulement on arrêtait tous les prêtres réfractaires aux divers serments et ceux qui avaient repris leur poste après quelques années d'exil ou de réclusion, mais souvent il suffisait qu'on eût constaté le zèle et le dévouement dans leur ministère ordinaire pour les déclarer fanatiques et dangereux.

Ceux qui avaient prêté tous les serments, qui avaient fait toutes les soumissions exigées, qui avaient obtenu des certificats de civisme, n'étaient pas à l'abri des poursuites et de la déportation. Il suffisait qu'on les dénonçât comme tenant encore les registres de baptême ou de mariage, comme condamnant le divorce, comme déclarant nécessaire le mariage religieux, le mariage civil étant insuffisant; ces griefs prétendus étaient traduits aussitôt en accusation pour influence anti-républicaine.

Il est facile de voir que le Directoire continuait avec la même haine la guerre à la religion et à ses ministres; seulement il procédait autrement que Fouquier-Tinville : au lieu d'envoyer les prêtres au bourreau, il les envoyait périr dans les fièvres de la Guyane. On a dit avec raison, car les faits en firent la preuve, qu'il les exterminait par *la guillotine sèche.*

Quand les prisons départementales furent remplies, on dirigea les prêtres, de brigade en brigade, vers Rochefort et Saint-Martin-de-Ré. Dans ce pénible et long voyage, les déportés valides devaient marcher à pied, et ceux que l'âge ou les infirmités rendaient impotents étaient traînés à découvert, souvent sous la pluie, sur de lourdes charrettes réquisitionnées.

Sur leur passage, on n'entendait plus les clameurs et les insultes d'autrefois. Presque partout on déplorait leur sort, on leur donnait des marques de respect, on leur offrait des secours. L'escorte elle-même était souvent bien disposée à leur égard : elle leur permettait de circuler sur parole dans les villes et d'accepter même l'hospitalité qu'on leur offrait pour se reposer pendant la nuit.

On vit parfois des foules indignées se préparer à les délivrer de force. Alors le prêtre était obligé de protéger les gendarmes et de dire aux fidèles :

« Au nom de Dieu, qu'il n'y ait pas de sang répandu, hors le mien... C'est ma gloire à moi d'être prisonnier, laissez-moi aller... Si Dieu veut me délivrer, il n'a pas besoin de vos armes; et s'il m'appelle à le glorifier dans les fers, pourquoi vous opposeriez-vous à sa volonté, à mon bonheur, à la gloire de la religion ? (1) »

Le prêtre qui tenait ce langage inspiré par sa foi, nous raconte aussi son arrivée et son séjour dans les prisons de Rochefort :

« Nous ne fûmes pas embarqués, dit-il, mais dispersés dans les prisons et dans l'ancien hôpital de *la Charité*, au nombre de cent-quatre-vingt-dix prêtres, avec plusieurs laïques tant hommes que femmes, destinés aussi à la déportation dans les îles.

« Je suis moi-même à l'hôpital avec mes compagnons de voyage et 120 autres prêtres. Nous y sommes assez bien nourris et traités avec humanité... Nous n'avons pas la consolation de célébrer le saint sacrifice, ni de participer à la sainte Eucharistie. Pour y suppléer, nous nous réunissons chaque matin ; l'un d'entre nous récite, à haute voix, l'Ordinaire de la Messe, et nous nous unissons d'intention au Souverain Pontife, aux évêques et aux prêtres qui célèbrent dans la catholicité.

« Nous faisons une longue pause au Memento des Vivants, pour exposer à Dieu les nécessités de l'Église, les besoins particuliers de nos diocèses et de nos paroisses... Plusieurs prêtres ont eu le bonheur d'apporter ici leurs bréviaires ; c'est pour nous la plus douce consolation de réciter l'office et d'implorer en commun la miséricorde de Dieu sur son Église. Nous passons le reste de la journée en méditation, en lectures de piété, en entretiens spirituels, nous nous encourageons les uns les autres à supporter nos peines et à attendre avec confiance le sort qui nous est réservé... Dieu seul le sait ; quels que soient ses décrets, nous les adorons, nous les bénissons, nous en attendons l'exécution avec résignation et même avec joie. La vie n'est que de quelques moments, et l'éternité n'a point de fin. Quand on a le bonheur de souffrir et de mourir pour la cause de Dieu, que les souffrances sont courtes ! (2) »

Ces nobles pensées nous rappellent les dispositions héroïques des premiers déportés sur les pontons de l'île d'Aix.

Mais nous devons à la vérité de signaler la condition fort douloureuse des prêtres enfermés, non pas à l'hôpital, comme celui que nous venons d'entendre,

(1) V. Lettre de J.-F. D., déporté, à ses paroissiens, p. 15.
(2) V. Lettre citée, p. 28.

mais dans les deux prisons de la *Charente* et de *Saint-Maurice*, à Rochefort. Ici, c'était le même spectacle que sous la Terreur en 1794. Les salles sombres et humides de ces deux prisons étaient trop étroites pour les deux ou trois cents déportés qui y furent entassés. Il n'y avait ni table, ni chaises ; quatre baquets énormes étaient placés aux angles pour recevoir les immondices ; ils remplissaient l'atmosphère d'une odeur insupportable et de miasmes pestilentiels. Point de relation avec le dehors ; point de promenades dans la cour et au grand air ; surveillance étroite, pas de correspondance, et, deux fois par jour, appel nominal.

Tel était le règlement dont le chansonnier Pitou a chanté les rigueurs pendant sa détention à Saint-Maurice :

STROPHES DE PITOU

I

Maurice jadis eut un temple
Dans cet asile de soupirs,
Et les voûtes que je contemple
Enserrent de nouveaux martyrs.
J'aperçois ici cent victimes
Sous le même fer des traitants.
Mes amis, quels sont donc vos crimes ?
C'est d'être tous honnêtes gens.

II

Quel nuage épais et rougeâtre
Borde l'horizon de la nuit !
La mort livide, au teint grisâtre,
Voltige dans notre réduit ;
Et la peste, sa fille aînée,
Sort de notre enfer infecté,
Aidant sa mère décharnée
Qui frappe avec humanité !

III

. . . .
Aux premiers rayons de l'aurore,
Chacun se dit en s'éveillant :
« Ah ! si nous respirons encore,
L'Éternel, lui seul, sait comment ! »

Ce qui rendait le séjour plus douloureux encore pour les prêtres, c'était la société qui leur fut imposée. Il y avait auprès d'eux des laïques grossiers, quelques-uns même sans moralité.

Parmi les ecclésiastiques, il y avait trois groupes fort différents. Les uns étaient des constitutionnels, partisans de la Révolution, et même apostats ou mariés, victimes de haines particulières ou politiques. D'autres avaient prêté des serments qu'ils avaient ensuite rétractés. Enfin, le groupe le plus nombreux se composait de prêtres fidèles qui avaient toujours rejeté la constitution civile et schismatique. Ceux-ci, malgré les procédés impies des gens irréligieux, avaient le courage de faire ensemble leurs prières et même de tenir des conférences de théologie ou de spiritualité.

La nourriture était insuffisante et mauvaise. Le pain était noir ; Pitou remarque qu'on y trouvait

« du gravier qui brisait les dents, des pailles, des cheveux et des immondices, qui faisaient croire que le boulanger l'avait pétri dans le panier aux balayures ».

« On apportait, dit un autre détenu, une tête et des poumons de bœuf, un gigot de vache, et on le divisait en autant d'onces qu'il y avait de prisonniers (1) ».

Plus tard, le régime fut un peu amélioré, et on permit aux bureaux de bienfaisance de la ville de donner des secours et même d'offrir aux prêtres le repas du soir. Les Sœurs de l'hôpital de la marine se firent un devoir de charité de soulager ainsi les

(1) Richer Sérizy, *Prisons de Rochefort.*

confesseurs de la foi ; elles recevaient chez elles, avec dévouement, ceux qui étaient malades.

Les médecins venaient deux fois par décade faire une visite, mais ils se montraient fort peu humains et traitaient les détenus avec insolence. Un vénérable curé de Luçon, M. Ténèbres, se vit obligé de donner une leçon à l'officier de santé. Celui-ci, en examinant une plaie, s'était permis des réflexions odieuses et insultantes. Le curé lui dit alors :

« Citoyen, respectez un prêtre de Jésus-Christ ; j'ignore jusqu'aux termes infâmes dont vous vous servez dans les fonctions où vous devez être humain. De tous les maux que j'ai soufferts, votre reproche indécent est le plus amer. »

L'officier ne répliqua pas et ordonna le transport du malade à l'hôpital, où il fut mieux traité. Là, en effet, les soins les plus attentifs étaient assurés aux malheureux déportés ; ils y trouvaient des Sœurs de Saint-Vincent de Paul, qu'on avait maintenues et respectées même dans les plus mauvais jours de la Terreur, grâce à leurs services et à la direction très ferme et toujours sage de la supérieure, Élisabeth Fournier. Un sulpicien, M. Croisettière, était son conseiller ; il réussit, pendant la Révolution, à rester, sous le nom de Sœur Anne, dans cette maison, où il remplissait auprès des Sœurs et des malades les fonctions du saint ministère. Il mourut à l'hôpital en 1801, léguant sa bibliothèque et ses manuscrits importants au futur séminaire de La Rochelle.

Le nombre des déportés augmentait sans cesse, et les prisons de Rochefort ne suffisaient plus à les contenir.

On envoya le substitut du commissaire du pouvoir exécutif pour examiner la situation ; il déclara, dans son rapport, qu'elle ne pouvait se prolonger, la gêne des détenus était intolérable. Alors le commissaire répliqua : « Ils demandent plus d'espace, je les mettrai au large. » C'était une allusion à leur prochain embarquement.

Le Directoire, à la veille de nouvelles élections, avait besoin de s'imposer par une mesure de force, propre à jeter la terreur parmi ses adversaires. Dans ce but, il ordonna subitement le départ pour la Guyane de tous les prisonniers de Rochefort.

CHAPITRE XIX

Les prêtres sur la *Charente* et la *Décade*

Le 14 frimaire (4 décembre 1797), le Directoire avisait les ministres de la police et de la marine d'avoir à se concerter sur les mesures à prendre pour faire partir, n'importe de quels ports, et conduire à leur destination les individus condamnés à la déportation. Le ministre de la marine s'empressait, dès le 8 décembre, d'écrire une lettre confidentielle au commandant des armes, à Rochefort :

« Pour vous seul. — Pour exécuter les ordres du Directoire, j'ai destiné la frégate *la Charente* et la corvette *la Bergère* à remplir cette mission. La *Charente*, qui est actuellement à Brest, doit se rendre incessamment à Rochefort. Vous la disposerez à recevoir deux cents passagers et lui ferez prendre quatre mois et demi de vivres.

« A l'égard de la corvette *la Bergère*, vous pouvez vous occuper dès à présent de compléter son équipage, de lui donner autant de vivres qu'à la *Charente*, et à recevoir au moins 120 passagers. »

Le 15 décembre, deux instructions ministérielles

étaient adressées au citoyen Troude, capitaine de frégate, commandant la *Bergère*.

La première prescrivait les précautions maritimes pour échapper aux croisières anglaises : constater l'absence de l'ennemi et bon vent, avant de partir, — lever l'ancre à l'entrée de la nuit, — suivre les côtes d'Espagne, — fuir toute voile aperçue du haut des mâts, — éviter de faire aucune prise, n'accepter aucun combat, à moins qu'on n'y soit forcé, ce dont il faudra justifier.

La seconde lettre place les déportés sous la responsabilité et la surveillance du capitaine ; il les mettra dans l'entrepont, les tiendra séparés de l'équipage, fera distribuer les vivres par plats de sept, et, si le combat s'impose, il enfermera les détenus dans l'entrepont. En arrivant à Cayenne, il les livrera contre décharge à l'agent du directoire dans cette colonie (1).

Malgré les instances du ministre, trois mois s'écoulèrent avant que les préparatifs fussent terminés.

Le capitaine Troude et sa corvette *la Bergère* furent contremandés. La *Charente*, commandée par le lieutenant Bruillac, fut seule chargée du convoi. Les déportés furent embarqués le 12 mars 1798, au nombre de 182 ; puis d'autres survinrent, et le chiffre s'éleva à 193 personnes.

On y comptait 38 laïques, parmi lesquels étaient deux membres du Conseil des Anciens, J.-J. Aymé et Gibert Desmolières ; le chansonnier Ange Pitou, le journaliste Perlet, un capitaine garde-côtes, un ex-noble, ensuite des cultivateurs et des artisans.

Tous les autres déportés étaient prêtres ou religieux, soit 155, dont 139 Français et 16 Belges. Le Morbihan en comptait 10, le reste de Bretagne 17 ; c'étaient les

____

(1) Arch. de la Marine à Rochefort.

restes de la Chouannerie ; les Vosges en comptaient
13 ; la Haute-Saône, 7 ; l'Aisne, 9 ; le Tarn, le Calvados, l'Indre et l'Isère, chacun 5 ; le Cantal, le Cher,
l'Eure-et-Loir, la Marne, chacun 4, etc. — Parmi les
Belges on remarquait le curé de Saint-Bavon de Gand,
le recteur de l'Université de Louvain, plusieurs capucins, trappistes et bénédictins.

Le voisinage d'une croisière anglaise retarda le
départ de dix jours. Enfin, le 21 mars 1798, on mit
à la voile.

A peine la *Charente* avait-elle franchi les passes
entre les îles de Ré et d'Oléron, qu'elle se trouva en
présence de l'ennemi qu'elle avait voulu éviter. La
lutte semblait impossible contre deux vaisseaux et
une frégate ; aussi le commandant ordonna la retraite
et tenta de se réfugier dans la Gironde. Un des bâtiments anglais s'avança pour lui couper la route vers
la terre, mais la *Charente* redoubla de vitesse ; on
jetait à la mer les tonneaux d'eau de réserve, les barriques de vin et d'eau-de-vie, les malles des déportés
et une partie des agrès. On approchait de la tour de
Cordouan, et l'ennemi semblait dépisté. Le clair de
lune lui permit de reprendre la chasse, et à minuit
l'alerte était donnée de nouveau sur la *Charente*. Elle
recevait une charge énorme de boulets, car elle était
prise par les trois navires anglais, par derrière et sur
les deux côtés. Elle riposta énergiquement, réussit à
atteindre l'ennemi et à mettre le feu à bord de la
Pomone, qui dut se retirer. A quatre heures du matin,
le combat prit fin : les Anglais, très éprouvés, se retirèrent, mais ils laissaient la *Charente* dans un état
déplorable : les voiles étaient criblées, la mâture
était brisée, et le gouvernail démonté. Enfin la quille
avait été prise sur des bancs de sable et parmi des
rochers aigus au lieu dit *les Olives* ; on était échoué.

Pendant le combat, les détenus avaient été enfermés dans l'entrepont, en proie aux plus douloureuses angoisses. Ils entendaient les coups portés à chaque instant sur les flancs du navire, qui pouvait s'embraser, et les craquements de cette lourde charpente sur les rochers. On n'acceptait pas leur concours pour la défense, ils durent se contenter de prier, de se recommander à Dieu et de se donner mutuellement l'absolution, en face du péril de mort.

Le commandant Bruillac, nature honnête et compatissante, les rassura dès le matin et leur fit donner par ses officiers des secours et des vivres pour les restaurer et les fortifier. Il signala dans son rapport au ministre leur offre patriotique et courageuse pour participer à la défense du navire.

Cependant, les commissaires de la marine furent envoyés de Bordeaux pour inspecter la *Charente*. Ils déclarèrent qu'elle ne pouvait continuer sa route et que les réparations dont elle avait besoin seraient longues et ne pouvaient se faire que dans un port. Il fallait retourner à Rochefort.

Ces commissaires furent très durs pour les déportés ; ils leur parlèrent avec insolence, reprochèrent aux officiers les rapports bienveillants qu'ils avaient avec eux, et finalement ils les condamnèrent à rester à bord, malgré l'avis du capitaine qui voulait leur procurer une meilleure situation.

Pendant les délibérations administratives qui durèrent un mois, les prêtres connurent la vie d'autrefois sur les pontons, avec, de plus, la perspective d'une longue et pénible navigation. Ils étaient entassés les uns sur les autres, ne pouvant prendre leurs repas que debout sur le pont, où ils passaient deux ou trois heures à peine. Enfermés dans leur étroite galerie, ils y souffraient du manque d'air, ils étaient continuellement infectés par la présence des baquets remplis d'immondices. La nourriture qu'on leur donnait ne pouvait suffire à les entretenir et à réparer leurs forces. Ils eurent à passer à bord de la *Charente* quatre semaines de supplice.

La *Décade* fut désignée pour prendre les déportés et les transporter à Cayenne. Le 20 avril, sur le soir, ceux-ci l'aperçurent et la reconnurent avec tristesse, car ils redoutaient son commandant. Le lieutenant Bruillac, qui avait gardé, en se ralliant à la République, ses qualités d'éducation et de race, leur avait jusque-là montré de la bienveillance, et ses officiers avaient suivi son exemple. Leur nouveau chef, Villeneau, était connu comme jacobin farouche, qui dominait son équipage par ses manières autoritaires, mais sans obtenir ni respect ni estime. Le transbordement eut lieu le 23 avril 1798, et, sans plus tarder, le capitaine imposa le silence et proclama ses ordres, qu'il ferait d'ailleurs afficher sur le navire, avec menace des fers contre ceux qui ne voudraient pas s'y conformer :

« 1. Les déportés devaient rester enfermés dans l'entrepont depuis six heures du soir jusqu'à sept heures et demie du lendemain.

« 2. Ils ne pouvaient en sortir la nuit sous aucun prétexte, et des baquets étaient mis à leur disposition pour leurs besoins.

« 3. Ils devaient manger aux mêmes heures que les matelots, sur l'avant du pont, par groupes de sept, et quatre mousses apportaient les plats.

« 4. Entre les repas, ils resteraient parqués sur les passevants et dans la batterie, mais défense de dépasser le grand mât et de s'approcher des cuisines.

« 5. Interdiction de toute conversation avec l'équipage.

« 6. Si on les insulte, ils se plaindront à l'officier de service.

« 7. Défense d'écrire au capitaine ; toute observation sera faite de vive voix et aux officiers.

« 8. Quand on battra la générale, les déportés se retireront de suite dans l'entrepont.

« 9. S'il survient une dispute, il faudra la rompre au premier ordre donné ; sinon, on sera mis aux fers.

« 10. Obéissance prompte quand la manœuvre nécessitera un déplacement.

« 11. Les déportés ne pourront garder avec eux que le hamac, les couvertures et un petit sac de voyage. Tout le reste sera mis au dépôt.

« 12. Quand on ordonnera le branle-bas pour nettoyer, les déportés mettront tous leurs objets dans le hamac, ou bien les emporteront avec eux. »

On peut juger, par cette consigne, de la manière dont le chef entendait gouverner les détenus. Bien loin d'en tempérer la rigueur par des procédés humains, il l'aggravait encore par la brutalité de son caractère.

Le 25 avril, à trois heures du matin. on partit par un vent du nord-est, tandis que les matelots chantaient, en guise de prière, la *Marseillaise* et des refrains révolutionnaires.

Le capitaine Villeneau ne brillait pas par la bravoure ; il avait une grande peur de trouver les Anglais sur sa route ; aussi s'empressa-t-il de se faire escorter par un corsaire de Bordeaux, les *Sept-Amis*, qui consentit à l'accompagner jusqu'aux îles Canaries.

A peine le corsaire s'était-il retiré, qu'on vit apparaître un bâtiment ennemi décidé à l'attaque ; heureusement les *Sept-Amis* le virent aussi et arrivèrent à temps pour le mettre en fuite.

Le 7 mai, tandis que la *Décade* était désormais livrée à elle-même, trois vaisseaux apparurent dans le lointain. Aussitôt Villeneau, saisi de frayeur, changea de route et calcula si mal sa longitude qu'il alla se jeter sur les brisants du *Cap-Vert*, dont il oubliait la présence. Le vent s'était beaucoup ralenti, et la frégate put passer lentement à travers les îles sans accident.

Les alarmes du capitaine recommencèrent bientôt. La vigie lui avait signalé un point noir à bâbord ; il demande aussitôt : « Est-il bien gros ? vient-il à nous ? — Oui, il est gros, et vient à toutes voiles. » Il fait battre immédiatement la générale, les déportés sont renvoyés dans leur prison, et, peu de temps après, l'équipage éclatait de rire, en voyant arriver une grosse bande d'énormes poissons appelés « souffleurs ». Villeneau, un peu honteux, alla se remettre de son effroi, en offrant du punch à ses officiers.

Le 10 mai, on aperçoit cette fois une véritable voile, mais c'est un simple bateau-pêcheur anglais, qu'on rançonne le plus possible et qu'on abandonne aux six hommes qui le montaient, après avoir saisi les oranges et le vin de Porto de la cargaison.

Les archives de la marine possèdent le journal de bord, mais on n'y trouve que des notes maritimes et rien qui concerne les déportés. On sait toutefois, par les récits de J.-J. Aymé, que la consigne fut moins sévère lorsque le vaisseau eut dépassé les côtes d'Espagne. Les permissions de monter sur le pont étaient plus facilement accordées : on donna plus d'espace aux détenus, les malades furent mieux couchés et un peu mieux traités. Le capitaine, il faut lui rendre ce témoignage, veillait à la propreté et finit même par faire enlever les baquets qui infectaient l'entrepont.

Mais la condition des détenus était toujours fort douloureuse. La nourriture était désagréable et malsaine. C'était toujours de la viande salée, de la morue rance, du riz à l'eau, du biscuit et de grosses fèves de marais ; et ces approvisionnements, déjà anciens, étaient souvent ou pourris ou remplis de vers. Aussi, beaucoup de déportés furent-ils atteints de maladies auxquelles personne ne succomba dans la traversée, mais qui devaient bientôt en conduire plusieurs au tombeau. On peut se faire une idée de leurs souffrances, si on considère qu'après avoir passé quarante-deux jours sur la *Charente*, ils durent en passer encore quarante-six sur la *Décade*.

Enfin, le 11 juin, on arrivait en vue de Cayenne et on jetait les ancres ; le débarquement commença deux jours après. Le navire avait parcouru 3.325 lieues dans la traversée. Le capitaine se rendit seul à la ville, pour faire part de sa mission à l'agent du gouvernement.

A la suite de cette entrevue, la goélette l'*Agile* fut envoyée pour transporter à terre, le 13 juin, cinquante-cinq personnes, dont quarante malades, qui furent conduites à l'hôpital et reconnues par le commissaire de la colonie. Quinze furent installées dans une grande maison appelée *Maison Lecomte*, préparée pour les recevoir. C'est dans le même local que furent amenés, le lendemain, soixante-huit autres déportés.

Le 15 juin, les soixante-dix qui restaient encore à bord furent débarqués à leur tour et conduits dans la même prison.

Ensuite un rapport fut dressé par les autorités de Cayenne et envoyé au Directoire avec les noms, prénoms, profession et signalement de tous les déportés, au nombre de cent-quatre-vingt-treize.

La *Décade* repartait pour la France le 29 juin ; elle avait réussi, dans une croisière aux Antilles, à capturer six navires de commerce anglais. Mais, en arrivant au cap Finistère, sur les côtes d'Espagne, elle rencontra trois vaisseaux ennemis qui lui donnèrent la chasse et l'atteignirent. « Après une heure et demie de combat, dit le rapport de Villeneau au ministère, j'ai été contraint de me rendre, le 6 fructidor, à 6 heures du soir. »

Le conseil maritime de Rochefort trouva sa conduite coupable de lâcheté et le condamna à la dégradation militaire, le 3 avril 1799. Toutes ses démarches faites plus tard pour se faire réintégrer furent repoussées avec la même dureté inflexible qu'il avait lui-même montrée aux déportés.

Nous verrons plus loin quel fut le sort des prêtres qu'il avait conduits à Cayenne.

CHAPITRE XX

Les prêtres sur la *Vaillante*

Cinq mois s'étaient écoulés depuis le premier convoi à Cayenne de prêtres déportés; leur nombre cependant augmentait rapidement à Rochefort, et il avait été nécessaire d'en envoyer la majeure partie dans l'île de Ré.

Le Directoire retardait toujours une nouvelle expédition, car il savait que les navires anglais faisaient une croisière permanente et active entre la Manche et les côtes d'Espagne.

La *Vaillante*, commandant La Porte, était revenue après avoir transporté à la Guyane les proscrits politiques. En route elle avait saisi un petit brigantin anglais et se disposait à y mettre le feu, lorsque la chasse lui fut donnée par la frégate ennemie la *Pomone*. Le capitaine abandonna sa prise et réussit à s'échapper. Avant d'arriver en France, il aperçut encore six navires anglais, mais, à la faveur de la nuit et du mauvais temps, il esquiva le combat et vint jeter l'ancre à l'île d'Aix, le 13 juillet 1798.

Six mois après, il recevait l'ordre de se tenir prêt à repartir pour Cayenne avec un nombreux convoi de prêtres déportés. Le vice-amiral Martin lui donna des instructions spéciales pour échapper aux Anglais. Il devait « appareiller le soir, par un vent favorable, se diriger sur le Sud-Ouest, redoubler de vitesse pendant toute la nuit; il était prévenu de la présence de frégates en croisière sur les côtes d'Espagne, dont il se tiendrait éloigné au plus tôt ».

L'embarquement sur la *Vaillante* eut lieu le 2 août 1798.

Une relation de Morey a ici induit en erreur l'abbé Jager, dans son *Histoire de l'Église catholique en France* (t. XX), ainsi que M. Sauzay dans son livre sur la *Persécution dans le Doubs*.

Ils rapportent tous deux que la *Vaillante* aurait embarqué 500 personnes, dont 250 prêtres et 250 galériens. Les procès-verbaux déposés aux Archives de la Marine prouvent que ces chiffres sont de pure fantaisie. La Porte reçut, le 2 août, cinq déportés de l'île d'Aix; le 4 août il en recevait quarante-six à l'île de Ré et les femmes de deux galériens; en tout 53, dont 26 prêtres, 25 galériens et les deux femmes.

En même temps, la *Bayonnaise* recevait aussi un groupe nombreux; le sort des deux navires, comme nous le verrons, devait être bien différent.

La corvette la *Vaillante* appareillait le 5 août 1798. Le commandant, bien averti, s'était conformé aux instructions précises qu'il avait reçues, et cependant il ne put échapper au danger. Dès le lendemain de son départ, il fut aperçu par le vaisseau anglais l'*Indéfatigable*, armé de 44 canons, qui se mit à sa poursuite, durant toute la journée et une partie de la nuit.

Le capitaine La Porte se vit perdu et ne résista que

pour la forme. Le 21 thermidor au matin (8 août), il amenait son pavillon et se rendait.

Les officiers du bord dressèrent et signèrent le procès-verbal de la prise, aujourd'hui déposé au ministère de la Marine :

« Nous soussignés, officiers, majors et maîtres chargés de la corvette *La Vaillante*, commandée par le citoyen La Porte, lieutenant de vaisseau, certifions que le 18 ou 19 thermidor nous avons appareillé de la rade de Saint-Martin-de-Ré... Le capitaine fit établir la route à l'ouest du compas et forcer de voile, afin de profiter de la faveur de la nuit et de faire tout le chemin possible pour nous soustraire à la vue de l'ennemi que nous supposions être le long de la côte. Mais, quelque diligence que nous ayons pu faire, cela n'a pas empêché qu'à sept heures du matin du 19 au 20, nous avons aperçu un bâtiment à l'ouest. Le capitaine fit mettre le cap au Sud, afin de nous en éloigner, mais il a viré de bord et pris notre même amure. Nous avons jugé alors que le bâtiment était ennemi et qu'il nous gagnait même à vue d'œil.

« Le capitaine a de suite ordonné 1° de jeter à la mer les ancres de bossoir, celle de toue, ainsi que plusieurs barils de farine; 2° de faire de même d'une partie de la drome, n'ayant réservé qu'un mât et une vergue de hune; 3° de démolir le pont et la chaloupe et de dépontiller tout ce qui était susceptible d'arrêter la corvette, afin de lui donner plus d'élasticité et augmenter, s'il était possible, sa vitesse. Le capitaine ordonna aussi de faire jouer la pompe d'étrave et les pompes de la cale, où il avait fait vider 18 pièces d'eau, afin de mouiller les voiles.

« Malgré toutes les précautions, le bâtiment chasseur nous approchait sensiblement jusqu'à l'entrée de la nuit, où nous l'avons reconnu pour une forte frégate.

« Nous étions déjà prêts à combattre, et tout l'équipage n'a pas bougé de son poste. A minuit, le bâtiment a brûlé une amorce, mais, ne connaissant pas ce signal, nous n'avons pas répondu. Vers trois heures et demie, ce bâtiment était très près de nous, et par notre hanche de bâbord; nous nous attendions qu'il allait nous livrer combat. C'est ce qu'il a éludé jusqu'au petit point du jour, qu'il nous a tiré un coup de canon et arboré le pavillon anglais. Le coup de canon nous a coupé la balancine du guide, le bras de la grande vergue, et a traversé la grande voile.

« Aussitôt le capitaine ordonna de tirer un coup de canon de retraite et de mettre notre pavillon. Il nous en a tiré deux autres; nous avons riposté par trois coups de retraite; alors il nous en a tiré quelques autres, dont un a percé la cuisine. Nous lui avons de suite lâché la bordée; il nous a tiré d'autres coups qui tous ont porté à travers nos voiles. Nous lui avons lâché deux autres bordées et amené pavillon, vu la supériorité de ses forces.

« Le bâtiment qui nous a pris s'est trouvé le vaisseau rasé l'*Indéfatigable*, commandé par le chevalier Pelouk (Edward Pellew, depuis Lord Exmouth). Ce vaisseau porte 26 canons de 24 en batterie, 10 canons de 12 sur les gaillards et 8 caronades de 42 livres de balles.

« En foi de quoi. Fait à bord de la corvette la *Vaillante*. (*Signatures.*) »

Ce document réfute les erreurs de Morey, reproduites par les historiens déjà cités, à savoir que : 1° le départ eut lieu le 5 ou 6 août, et non à la fin de juin, comme ils l'affirment ; 2° que le combat fut livré le 8 août, et non 40 jours après le départ ; 3° qu'il eut lieu dans le golfe de Gascogne, et non près de la Guyane.

Le même auteur affirme, dans sa relation, que le capitaine anglais aurait fait monter sur le pont les 500 déportés ; qu'il aurait placé 250 prêtres à droite, les galériens à gauche, et leur aurait adressé un grand discours pour rassurer les uns et remplir les autres de terreur. Il ajoute même qu'on aurait jeté sur les côtes de Bretagne les 250 galériens, fort empressés de se sauver au plus vite.

Ce sont encore là autant d'erreurs. Les archives de la Marine ne réduisent pas seulement le nombre des déportés, mais elles prouvent que les galériens (25, et non 250) furent jetés dans les prisons de Plymouth. En 1800, un parlementaire en ramena quatre à Cherbourg pour subir leur peine en France.

Quant aux vingt-six prêtres, nous avons la certitude qu'ils furent bien traités, débarqués en Angleterre et mis en liberté.

Depuis 1792, l'hospitalité la plus généreuse y était réservée aux prêtres exilés de France. Les déportés sauvés des supplices de la Guyane y furent accueillis avec la même bienveillance. Le nombre de ceux qui étaient venus se réfugier à Londres, dès la première persécution, avait beaucoup diminué en 1798 ; car la plupart étaient revenus en France ou passés en Allemagne.

Nul doute, cependant, que les vingt-six ecclésiastiques sauvés par la capture de la *Vaillante* n'aient trouvé place parmi les confrères français, encore présents à Londres. La distribution des secours suffisait toujours aux besoins des confesseurs de la foi exilés, et Mgr de la Marche, directeur dévoué de l'œuvre hospitalière, reçut avec une bienveillante charité non seulement les 26 prêtres, mais encore ceux qui, recueillis sur la corvette *La Dédaigneuse*, sur les côtes d'Espagne, furent aussi amenés en Angleterre.

Le célèbre ministre Pitt glorifiait sa nation de sa générosité dans un de ses rapports officiels ; mais, après avoir dit qu'elle avait donné aux prêtres catholiques « avec une munificence dont les annales de l'univers ne fournissent pas un autre exemple », il faisait aussi un bel éloge des prêtres réfugiés dont il retraçait les vertus :

« Peu de personnes, disait-il, oublieront la piété, la conduite irréprochable, la longue et douloureuse patience de ces hommes respectables, jetés tout à coup au milieu d'une nationalité différente par sa religion, sa langue, ses mœurs et ses usages. Ils se sont concilié le respect et la bienveillance de tout le monde, par l'uniformité d'une vie remplie de piété et de décence. »

C'est ainsi que les Anglais les plus éminents savaient apprécier les vertus et la dignité de leurs hôtes, si calomniés et si injustement persécutés dans leur propre pays.

CHAPITRE XXI

Les prêtres sur la *Bayonnaise*

La *Bayonnaise*, corvette de 36 canons, était armée depuis le 12 avril 1798 et se trouvait en rade d'Aix, depuis le 17 juin suivant. Désignée par le ministre de la marine pour transporter une partie des proscrits à la Guyane, elle en reçut cent-dix-neuf, le 2 août 1798. On ne mit à la voile que sept jours après. A ce moment, les croiseurs anglais étaient fort occupés à surveiller les navires français qui portaient des munitions aux insurgés d'Irlande. La *Bayonnaise* partit sur ces entrefaites et, plus heureuse que la *Vaillante*, elle gagna la pleine mer et échappa aux poursuites de l'ennemi.

Parmi les 119 déportés, il y avait cent-neuf prêtres et dix laïques, d'origine fort diverse, car les départements y étaient représentés au nombre de 49, dont quarante-trois de France, quatre de Belgique, un d'Italie et un des provinces rhénanes.

Le commandant, Edmond Richer, avait sous ses ordres un équipage de deux cent trois hommes, y compris les canonniers servants. Mousse depuis l'âge de douze ans, sous-lieutenant à dix-huit, il avait été nommé lieutenant de vaisseau par le Directoire, le 18 septembre 1796. C'était un homme courageux et énergique dans l'action, s'occupant avec soin de tout ce qui regardait la direction de sa corvette, mais moins soucieux de la discipline et laissant trop de liberté aux matelots en dehors de leur service.

Mieux disposé que le commandant de la *Décade* à l'égard des déportés, il se tenait un peu à l'écart et ne les traita jamais avec rigueur. Il avait confié les prêtres à son second, M. Pottier de la Houssaye, qui leur montrait une réelle bienveillance. Les autres officiers s'inspiraient de l'exemple de leurs chefs, et l'un d'eux, M. Quinet, envoya même un jour à M. Brumauld de Beauregard, grand vicaire de Luçon, un paquet de très bon thé avec une provision de sucre.

« Je trouvai moyen de le remercier, dit M. de Beauregard dans ses *Mémoires* ; il mit alors la main sur ses yeux et me dit en rougissant qu'il avait de la douleur de ne pouvoir faire davantage. »

Le major du bord faisait d'abord exception à cette disposition générale, et, dans les premiers jours, il fit souffrir les déportés par sa brutalité. Mais, à la suite d'un combat qui dura dix-sept heures, il trouva les détenus dans un état si misérable, après leurs angoisses et leur long séjour dans l'entrepont pendant la lutte, qu'il demanda pour eux la liberté de monter sur le pont, soit de jour, soit de nuit.

Un seul homme se montra intraitable et même insolent envers eux : ce fut le commissaire du Directoire, qui, obéissant à son impiété, se montrait même

immoral et obscène, maudissant la religion et ses
ministres.

Les premiers jours furent très pénibles, et la nou-
riture ne devait qu'ajouter encore aux souffrances et
à la faiblesse des malheureux déportés. C'était, comme
sur la *Décade*, des soupes repoussantes, du biscuit
avarié, de la viande salée mêlée de vers, de grosses
fèves de marais bouillies.

Assez longtemps aussi, il fallait passer de longues
heures dans l'entrepont, y respirer un air corrompu
et supporter l'odeur infecte des baquets aux immondices, pendant toute la nuit. Ce dernier supplice
prit fin après l'intervention des officiers de santé.

L'union des esprits était loin d'être parfaite, même
parmi les ecclésiastiques. Les Belges d'abord, au nombre de quinze, s'isolaient habituellement de leurs
confrères de France, car ils n'avaient pas avec eux
affinité de mœurs et d'habitudes. Les Français se
divisaient nécessairement en deux camps : d'un côté
les constitutionnels, qui avaient prêté les serments
divers, avaient livré leurs lettres de prêtrise, quelques-
uns même s'étaient mariés. Ceux-là n'étaient proscrits
que pour des raisons d'ordre privé ou politique.
D'autre part, les plus nombreux étaient de sincères
confesseurs de la foi, qui avaient repoussé le schisme
et n'étaient proscrits qu'en haine de la religion. Malgré leur charité et leur patience, ceux-ci ne furent
pas toujours à l'abri des injures des apostats, qui ne
craignaient pas d'étaler leurs sentiments de haine
aux yeux de l'équipage. M. de la Houssaye, second
du navire, se crut même obligé, excédé de leurs
calomnies et de leur rancune, de leur imposer silence
et de leur adresser en public une verte réprimande.

Les prêtres fidèles avaient pour chef et pour modèle M. Brumauld de Beauregard, qui devait être plus

tard élevé sur le siège épiscopal d'Orléans. Ils se groupaient autour de lui, sur le bâtiment, comme ils l'avaient déjà fait dans les prisons de Rochefort. Il les exhortait aux grandes vertus alors si nécessaires et les entretenait dans la piété et la confiance en Dieu par des exercices spirituels faits en commun. Ensemble ils récitaient chaque jour le bréviaire et faisaient à haute voix leurs prières du matin et du soir. On remarqua même que le maître-charpentier et tous ses ouvriers gardaient le silence et se découvraient par respect pendant que les prêtres priaient. Cela devint pour eux une habitude à laquelle ils ne manquaient jamais.

Une heure spéciale avait été marquée pour réciter le rosaire, comme pour faire une lecture de spiritualité, chaque jour.

Le Directoire avait eu soin de mêler parmi les ecclésiastiques déportés un certain nombre de galériens. Il espérait ainsi rendre leur situation plus désagréable à bord et plus difficile à Cayenne, à cause des mépris que les bandits attireraient sur tout le convoi, de la part des habitants de la colonie. Les relations forcées avec eux ne pouvaient être que désagréables et fort pénibles. Quant aux matelots, M. de Beauregard, peut-être par charité, a beaucoup atténué dans sa relation les procédés parfois équivoques dont ils usaient envers les ecclésiastiques. Il leur arriva de chanter la Messe de Dumont, et le bon vicaire général estime que ce fut pour montrer leurs belles voix. D'autres pouvaient y voir une manifestation de leur scepticisme religieux et une sorte de dérision. Quand on arriva à la fête traditionnelle du baptême au passage du tropique, ils ne craignirent pas de l'imposer à ce vénérable ecclésiastique, et ils l'aspergèrent copieusement. Ce n'était pas respectueux, assurément, mais M. de Beauregard ne protesta pas et s'y prêta avec résignation, désirant éviter le même désagrément à ses confrères. Il servit dans cette occasion de victime expiatoire pour tous.

Le voyage dura cinquante-quatre jours, et vers la fin il y avait à bord beaucoup de malades, fortement éprouvés par la mauvaise qualité des aliments, par le mauvais air et la vermine de l'entrepont. Plusieurs même succombèrent. Du 5 au 18 fructidor (du 22 août au 4 septembre 1798), huit prêtres moururent : deux en une nuit, l'un d'un coup de sang, un autre, M. Montils de Castres, à la suite d'une dose trop forte d'émétique administrée par un jeune chirurgien inexpérimenté ; les autres périrent suffoqués par la chaleur méphitique qui régnait dans l'entrepont. M. de Beauregard nous décrit leur mort édifiante :

« Je confessais ouvertement, dit-il, mes pauvres confrères ; je leur administrais publiquement le sacrement de l'extrême-onction. Quand ils étaient décédés, nous célébrions leurs obsèques et nous récitions près du corps les offices de l'Église. L'état-major toléra et respecta même cette pratique, au point qu'un contre-maître vint, un jour qu'un prêtre était décédé, me demander l'heure des obsèques, pour commander à cette heure-là les matelots chargés de mettre les morts à la mer. »

Deux matelots moururent aussi. Le premier avait été visité par M. de Beauregard ; il s'était confessé et avait fait une mort chrétienne. Un des quartiers-maîtres vint ensuite dire au prêtre : « Ne direz-vous pas aussi des prières pour le défunt ? — Certainement, puisqu'il est mort catholique. » Et on fit la cérémonie des obsèques. L'autre matelot n'avait pas accepté le ministère d'un prêtre avant de mourir. Aussi ses camarades s'abstinrent de demander pour lui les prières d'usage.

Ce fut le 8 vendémiaire (29 septembre) que la

Bayonnaise mouilla dans les eaux de Cayenne. Le capitaine Richer avait eu l'attention d'indiquer à l'avance, d'après ses calculs, le moment où les déportés pourraient enfin apercevoir la terre.

Tous les yeux étaient fixés sur la ville. L'aspect de ces maisons étagées en amphithéâtre, de ce rivage verdoyant, de ces coteaux parés d'une végétation gigantesque, apporta un peu de soulagement aux déportés. L'air qui leur arrivait de la terre semblait bien doux à ces poitrines fatiguées d'aspirer les âpres exhalaisons marines.

Mais le supplice n'était pas encore fini ; il fallait attendre les ordres du représentant du Directoire dans la colonie ; or, ce ne fut qu'après sept longues journées que le débarquement put enfin être commencé, à cinq heures du soir, le 6 octobre. Cinq prêtres furent d'abord descendus à terre et envoyés aussitôt à l'hospice. C'étaient les plus malades. M. Garnier, vicaire de Berraud, au diocèse de Langres, fut enlevé sans connaissance ; malgré tous les soins, il succomba le onzième jour. M. Enis, de Besançon, âgé de 40 ans, devait mourir aussi à l'hôpital, un mois après.

Trois jours plus tard, le 9 octobre, on désigna dix-neuf personnes qui furent aussi débarquées et portées à terre. C'étaient dix-huit prêtres et une femme qui avait volé à bord et qui devait se marier à Cayenne.

Ceux qui furent dirigés vers l'hôpital reçurent les soins des religieuses et s'estimèrent comme en paradis, après leurs terribles souffrances de la traversée.

Il y avait une chapelle clandestine ; dès lors, ils avaient la consolation de pouvoir y dire la messe de temps en temps.

Le reste des déportés, encore sur la corvette, comprenait 87 personnes, dont 78 prêtres. Le commissaire de la marine alla les reconnaître, mais, au lieu de les faire venir à Cayenne, il les fit passer sur la goélette *la Dépêche*, qui devait les transporter à Conanama.

Le trajet normal devait être de deux jours, mais il en dura sept, car le patron s'était enivré, avait perdu sa route, était revenu à Cayenne, et finit par échouer en vue de Conanama, sans y parvenir. Il fallut pendant cinq jours chercher des pirogues pour remonter la rivière. Et pendant tout ce temps, les malheureux détenus n'avaient, pour soutenir leurs forces, qu'un peu de biscuit et de l'eau vaseuse.

Le soleil était brûlant ; cependant il fallut marcher une grosse heure, à pied, pour arriver à destination. Presque tous étaient épuisés, affamés et malades, quand ils retrouvèrent à Conanama leurs confrères de la *Décade* qu'on y avait déjà envoyés.

La *Bayonnaise* repartit pour la France, le 14 décembre 1798. Elle était arrivée sans aventures ni mauvaise rencontre, à trente-cinq lieues de terre, en regard du Pertuis d'Antioche. Une frégate anglaise l'aperçut, lui donna la chasse et la gagna de vitesse. Elle avait une force notablement supérieure, mais le commandant français était brave et résistait vaillamment. On se canonna de part et d'autre, depuis onze heures du matin jusqu'à une heure après-midi. L'Anglais se rapprocha alors et continua le combat à une portée de fusil. Le commandant Richer tenta la fortune et commanda l'abordage, malgré son infériorité. En moins d'une demi-heure les Anglais étaient décimés et se rendaient. Leur capitaine était gravement blessé, tous leurs officiers avaient été tués ou blessés, ainsi que 80 hommes de l'équipage. Richer avait reçu plusieurs blessures, et avait perdu à peu près autant d'hommes, mais il était vainqueur et envoyait le vaisseau anglais, *l'Embuscade*, à l'île d'Aix. Il arrivait lui-même deux heures après, ayant perdu tous les mâts de sa corvette.

Le Directoire le nomma aussitôt capitaine de vaisseau, ordonna la distribution proportionnelle de la prise qui était de 148.000 francs, soit 3.700 pour chacun des 40 canons de l'*Embuscade*. Le récit du combat fut publié à l'ordre du jour et dans le Bulletin décadaire. On en fit la lecture dans les assemblées populaires et dans les écoles.

Tandis que le commandant brutal de la *Vaillante* était déshonoré et puni, le capitaine humain et bienveillant de la *Bayonnaise* recevait la récompense de sa noble conduite et de son courage héroïque.

CHAPITRE XXII

Les prêtres à la Guyane

La Guyane, située dans l'Amérique du Sud, au nord du Brésil, est baignée au nord-est par l'Océan Atlantique. Elle se divise en trois grandes colonies : celle de la France au sud-est, celle de la Hollande au centre, et celle de l'Angleterre au nord-ouest. Le climat est tropical, chaud et humide. Deux saisons se partagent l'année : celle des pluies, de novembre à juin ; celle de la sécheresse, de juin à novembre ; celle-ci est la plus malsaine : elle répand la fièvre paludéenne par l'évaporation intense et les miasmes qu'elle produit dans l'air.

Ce fut en 1604 que des colons français vinrent se fixer dans cette région ; ils organisèrent peu à peu des compagnies pour l'exploitation agricole des terres voisines de l'Océan. Cayenne fut fondée en 1635. Le grand ministre Colbert réunit à la couronne la colonie naissante et donna une vive impulsion à la culture et à l'exportation de la canne à sucre, du café, de l'indigo, du coton et du cacao.

Lorsqu'après la guerre de Sept ans, la France eut perdu le Canada, cédé à l'Angleterre, on eut l'illusion de trouver une compensation dans le développement de la colonie de la Guyane. Choiseul obtint de Louis XV des pouvoirs à cet effet. Il envoya même quatorze mille émigrants, mais la préparation nécessaire avait été oubliée ; ils se trouvèrent à la saison des pluies, sans abri, sans vêtements, sans outils et sans vivres. Les maladies, les fièvres et la dysenterie les décimèrent, et douze mille périrent misérablement. Ce fut une catastrophe.

Cette aventure déplorable était bien connue du Directoire quand il décida de déporter à Cayenne ses adversaires politiques et les prêtres insermentés, victimes de sa haine anti-religieuse. Le temps de la Terreur était passé ; il n'osait les livrer au bourreau, mais il voulut s'en débarrasser et les exterminer par un procédé hypocrite, qu'on a désigné justement comme la *guillotine sèche*.

Le premier prêtre exilé se trouvait parmi les déportés politiques amenés à Cayenne sur la *Vaillante*. C'était l'abbé Brotier André-Charles, né à Tannay, au diocèse de Nevers, savant mathématicien, chanoine de Sens, qui succomba à l'âge de 46 ans, le 12 septembre, à Sinnamary. Déjà il s'était attiré le respect et la confiance des noirs qui l'appelaient *Mon père*, malgré la défense des gardiens. Un déporté raconte dans son Journal qu'il s'était dévoué pour remplir auprès du déporté Tronson tous les soins de bon infirmier.

« La veille de sa mort, ajoute-t-il, j'étais auprès de son lit. Il parlait encore assez librement. « Nous recevons la mort, dit-il, de la main des cinq directeurs. Qu'ils jouissent de la vie qu'ils nous

ôtent! Ils m'interdisent jusqu'aux secours de la religion. Eh bien!
la religion elle-même vient à mon secours. Je leur pardonne;
que le ciel leur pardonne de même, et puissent-ils, à leur dernier
jour, ne pas être comme moi privés de la présence et des consolations de leurs familles! » L'enterrement de ce prêtre, seul dans
la colonie, attira beaucoup plus de monde que les autres. Il s'y
trouva surtout des nègres et des négresses, mais ils n'osaient point
faire des prières. Un enfant seulement, moins intimidé, s'age-
nouilla devant la tombe et pria à voix basse (1). »

Les 264 prêtres qui allaient bientôt arriver sur la
Décade et sur la *Bayonnaise*, devaient aussi payer un
sinistre tribut aux privations et aux maladies de ce
climat malsain. Ils devaient être successivement divisés entre les stations de Cayenne, et en allant sur le
rivage, vers le nord-ouest, de Macouria, de Kourou,
de Sinnamary, de Conanama. Au sud-est de Cayenne,
ce furent les stations de Roura, d'Approuage et d'Oyapock. Ces stations tiraient leurs noms des rivières sur
lesquelles elles étaient construites.

Les plus favorisés parmi les ecclésiastiques, mais
aussi les moins nombreux, furent ceux qui furent
retenus à Cayenne et reçus à l'hôpital de cette ville,
Il était placé sûr les bords de la mer, bien aéré, avait
pour médecin principal M. Dunoyer, homme de
mœurs douces et honnêtes. Les malades étaient soignés par les Sœurs de Saint-Maurice de Chartres, au
nombre de sept. Elles avaient été maintenues, sous
un habit nouveau, malgré la persécution, grâce au
dévouement des soldats et des habitants qui les
auraient défendues par la force, si on avait voulu les
priver de leurs bienfaitrices. D'autres prêtres furent
aussi gardés à Cayenne mais logés dans une maison
de la ville assez spacieuse qui servait de réclusion;
ils n'avaient qu'une liberté fort limitée, mais la popu-

(1) *Journal d'un déporté*, t. II, p. 17.

lation les respectait, les entourait de sympathies et leur offrait des secours.

La station principale où furent envoyés d'abord la plupart des prêtres déportés fut *Conanama*, éloignée de Cayenne de trente lieues maritimes au nord-ouest, et située sur la rivière de même nom. Là s'étendait une vaste plaine entourée d'immenses forêts, mais sillonnée de marais aux eaux stagnantes, à travers une terre rougeâtre ou savane inculte, que le soleil brûlait de ses rayons ardents, depuis six heures du matin jusqu'à six heures du soir. On avait réquisitionné 60 Indiens et 40 nègres pour y construire des huttes, dans la forme de leurs cases sauvages. Ce n'était guère que de gros piquets de bois fixés en terre, garnis de lattes transversales avec une couverture de feuillage. On avait disposé à la meilleure place le logis du directeur plus solidement établi ; le corps de garde des soldats blancs était à droite, celui des noirs était à gauche. L'ingénieur Chapel, qui présidait aux préparatifs, disait, en revenant à Cayenne :

« *Conanama* sera le tombeau du plus grand nombre de ces malheureux. Il serait moins inhumain de les tuer sur-le-champ à coups de fusil, on leur épargnerait ainsi les souffrances d'une longue agonie. »

Dans son rapport au Directoire, l'agent Jeannet, parent de Danton, déclarait que toute surveillance serait impuissante contre les détenus qui voudraient s'échapper, et il ajoutait :

« La culture ne peut être faite dans ces pays par les Européens ; le blanc qui travaille le moins et se soigne le plus dégénère sensiblement sous la zone torride ; celui qui y brave le soleil et ose y travailler comme en Europe paie de sa vie son ignorance et son courage. »

Ce fut le 5 août 1798, près de deux mois après le

débarquement, que Jeannet annonça aux déportés les divers lieux de leur destination, d'après les dernières instructions reçues du Directoire. Sur 193 individus, 111 furent distribués entre les stations de *Cayenne*, *Kourou*, *Macouria*, *Approuage*. Les autres, au nombre de 82, furent conduits par mer à *Conanama*, le 7 août. La traversée dura trois jours, et, quand on toucha le rivage, il fallut encore faire une course à pied sur les sables brûlants. Lorsque les déportés furent enfin arrivés, ils ne trouvèrent ni meubles, ni les choses nécessaires à la vie; obligés de se coucher sur le sol nu, ils y passèrent une première nuit fort douloureuse, car les insectes pullulaient, les piquaient sans relâche, à ce point que leur tête n'était qu'une plaie et que le lendemain ils avaient de la peine à se reconnaître les uns les autres.

Bientôt se déclarèrent parmi eux la fièvre putride et la dysenterie. Au bout de huit jours, le 15 août, un de ces infortunés, M. Soursac, devient fou de douleur, distribue son argent à ses confrères et se précipite dans la rivière, où il est aussitôt noyé.

En quelques semaines, *Conanama* va devenir un vrai cimetière. Le 4 septembre, meurt M. Schilts, de la Moselle; le 7, le curé de la cathédrale de Gand, M. Huybrecht; le 8, c'est le vicaire de Bazoches, en Vendée, M. Brunegat, originaire du diocèse de Nantes; le 9, c'est un assermenté, M. Lortec, prêtre de la Merci; le 11, M. Mathieu d'Épinal; le 12, Boterf de Nantes et Lemaître, bernardin du même diocèse; le 18, Bailly, bénédictin de Strasbourg, mort dans d'effroyables convulsions; le 20, M. Saint-Privé, des Vosges; le 21, Debruyne, curé de Saint-Quentin à Malines; le 24, M. Bougeard, vicaire à Rennes, M. Bertrand, du Luxembourg, et M. Desmazures, né à Caen et curé à Chartres; le 27, M. Friquel, tailleur de Lille, déporté pour avoir recélé un prêtre, son parent. Total en vingt jours : 14 morts, dont 13 prêtres.

Le mois d'octobre ne fut pas plus favorable, car du 1er au 19 on compta douze décès, parmi lesquels onze prêtres. Le 1er c'étaient M. Coudert-Prérigneau, de Niort, et M. Vanhersewich, oratorien belge ; le 2, Vliegem, oratorien de Malines ; le 6, M. Schever, de Cologne, qui avait échappé aux massacres de Septembre et avait passé huit mois prisonnier à Bicêtre ; le 9, deux victimes : M. Cambot, vicaire de Saint-Pol-de-Léon, et Toupeau, galérien ; le 10, Modeste Bernard, de Poitiers, des Frères de Saint-Jean-de-Dieu, ancien déporté de 1793 ; le 11, André Lepage, de Pont-l'Abbé ; le 13, Seguin, curé de Chartres, et Le Divelec, du Morbihan ; le 19, Vallée, du même diocèse.

Ainsi, en deux mois et demi, un tiers des déportés amenés de la *Décade* avait déjà succombé, soit 27 sur 82.

Malgré cette terrible hécatombe, l'agent du Directoire osa bien envoyer encore à Conanama 87 nouveaux déportés arrivés sur la *Bayonnaise*.

Au retour de la goélette qui les avait conduits, le tableau sanitaire qui lui fut tracé l'obligea à déléguer une commission administrative pour étudier sur place la situation des détenus. Voici le sinistre rapport qui fut dressé, le 22 octobre 1798 :

« Nous, commandant en chef, accompagné du citoyen Chapel, capitaine du génie, et de Bouchet, sous-chef d'administration, nous sommes transportés à Conanama, où étant, nous sommes rendus à l'hospice et avons vérifié que sur 82 déportés, déposés au poste à la fin de thermidor, il y a 26 morts de maladies putrides, plus cinquante à l'hospice, dont plusieurs en danger ; aucun des autres n'est parfaitement bien portant. Cette mortalité est occasionnée : 1° par l'eau qui est très bourbeuse et même vitriolique ; 2° par les miasmes putrides qu'exhalent les marécages qui environnent le poste, à plus d'une demi-lieue ; 3° par les vidanges de l'hospice qui séjournent dans les marais jamais desséchés. *Ces cau-*

ses ne peuvent être détruites, et ce poste, durant l'hiver, deviendra un marais. De plus, en hiver, la côte est impraticable par la grosse mer et les fréquents raz de marée.

« Le poste court risque de manquer souvent de vivres dont le canton inhabité est dépourvu. Les Indiens mêmes l'ont évacué à cause du mauvais air. L'officier, les soldats, les délégués de l'administration sont dans le plus triste état. Il n'y a que de la viande salée, aucun fruit, pas même un citron pour corriger la mauvaise qualité de l'eau. Ces raisons impérieuses nous font penser que ce poste doit être transféré à *Sinnamary,* éloigné de 4 à 5 lieues. — Signé : DESVIEUX, BOUCHER, CHAPEL. »

Ce rapport était la condamnation du choix qu'on avait fait de ce lieu funeste et des conditions déplorables de l'installation. Jeannet comprit enfin que cette situation ne pouvait se prolonger, il prescrivit le départ pour *Sinnamary.*

Sur ces entrefaites, il fut remplacé par un sieur Burnel, ancien avocat à Rennes, qui arrivait à Cayenne au commencement de novembre 1798. Un mois entier s'écoula sans le moindre changement; la mortalité redoubla, car les déportés de la *Bayonnaise* n'avaient pas seulement élevé le nombre des détenus; ils arrivaient plus exposés encore aux influences morbides, après les fatigues de la traversée qui avaient épuisé et délabré les plus robustes.

La nourriture qu'on leur distribuait n'était guère propre à les soutenir, encore moins les fortifier. Leur ration journalière devait être de 8 onces de pain, 12 onces de farine de manioc, 8 onces de viande salée, 2 onces de riz, un peu de tafia et d'huile; mais ce liquide ne fut jamais livré, et le reste ne fut pas donné non plus dans la mesure fixée par le règlement.

Aussi, leur triste sort s'aggravait tous les jours. Leurs jambes, leurs bras et le corps entier s'enflaient et se couvraient de pustules. Les insectes et les vers pénétraient sous les plaies, la dysenterie survenait et achevait de les exténuer.

La plupart finissaient même par être atteints du scorbut et de la peste; il se dégageait autour d'eux une odeur repoussante qui écartait les infirmiers. Cependant les confrères, toujours animés d'une grande charité, se dévouaient eux-mêmes pour soulager les malades et leur rendaient tous les services qui étaient en leur pouvoir.

Aussi les prêtres, dans leur douloureuse agonie, préféraient encore rester dans leur misérable cabane, au milieu de leurs frères, plutôt que d'être transportés à l'hôpital au milieu d'étrangers peu sympathiques ou indifférents.

Les consolations de la religion venaient d'ailleurs les encourager dans les terribles épreuves. On priait pour eux et auprès de leur couche; on avait conservé l'huile consacrée pour leur administrer le sacrement de l'extrême-onction ; les moins malades confessaient les infirmes et souvent même ils leur procuraient le bonheur de communier en viatique.

Dans un sentiment de religieux respect, ils procédaient aux obsèques des défunts; ils les réunirent sur un terrain circulaire choisi à l'écart au bord de la rivière, et entouré de palmiers dont les branches couvraient les tombes.

Les nègres chargés de creuser les fosses se refusaient à ce travail, quand la dépouille du défunt ne leur offrait pas une rétribution jugée suffisante. Alors les prêtres eux-mêmes, prenant la pelle et la pioche, faisaient l'office de fossoyeurs.

Soixante-six déportés avaient déjà succombé, et leurs corps furent abandonnés sur cette terre de malédiction, lorsqu'enfin arriva l'ordre de conduire les survivants à *Sinnamary*.

Avant le départ, les prêtres se réunirent pour rendre en commun un pieux et dernier devoir à leurs morts. Ils firent des torches funéraires avec des brandons et vinrent chanter l'absoute et le *De profundis* dans le cimetière. Ce souvenir donné à leurs confrères ranima leur foi, affermit leur résignation, et leur inspira un généreux pardon pour leurs persécuteurs.

Les 113 survivants partirent vers la fin de novembre pour *Sinnamary*, où avaient été déjà envoyés les déportés politiques de la *Vaillante*. Plusieurs y étaient déjà morts, et ce souvenir n'était pas de nature à rassurer pour la santé et la vie des nouveaux venus. Ils s'étaient divisés pour faire le voyage ; les plus courageux étaient arrivés par terre, non sans fatigue pour leurs corps déjà très affaiblis ; on avait dû embarquer les autres et les transporter par mer, à cause de leur extrême faiblesse.

« Nous vîmes arriver, écrit Barbé-Marbois dans son Journal, les débris de cette colonie, détruite en naissant ; des vieillards, des malades exténués, chacun portant son paquet et se traînant à peine. Quelques-uns, trébuchant à chaque pas, s'avancèrent devant nous vers des cases préparées à la hâte pour les recevoir. Un d'eux, sortant de la pirogue, faible et languissant, tomba dans l'eau près de ma cabane. J'accourus, je le retirai et le portai quelques pas... Je n'ai point vu de spectacle plus affligeant que ce débarquement. Le changement de résidence ne diminua pas la mortalité. D'ailleurs, il n'y avait à Sinnamary aucun local suffisant (1). »

Ailleurs, le même déporté nous donne la description de *Sinnamary* :

« Situé à l'ouest de Cayenne, et à 24 lieues, ce bourg est bâti sur un plan régulier. A peine a-t-on pu trouver des habitants pour le quart des emplacements, et même il n'y a sur chaque lot

(1) V. *Journal*, t. II, p. 32.

occupé qu'une mauvaise case et un jardin entouré de haies vives.

« On voit quelques chaumières abandonnées et qui servent de retraite aux Indiens, lorsqu'ils viennent au village. Des ronces couvrent le reste du terrain et jusqu'aux rues. La place publique produit une bonne herbe qui sert de pâture au bétail. Toutes les cases sont construites en bois et en terre, la plupart sont couvertes de feuillages secs. Les fenêtres n'ont qu'un contrevent, sans jalousies et sans canevas. Les carreaux de verre sont peu en usage dans les colonies. Plusieurs cases ne sont fermées que par un loquet. Il n'y a ici qu'une maison carrelée. Le sol de toutes les autres est une terre battue, moins solide et moins propre que les aires de nos granges.

« L'église est une grande halle, ouverte de tous côtés, construite il y a quarante ans par les Jésuites. Le crucifix est encore sur l'autel ; les ornements du prêtre sont dans la sacristie.

« Nous vîmes, peu de temps après notre arrivée, l'église convertie en magasin. Les Jésuites avaient aussi une bonne case dont on avait fait le presbytère ; nous y fûmes logés. Vis-à-vis est un corps de caserne, et un peu plus loin un hôpital, maison malheureusement trop nécessaire à Sinnamary... Il y a 21 ménages, ou, pour mieux dire, 21 cases habitées. Le plus misérable village de France est mieux construit et plus peuplé que celui-ci.

« Le maire, le juge de paix, le garde-magasin et le commandant avaient tous la fièvre ; le médecin lui-même ne pouvait se guérir. Enfin, tous les habitants avaient quelque infirmité. Des vapeurs malsaines s'élevaient des marais voisins. On y trouve de petits caïmans et parfois d'énormes reptiles (1). »

Dès leur arrivée à leur nouveau poste, les déportés virent disparaître les illusions qu'ils s'étaient faites et les espérances qui les avaient un moment consolés. La vue de ceux qui les avaient précédés à Sinnamary, leurs récits et leur expérience montraient avec évidence qu'il n'y avait de changé entre les deux résidences que le nom et les agents du pouvoir. Ceux-ci paraissaient plus humains dans le nouveau séjour, mais le désert était aussi désolant et le climat était aussi meurtrier.

D'ailleurs, l'installation et la nourriture laissèrent toujours beaucoup à désirer. On avait assigné aux

(1) V. *Journal* déjà cité, t. II, p. 132.

malades une maison particulière ; ils y étaient couchés sur la terre nue ou sur des planches. Ceux qui étaient jugés moins gravement atteints furent déposés dans l'église désaffectée, jusqu'à ce qu'on eût élevé près du village de nouvelles cases, dont une devait servir d'hôpital.

L'abbé Chassay, un des déportés, nous a laissé des notes sur le traitement et l'existence de ses confrères à Sinnamary :

« Pour la nourriture, dit-il, nos vivres consistaient dans une demi-livre de viande salée, habituellement très mauvaise, trois quarts de pain et un peu de farine de manioc par jour, et rien de plus.

« Le pain fit même défaut pendant deux mois, et on ne recevait alors que de la farine de manioc.

« La première année, on pouvait encore à grands frais se procurer quelques suppléments à la modeste ration, mais, pendant l'année suivante, les ressources étaient épuisées, les vêtements même étaient en lambeaux, et la misère était extrême.

« Au point de vue spirituel, il fut possible, du moins à quelques prêtres, de célébrer la messe, en grand secret. Le recteur de l'Université de Louvain, M. Havelange, amené sur la *Décade*, mort au troisième mois à Sinnamary, avait porté avec lui tout ce qui était nécessaire pour le saint sacrifice. On pouvait l'offrir de temps en temps dans quelque maison du bourg. Vers la fin de la déportation on avait même établi une chapelle secrète dans une case inoccupée, mais qu'un prêtre tenait fermée à clef, comme si elle avait été louée à quelqu'un. Des fidèles venaient en petits groupes se confesser et communier. Quand les prêtres ne pouvaient s'y rendre, durant leurs maladies, on leur portait dans leur cabane la sainte communion. »

La dernière année de leur séjour, les prêtres célébrèrent la fête de Noël ; les messes, commencées à minuit, se continuèrent jusqu'à neuf heures du matin.

L'opinion publique se serait révoltée en France contre la dureté barbare du Directoire, si elle avait connu dans sa réalité la misérable situation des déportés. Mais le *Moniteur officiel*, loin de renseigner le public, donnait le change par ses notes mensongères, dictées par les agents des Directeurs. Jamais il ne parlait des prêtres en particulier, et, quand il mentionnait les autres proscrits, c'était pour dire, le 14 décembre 1798, qu' « ils avaient été placés dans les lieux *les plus sains et les plus fertiles* », dans un pays où abondaient la volaille, le gibier, les poissons, les bestiaux, etc. Et on osait dire encore que les déportés paraissaient en général « résignés à leur sort, qu'ils louaient beaucoup la simplicité et le bon naturel des sauvages qui partageaient avec eux les produits de leur chasse et de leur pêche ».

Cependant, dans ses rapports, Burnel, nouvel agent du Directoire, affectait d'ignorer le triste état des déportés et se disait disposé aux sentiments les plus humains :

« Je ne sais rien encore, écrivait-il, sur la situation actuelle des déportés ; j'apprends seulement que *l'affreux choix* qu'on a fait du lieu où ils sont contrarie bien le vœu du gouvernement, dont les intérêts sont que les gens déportés *vivent et soient gardés*. Je vais suivre ce qu'a déjà commencé mon prédécesseur, afin d'allier l'humanité avec l'exécution des lois (1). »

En réalité, cet agent se montrait dur, rapace et parfois insolent. Il supprima totalement la distribution de l'huile, du tafia, du riz et du savon. Impérieux, il menaçait ses subordonnés, s'ils hésitaient à se soumettre, de les envoyer à *Sinnamary*, tant ce séjour était redouté de tous.

Dans une proclamation de vrai terroriste, il disait, le 23 avril 1799 :

« Je n'ai qu'un mot à vous dire, il sera clair et dur : Sous un gouvernement juste et ferme, les bons citoyens doivent seuls

(1) Arch. de la Rochelle, L. 12.

vivre tranquilles, les autres doivent toujours voir suspendu sur
eux le glaive de la loi (1). »

Ses exactions et ses rapines lassèrent enfin les habitants de Cayenne; quand ils le virent réunir ses
richesses sur un navire neutre pour les envoyer en
Europe sous la garde de sa femme, ils se révoltèrent
et consignèrent Burnel dans le port, le 9 novembre
1799, le jour même où le Directoire disparaissait
pour céder la place aux Consuls.

Déjà, au mois de juin précédent, l'île d'Oléron
avait été désignée comme lieu de déportation, substi-
tué à la Guyane. Quelques déportés politiques en
reçurent un adoucissement dans leur régime et purent
même venir à Cayenne, mais les malheureux prêtres
étaient oubliés, négligés et abandonnés à leur lente
agonie.

Le 25 octobre, l'un d'eux, le chanoine de Parisot,
d'Auxerre, s'échappa avec Aymé et le journaliste
Perlet. Embarqués le 28 sur un navire suédois, avec
le colon Bertholon et sa famille, ils traversèrent
heureusement l'Océan, mais, arrivés dans la mer du
Nord, ils furent assaillis par une tempête effroyable,
sur les côtes de l'Écosse, et restèrent en détresse
devant le port de Frasenburgh. Plusieurs matelots
avaient péri; le chanoine de Parisot eut le même
sort, et Aymé fut porté à terre à demi mort, mais il
se remit et parvint ensuite à Calais.

Un certain nombre de déportés, prêtres ou laïques,
avaient été internés dans les cantons de Cayenne,
de Kourou, de Macouria, de Roura, d'Oyapock et d'I-
racoubo. Leurs épreuves furent semblables à celles
des détenus à Sinnamary : ils étaient en proie à la

(1) Burnel, à Cayenne, 4 floréal an VII.

fièvre, aux piqûres des insectes venimeux, aux influences pernicieuses des miasmes paludéens ; aussi la mortalité y fit des ravages et s'échelonna par mois de la manière suivante :

En	juillet	1798	.....	1	décès
—	août	—	.....	4	—
—	septembre	—	.....	14	—
—	octobre	—	.....	6	—
—	novembre	—	.....	4	—
—	décembre	—	.....	4	—
—	janvier	1799	.....	4	—
—	février	—	.....	1	—

Au total 38 décès parmi ces groupes divers qui ne formaient qu'une faible proportion parmi tous les proscrits.

Cependant les dispositions surnaturelles de foi, de charité et de sacrifice se maintenaient dans les âmes des prêtres fidèles. M. de Beauregard, dans ses Mémoires, écrit à leur sujet :

« Au milieu de la corruption générale, Dieu les a conservés sans reproche. Pas un seul ne s'est écarté des lois de la sagesse; j'ai eu plus d'une fois l'occasion de le faire remarquer aux habitants irréligieux. Toutefois, nous avions autour de nous des objets dangereux; mais Dieu nous a gardés, et nous avons prêché par notre exemple la pratique de la plus belle des vertus, dans un lieu où elle est presque inconnue et où les occasions de la perdre sont si fréquentes. »

Quelques lettres de ces pieux ecclésiastiques ont été conservées et nous font connaître les sentiments héroïques dont ils étaient animés. Qu'il suffise, pour en juger, des extraits suivants. L'un d'eux écrivait à son père :

« Vous parlerai-je de mes ennemis? Oh non! le ministre du Dieu de paix ne doit point en avoir; ma religion m'apprend à pardonner, et le ciel est témoin, qu'à *Conanama*, mes lèvres ne

prononcèrent jamais le nom de mes persécuteurs que pour attirer sur eux la miséricorde divine. Le coupable est toujours plus à
plaindre que sa victime. Mon père ! il vous tarde de connaître le
lieu où votre fils respire ! C'est dans un séjour de mort et de
vertus qu'il offre à Dieu, en sacrifice, cette vie de douleur et de
pénitence.

« Des huit infortunés que j'avais trouvés dans les cachots, deux
seulement sont encore vivants. Depuis cinq jours, a cessé de
vivre le vénérable prêtre dont les saintes paroles avaient soutenu
mon courage. Après avoir reçu de moi les derniers secours spirituels, il nous a dit : « Mes frères en Jésus-Christ, tous les maux
« que j'ai soufferts ne sont rien, mourons avec l'espérance que
« nos tribulations qui n'auront duré qu'un moment, nous con-
« duiront à la gloire éternelle. Avant de mourir, prions pour
« nos persécuteurs et que nos prières s'élèvent jusqu'à Dieu. »

« Chaque jour, ce sont de nouvelles pertes ; une victime est
suivie d'une autre victime. L'ami marque sa place auprès de
son ami. Étendu sur sa tombe, il voudrait ne s'en plus séparer.
Cinq ou six jours à donner encore à la vie lui semblent une trop
longue route à parcourir.

« Nous savons que, dans tous les cantons où se trouvent des
déportés, leur sort n'est pas moins affreux que le nôtre. La mort
se divise pour les frapper aussi. Ceux qu'elle n'a pas atteints
jusqu'à ce jour languissent dans l'état le plus misérable. On
dirait que cette partie de la Guyane n'est habitée que par des
ombres... Adieu, mon père, que le Seigneur protège votre vieil-
lesse ; que ses bienfaits se répandent sur ma sœur et ses pauvres
enfants. Je finis en vous demandant votre bénédiction et le
secours de vos prières. — D... » (1)

Un autre déporté, écrivant à son frère, le conjurait
de ne pas tirer vengeance de celui qui l'avait dénoncé
et fait envoyer en déportation :

« Pardonne-lui, disait-il, comme je lui pardonne ; je t'en con-
jure au nom de Jésus-Christ qui va me recevoir dans sa miséricorde. Adieu, mon frère bien-aimé, Dieu va bientôt appeler à
lui sa pauvre créature. — P.-M. G., curé. »

C'est ainsi que la tribulation avait épuré et enno-
bli ces belles âmes sacerdotales. Les souffrances de
l'exil et les douleurs de l'agonie élevaient ces héros

(1) V. Guillon, *Les martyrs de la foi*, t. I, p. 456.

chrétiens à la charité la plus sublime; ils bénissaient Dieu d'avoir permis leurs épreuves, ils lui demandaient grâce pour leurs bourreaux; beaucoup parmi eux, comme leurs frères morts sur les pontons, brillaient de la vertu des saints et de la force des martyrs.

Le rappel des prêtres déportés se fit longtemps attendre. Le Directoire garda sur eux jusqu'à sa chute un profond silence. Il fut renversé par le coup d'État de Bonaparte, le 18 brumaire an VIII (9 novembre 1799), et les Consuls prirent, le 8 frimaire, trois semaines après, un arrêté de libération de tous les déportés aux îles de Ré et d'Oléron. Il n'était pas fait mention des déportés à la Guyane, mais la nouvelle qu'ils reçurent du changement de gouvernement leur fit concevoir de légitimes espérances.

Les correspondances administratives à leur sujet traînèrent en longueur. On semblait vouloir exiger d'eux une soumission qu'ils considéraient comme une faiblesse et un désaveu de leur ancienne résistance au schisme constitutionnel. Plusieurs étaient même indignés d'une pareille proposition. Seuls les anciens assermentés étaient prêts à tout accepter comme condition de leur retour en France.

Quelques amis usèrent de leur influence à Paris pour obtenir le rappel de M. Brumauld de Beauregard et de M. Moreau des Fourneaux. Ces dignes prêtres devaient être déposés en Espagne, d'après la lettre de départ datée du 19 décembre 1799. L'agent officiel de Cayenne ne se décida à procéder à l'exécution que le 24 avril 1800, encore sous condition que les deux prêtres paieraient la traversée à raison de 750 francs; ils partirent donc sur le *Victorieux*; mais, avant d'atteindre Bordeaux, ce navire fut attaqué et pris par les Anglais, qui conduisirent les deux ecclésiastiques à Lisbonne, d'où ils passèrent en Espagne ; et après beaucoup de difficultés ils rentrèrent en France.

Lorsque le gouvernement eut reçu des ordres plus étendus, il laissa partir sur le *Rocou*, le 20 octobre 1800, six déportés, moyennant le paiement de mille francs par tête ; le 11 novembre, cinq autres s'embarquèrent, au même prix, sur la *Jeune Annette* de Bordeaux.

Ce fut seulement le 18 décembre que le capitaine Prévost de la Croix arriva devant Cayenne avec ordre de ramener en France tous les déportés. Il n'en prit cependant que dix-huit, partit le 29 décembre, mais le 28 janvier 1801 il était attaqué, blessé et vaincu. Sa frégate une fois prise, les Anglais retirèrent les prêtres et les envoyèrent en Angleterre où ils furent hospitalisés.

Dans le courant de l'année 1801, il y eut huit nouveaux départs, mais aux frais des déportés qui revinrent successivement : un le 16 janvier, sur le *John* ; deux d'Albi le 15 février, sur le *Chéri* ; trois le 19 février, sur l'*Eurydice* ; huit le 16 mai sur l'*Assistance* ; deux le 11 septembre, sur le *Mont-Blanc* ; trois en octobre, sur la *Caroline* ; trente-quatre le 27 octobre, sur l'*Alerte*. Huit revinrent en 1802, et douze restèrent à la Guyane dont 5 prêtres et 7 laïques (1).

Parmi ces 5 prêtres, 2 occupèrent successivement la cure de Cayenne : M. Delacroix, d'abord, ancien principal du Collège de Dol, en Bretagne, qui mourut le 11 mars 1803 ; et après lui, M. Lamalatie, de la Haute-Garonne, qui fut nommé le 25 du même mois.

Statistique sommaire de la déportation à la Guyane :

La *Vaillante* amena   16 individus, dont   1 prêtre.
La *Décade*   —   193   —   —   155 prêtres.
La *Bayonnaise*   —   119   —   —   109 prêtres.

Total général : 265 prêtres et 63 laïques, ensemble 328.

Sur ce nombre total, 27 individus réussirent à s'évader ; 12 restèrent à Cayenne, et 107 furent rapatriés.

Parmi les morts, on compte : 6 déportés de la *Vaillante*, dont

(1) Archives de la Marine.

1 seul prêtre; 108 de la *Décade*, dont 90 prêtres ; et 66 de la *Bayonnaise*, dont 63 prêtres.

Total des morts : 154 prêtres et 26 laïques.

Proportion des morts et des survivants :

Sur 328 déportés, 180 décès, soit 54,90 o/o.
Sur 63 laïques,   26 décès, soit 41,26 o/o.
Sur 265 prêtres,   154 décès, soit 58,11 o/o.

Tel est le bilan de la déportation à la Guyane par le Directoire, après Fructidor.

CHAPITRE XXIII

Aux îles de Ré et d'Oléron

Injuste persécution sous le Directoire, en France et en Belgique. — Diverses catégories de proscrits. — Les prêtres insermentés sont arrêtés. — Les îles de Ré et d'Oléron substituées à la Guyane pour la déportation. — Citadelle de Ré. — Régime des prisonniers. — Leur dénûment et leurs souffrances. — Surveillance sévère. — Exercices religieux. — La messe est célébrée en secret. — Confréries érigées. — Bonaparte blâme la persécution. — La délivrance lente, mais progressive. — Prêtres immolés sous le Directoire.

Le Directoire, après le coup d'État de Fructidor, s'empressa de faire déporter les personnages politiques qui lui portaient ombrage ; il envoya à Rochefort et de là à Cayenne tous ceux qu'il avait pu faire arrêter. La persécution s'étendit ensuite aux prêtres et à ceux qui se déclaraient leurs protecteurs et les cachaient dans leurs maisons. Dans l'espace de onze mois, le chiffre des proscrits s'était élevé jusqu'à 532 personnes, dont 328 furent embarquées pour Cayenne.

Du mois d'août 1798, au milieu de janvier 1799, s'écoula une autre période de persécution, plus intense encore, qui ajouta 500 nouveaux proscrits aux précédents.

La recherche des suspects et surtout des prêtres réfractaires se ralentit ensuite, mais sans être jamais interrompue, pas même après le coup d'État du 18 Brumaire.

En résumé, le total des déportations par le Directoire présente le chiffre de 1643 individus, dont 328 exilés à la Guyane, 1064 enfermés à l'île de Ré et 251 détenus dans l'île d'Oléron. L'immense majorité se composait de prêtres. Nous en avons compté 265 parmi les déportés de la Guyane; il faut en ajouter 920 parmi ceux de l'île de Ré, et 190 parmi ceux d'O-léron : total 1375, contre 268 laïques seulement.

Ces prêtres ne furent pas tous des martyrs, car, si le plus grand nombre avait résisté au schisme et refusé le serment, il s'en trouvait aussi, parmi eux, d'autres moins recommandables qui avaient juré; quelques-uns avaient apostasié en livrant leurs lettres d'ordinations et même en contractant un mariage sacrilège.

La persécution étant générale, presque tous les diocèses furent éprouvés, mais cependant dans des proportions fort diverses. Les arrestations se multiplièrent particulièrement dans la région de l'Est, dans le Bas-Rhin, le Doubs, la Haute-Saône, la Saône-et-Loire, l'Yonne, la Haute-Marne et l'Aisne.

Dans la région de l'Ouest, l'Orne, la Sarthe, le Maine-et-Loire donnèrent de nombreux proscrits. La Savoie en compta 62, et l'Isère 10; le Cher, 33; l'Indre-et-Loire, 13; l'Eure-et-Loir, 18; la Seine-Inférieure, 21. Les départements du Midi furent aussi représentés, mais dans une moindre proportion.

La Belgique donna un très fort contingent, car la proscription y fut prononcée en masse, et la chasse y fut conduite avec une activité âpre et fiévreuse. 31 prêtres belges furent déportés à la Guyane, et 22 y périrent. En outre, 339 arrivèrent par escouades et par diocèses à l'île de Ré, venant de Namur, de Malines, de Gand et de Bruges. Les religieux étaient mêlés aux séculiers ; les Bernardins d'Orval, les Carmes d'Arlon, les Bénédictins d'Esternach et de Munster, les

Capucins, Récollets, Dominicains, Prémontrés, jusqu'aux docteurs de Louvain, furent entassés, 214 à la citadelle de Ré et 125 dans l'île d'Oléron. On les avait arrêtés pour avoir refusé le serment de Fructidor, car un dixième à peine avait consenti à le prêter.

En France, les motifs d'arrestation et de déportation étaient multiples et fort divers :

Parmi les proscrits, nous trouvons au premier rang les prêtres réfractaires qui n'avaient jamais voulu se soumettre à la Constitution civile du clergé. Pour être à l'abri des poursuites, il fallait avoir prêté tous les serments ; un seul qui manquait rendait le contrevenant passible de la déportation. Tous ceux qui, après avoir juré, avaient profité d'une époque d'accalmie, après le 9 thermidor, pour se rétracter, étaient aussi dénoncés comme suspects, fanatiques et arrêtés aussitôt.

Une autre série de proscrits était celle des prêtres qui par centaines et par milliers s'étaient retirés à l'étranger, pendant la Terreur, et avaient cru pouvoir rentrer après la tourmente. On allait même jusqu'à les traiter souvent comme émigrés rentrés ; les commissions militaires les faisaient fusiller, et quand elles étaient moins sévères, l'administration départementale intervenait pour les faire juger une seconde fois. Dans les régions d'un calme relatif, si on ne les livrait pas au bourreau, on les envoyait à Rochefort, à destination de Cayenne.

Ajoutons encore un grief plus général qui suffisait pour encourir la déportation. Le seul fait de tenir des registres de baptême et de mariage, de prêcher la nécessité du mariage religieux ou d'exiger d'un parrain ou d'une marraine la justification de leur mariage devant l'Église, suffisait pour donner lieu à une dénonciation et pour être déporté comme *turbulent*, anti-républicain, fanatique. De ce chef, les prêtres constitutionnels eux-mêmes, ceux du moins qui entendaient prendre au sérieux leur ministère, furent assez souvent poursuivis et condamnés.

Il est à remarquer cependant qu'aucun évêque assermenté ne fut inquiété. Le Coz, de Rennes, relevait les croix, installait des curés, faisait sonner les cloches. Maudru, des Vosges, se glorifiait d'avoir été persécuté pour la religion et remplissait ses fonctions publiquement. Ils furent dénoncés tous deux, mais le ministre de la police refusa de donner aucune suite, déclarant qu'ils étaient l'un et l'autre bons républicains. A Paris, Mgr de Maillé de la Tour Landry, évêque de Saint-Papoul, était retiré à Passy, dans une obscure retraite. Après Thermidor, il avait fait quelques ordinations. Il fut découvert sous le Directoire, conduit au Temple et ensuite déporté à l'île de Ré. Plus tard il devint évêque de Rennes. Ce fut le seul évêque parmi les proscrits, mais on y trouve un grand nombre de vicaires généraux qui administraient leurs diocèses respectifs au nom de leur évêque, avec délégation spéciale. On peut citer le délégué de l'évêque de Verdun, M. Tronville; M. Hayes de la Sorière, délégué au Mans; M. de Beauregard, à Luçon; M. Juge-Brassac, à Chartres; M. Cholleton, à Lyon; etc.

Les arrestations se multipliant sans cesse, bientôt les prisons de Rochefort se trouvèrent encombrées et insuffisantes. Le Directoire aurait bien voulu diriger vers la Guyane tous les déportés, mais les croisières anglaises lui firent craindre l'attaque et la prise de ses vaisseaux de transport. Le sort de la *Vaillante*, de la *Décade* et de la *Dédaigneuse* vint ajouter à ses craintes et provoqua une nouvelle mesure. Au lieu de transporter les proscrits au delà des mers, on décida qu'ils seraient déportés à l'île de Ré ; après le mois de février 1799, l'île d'Oléron dut recevoir ceux que ne pouvaient contenir les prisons de l'autre île.

Ainsi furent épargnés aux malheureuses victimes du Directoire le supplice d'une longue traversée et le séjour, plus douloureux encore, dans les régions de désolation et de mort de Conanama et de Sinnamary.

Les deux îles étaient bien choisies pour retenir les proscrits et empêcher non seulement toute évasion mais aussi les communications avec le continent. Ce sont comme deux sentinelles avancées, battues par les vagues de l'Océan, entourées de récifs, qui protègent fortement les côtes de la Charente-Inférieure.

L'île de Ré, située à 20 kilomètres au sud-ouest de La Rochelle, a 22 kilomètres de longueur sur 7 de largeur. Elle est défendue par quatre forts, dont le principal est la citadelle de la ville de Saint-Martin.

L'île d'Oléron, au sud de la première, en est séparée par le Pertuis d'Antioche ; elle est peu éloignée de l'île d'Aix. Son étendue est de 24 kilomètres de long sur 8 de large ; elle compte 19.000 habitants, trois mille de plus que l'île de Ré.

Ces deux îles furent longtemps occupées par les Anglais ; elles furent définitivement conquises par Charles VII et fortifiées par Louis XIV.

« La citadelle de l'île de Ré, écrit un des déportés (1), bâtie par Vauban, était une forteresse magnifique avant la Révolution. Le portail d'entrée était majestueux ; les sans-culottes révolutionnaires l'avaient dégradé, en tirant à mitraille sur le frontispice où étaient gravées les fleurs de lis. On y arrivait par un pont-levis d'une grandeur et d'une longueur prodigieuses. Le corps de garde était placé à l'entrée d'une cour immense, environnée de pavillons qui formaient plusieurs rues. L'intérieur de cette forteresse ressemblait à une ville... Non loin de la citadelle étaient les

(1) Fleury, de Mamers, *Mémoires*, p. 357.

casernes bâties à neuf sous le gouvernement du bienfaisant Louis XVI. Ce vertueux monarque avait en outre fait bâtir un hôpital militaire, où se tenait la cambuse. »

C'est dans la partie sud de la citadelle que les déportés étaient placés, et, lorsque les salles et les chambres ne suffisaient plus, on les logeait sous les combles et dans les greniers. Cette partie des forts a gardé la même destination. C'est là que beaucoup de condamnés de la Commune furent enfermés en 1871, et c'est là, aujourd'hui encore, que stationnent les forçats, en attendant le départ pour la Nouvelle-Calédonie qui a lieu régulièrement tous les cinq mois.

Jusqu'au 25 mai 1798, il n'y eut à l'île de Ré que 27 galériens et 5 émigrés. De cette date au 6 août, on y débarqua 72 individus, presque tous prêtres venant des dépôts provisoires de Brest, de Lorient et de La Rochelle.

La *Vaillante* en prit 44, le 2 août, et mit à la voile pour Cayenne. Mais les Anglais s'en emparèrent, mirent les forçats en prison à Plymouth, et les prêtres en liberté à Londres.

Il ne restait dans l'île de Ré que 60 détenus ; le 7 août, il en arriva 146 qui venaient de Rochefort, et parmi eux on en comptait 47 âgés de plus de 60 ans. Dans le courant du mois de septembre, il en arriva encore 104 ; en octobre, 97 ; en novembre, 65 ; en décembre, 46 ; en janvier 1799, 102.

A partir du mois de février suivant, les déportés furent distribués entre les deux îles de Ré et d'Oléron, 49 dans la première et 36 dans la seconde ; en mars, 78 et 58 ; en avril, 29 et 26 ; en mai, 53 et 41 ; en juin, 20 et 32 ; en juillet, 25 et 4 ; en août, 34 dans l'île de Ré seulement ; en septembre, 19 et 17 ; en octobre, 14 et 27 ; en novembre 10, tous à Oléron.

Au total : 1064 dans l'île de Ré, et 572 dans l'île d'Oléron, soit 1636 dans l'ensemble ; on y comptait 1.110 prêtres.

Sur ce nombre, 328 furent envoyés à la Guyane : 63 laïques et 265 prêtres.

Quelle fut la situation des déportés ? A quel régime furent-ils soumis ? D'abord, la surveillance était active, car on n'a pas signalé d'évasion pendant toute la durée du Directoire. Les prisonniers étaient non seulement privés de liberté, mais ils manquaient aussi de l'espace requis par la simple hygiène. Leur quartier pouvait contenir régulièrement 400 personnes, et ils arrivèrent rapidement à atteindre un nombre double. Beaucoup furent entassés dans les greniers, sans abri contre les rigueurs de l'hiver et l'humidité du climat. Les couvertures des toits étaient mal entretenues, dit un rapport officiel ; elles permettaient aux eaux pluviales d'atteindre les détenus. Les vêtements venant à s'user et à faire défaut, non seulement l'État ne leur fournissait rien, mais il leur était même interdit de s'avancer jusqu'à la première barrière de leur prison pour demander au dehors et acheter à leurs frais les choses les plus nécessaires. Si les prêtres souffraient sans se plaindre, il n'en était pas de même des forçats qui se présentèrent aux commissaires inspecteurs pour leur faire constater que leurs vêtements étaient délabrés, qu'ils étaient presque nus et cependant obligés de coucher sans matelas et sans paille, sur le plancher (1).

D'après le règlement, les déportés devaient recevoir les vivres accordés aux prisonniers, soit, tous les jours, à dîner : une livre et demie de pain, trois quarts de pinte de vin, huit onces de viande fraîche

____

(1) Archives de la Charente-Inférieure, L. 124. —

sept fois par décade, et 4 onces de morue les trois autres jours ; le soir, ils avaient 4 onces de légumes, plus l'assaisonnement, avec huile, vinaigre et sel.

La distribution se faisait le matin à 10 heures, le soir à 4 heures, par groupes de sept, dont le chef était pourvu d'une gamelle et d'un bidon.

Mais il y avait loin du règlement à l'exécution effective. Non seulement on fraudait sur le poids et la quantité des provisions, mais ordinairement la qualité était mauvaise ; le pain était noir, grossier, à moitié cuit ; le vin âpre et désagréable au goût ; la morue rance et dure ; les haricots, qui revenaient sans cesse, étaient vieux et rebelles à la cuisson. Enfin la viande faisait souvent défaut aux jours marqués, et parfois elle était coriace et avariée.

Les lettres des déportés, en nous offrant ces tristes renseignements, nous disent aussi que la plupart des vieillards auraient succombé, si la charité des fidèles de la ville ou des environs n'était venue à leur secours.

Au début, on transportait à l'hôpital les nombreux malades, mais ils étaient privés des soins et des remèdes les plus élémentaires. Leurs infirmiers étaient des soldats, condamnés pour vol ou pour désertion ; ils ne savaient pas même entretenir la propreté et n'avaient pas le moindre dévouement pour les malheureux confiés à leur garde. Aussi les prêtres cherchaient à se soustraire à un pareil régime et ne voulaient pas être isolés de leurs amis. On finit cependant par obtenir que les malades de l'hôpital seraient soignés par leurs confrères, qui se relevaient jour et nuit auprès d'eux, pour les assister et surtout pour leur procurer les suprêmes consolations, dans le péril de mort. C'est à ce dévouement que plusieurs ecclésiastiques égarés et schismatiques durent leur conversion : touchés de la charité et des exhortations de leurs frères, ils reconnurent leur erreur, se rétractèrent, et moururent en paix avec Dieu.

A toutes les souffrances physiques et matérielles, à la gêne continuelle et aux rigueurs administratives, s'ajoutait une nouvelle douleur qui, pour être morale, n'en était pas moins dure à supporter. C'était l'étrange promiscuité des prêtres au milieu des voleurs, des assassins et des criminels de tout genre, au milieu de soldats et d'officiers sans-culottes et même auprès de quelques galériennes mal famées. Malgré toute leur modestie et leur réserve, les ecclésiastiques étaient contraints de voir et d'entendre bien des choses qui répugnaient à leur dignité et à leur vertu. Leur charité ne les mit pas toujours à l'abri des insultes et des procédés hostiles de pareils voisins.

Mais ce qui les blessait plus encore et leur allait droit au cœur, c'étaient les oppositions et parfois la rancune haineuse des prêtres apostats. Quel contraste entre ces martyrs du devoir qui avaient déjà subi l'exil ou le supplice des pontons, qui avaient vu la mort de près, et ces faux frères qui avaient lâchement trahi leur conscience, abandonné leur foi et cédé aux menaces des sectaires de la Révolution !

Compromis par la politique, ceux-ci étaient à leur tour persécutés par leurs anciens amis, et ils n'avaient pas la résignation et la paix des bons prêtres, car le dépit et les remords aggravaient leur triste sort.

Parfois ils provoquaient des discussions, des oppositions et de pénibles reproches. Mais les confesseurs de la foi priaient pour eux, leur témoignaient une sincère charité ; ils n'avaient pas de plus vif désir que celui de les ramener à la vérité et de les réconcilier avec l'Église.

A cette fin, et aussi pour leur propre bien spirituel, ils avaient organisé des réunions et des conférences de piété. Dans les salles plus vastes, ils se groupaient et se sentaient fortifiés et consolés en reprenant ensemble les exercices qui autrefois sanctifiaient leurs journées du séminaire.

Prières en commun, méditation, récitation du bréviaire, leçons de théologie, d'Écriture sainte et d'histoire, voilà leurs occupations, aux diverses heures du jour. Ils ne savaient pas ce que leur réservait l'avenir, mais ils prenaient tous les moyens de se préparer soit à de plus grandes épreuves soit au ministère des âmes, si Dieu les rendait à la liberté.

Au bout de quelques semaines, ils parvinrent à se procurer des calices et des ornements; alors on dressa de modestes autels dans les combles, et chaque matin, de cinq heures à midi, les messes étaient célébrées à tour de rôle.

Persécutés à cause du culte catholique, ils parvenaient ainsi à le maintenir dans leur prison; ils se fortifiaient pour les prochaines campagnes de leur apostolat.

A leur tête, ils avaient placé les hommes les plus dignes de leur confiance et de leur vénération : ils étaient dirigés et instruits par M. Cholleton, vicaire général de Lyon, et par M. l'abbé Guillet, de Savoie, qui fut plus tard le fondateur et le supérieur du petit séminaire de Chambéry.

Les dures épreuves des déportés se prolongèrent sous le Consulat. Les procès-verbaux conservés aux Archives de la Charente-Inférieure en font foi :

« Le 2 mai 1800, une commission est convoquée pour examiner les vivres. Elle constate que cinq sacs de blé sont pourris ; que 442 quintaux et 77 livres de froment, n'ayant pas été criblés et étant imbibés d'eau de mer, doivent être rejetés. »

« Le 4 mai 1801, le ministre de la police écrit lui-même à l'administration pour lui reprocher de laisser les prêtres dans le dénûment le plus absolu des objets de première nécessité et de leur servir des aliments de la plus mauvaise qualité. La commission nommée constate alors que le pain n'est pas toujours cuit, que les fèves et les haricots résistent à la cuisson, que pendant 36 jours le vin a fait complètement défaut, que l'eau est mauvaise et trouble, parce qu'on la tire de puits dont le fond est sale et vaseux. »

Il avait été réglé que les déportés dans l'île d'Oléron auraient la liberté de circuler dans l'île entière, mais la municipalité fit opposition, donnant ce motif : « Ils ne peuvent faire aucun bien ici et peuvent y faire beaucoup de mal; d'ailleurs ils pourraient s'évader. »

La conclusion fut que la citadelle du château fut assignée, comme celle de l'île de Ré, pour la réclusion des malheureux déportés.

Le commandant, appelé Fontès, était d'ailleurs, en sa qualité de vieux jacobin, fort disposé à les traiter avec sévérité. Voici le témoignage d'un détenu du diocèse de Meaux :

« Comme nous étions l'objet principal de ses occupations, il s'amusait à faire des règlements qui ne tendaient qu'à nous gêner. Si quelque déporté s'en écartait, tous les autres en étaient victimes. La promenade nous était interdite; le concierge était chargé de nous visiter tous les soirs; il fallait éteindre les chandelles à une certaine heure; on donnait des consignes aux sentinelles qui quelquefois nous traitaient cavalièrement, on refusait la permission de sortir en ville pour acheter les choses nécessaires. On avait établi deux marchés par décade à l'entrée de la citadelle. Mais on n'accordait qu'à deux hommes par chambrée d'y aller, et encore escortés par trente fusiliers, au milieu desquels on marchait comme des galériens, auxquels il ne manquait que la chaîne! Si on faisait des représentations à M. Fontès, il répondait qu'on ne nous avait pas envoyés à Oléron pour y trouver nos aises (1). »

(1) *Semaine religieuse de Meaux*, « Déportation », par M. Sauvé.

On voit que les épreuves et les souffrances étaient les mêmes pour les déportés dans chacune des deux îles. Mais ce qui leur était commun aussi, c'était l'esprit de foi, la résignation et la patience. Les prêtres d'Oléron avaient réussi, comme leurs voisins, à se procurer des calices et des ornements pour offrir le saint sacrifice. Les demoiselles Jodeau, résidant dans l'île, et plus tard devenues *religieuses de la Sagesse*, se dévouaient pour procurer aux prêtres tout ce qui était nécessaire pour dire la messe, et les habitants s'estimaient heureux de prêter leur concours. Le commissaire lui-même, trouvant son profit à leur vendre des cierges, leur en procurait, en ayant l'air d'ignorer la destination.

Et c'est ainsi que, depuis trois heures du matin jusqu'à midi, les prêtres se succédaient à l'autel, se servant mutuellement la messe. Ils eurent même désormais la douce consolation de conserver secrètement la sainte Eucharistie dans un petit oratoire caché ; ils venaient à tour de rôle au pied d'un bien modeste tabernacle ; ils étaient heureux d'établir dans leur prison une véritable adoration perpétuelle (1).

On a conservé précieusement les calices et autres objets religieux qui servaient aux confesseurs de la foi. Un reliquaire les renferme, au presbystère de Saint-Martin-de-Ré. On y voit les vases qui servaient à l'autel ou tenaient lieu de ciboire, un missel, la boîte des saintes-huiles, un baiser de paix, des linges, des ornements, etc., etc.

Leur activité spirituelle s'exerçait aussi par la composition de recueils édifiants et l'organisation de pieuses confréries.

L'un des déportés avait rédigé un petit opuscule

(1) V. *Vie de M. Guillet,* par Dépommier, Chambéry, 1884.

que ses confrères pouvaient copier et relire souvent. Il offrait un ensemble des maximes chrétiennes les plus appropriées à leur situation ; elles étaient tirées surtout des ouvrages de saint François de Sales et de saint Vincent de Paul, rangées par ordre alphabétique (*Ad majorem Dei gloriam*, 1798).

Il suffit d'en citer quelques passages pour juger des admirables sentiments dont ces âmes sacerdotales étaient pénétrées :

« Les cinq exercices suivants doivent nous être chers et familiers comme les cinq doigts de la main : 1° la présence de Dieu, 2° la prière, 3° les élévations du cœur, 4° la mortification, 5° la lecture spirituelle. »

« La foi nous fait regarder comme des biens ce que le monde regarde comme des maux, et comme des maux ce que le monde appelle des biens ; et c'est de la différence de ces idées que naît la conduite différente des justes et des pécheurs. »

« Il faut respecter ceux qui nous persécutent et les regarder comme les exécuteurs de la justice de Dieu qui nous châtie. »

« Le mérite de nos souffrances est bien d'un plus grand prix devant Dieu, que celui de nos actions. »

« Heureux l'homme à qui la vertu se montre dans toute sa beauté. Peut-on la voir sans l'aimer ? Peut-on l'aimer sans la pratiquer ? Peut-on la pratiquer sans être heureux ? »

Pour soutenir et ranimer leur foi et leur courage, ces bons prêtres avaient organisé entre eux, et même au dehors, des confréries du Sacré-Cœur, du Rosaire et du Saint-Sacrement. La première avait de nombreux affiliés parmi les habitants de l'île de Ré ; il y avait une feuille spéciale d'agrégation surmontée d'un Cœur, avec cette devise : « *Traham eos in vinculis qaritatis* » (Osee, ii). Elle indiquait les obligations et la prière quotidienne à réciter par chaque confrère, avec un *Pater*, un *Ave* et les actes de foi, d'espérance et de charité.

Les prêtres fondateurs avaient seuls le pouvoir d'agréger les personnes pieuses qui désiraient être reçues dans la confrérie.

Ainsi les confesseurs de la foi s'entretenaient dans une admirable piété et dans un complet abandon à la volonté divine, disposés à tous les sacrifices pour la plus noble des causes. Toutefois, le Seigneur se contenta d'appeler à lui les âmes de 71 martyrs dans l'île de Ré et de 19 autres dans celle d'Oléron. Il réservait le plus grand nombre de ses ministres fidèles pour relever la religion en France, ranimer la foi et réparer tant de ruines accumulées par la Révolution.

La délivrance des déportés aux îles de Ré et d'Oléron fut très lente à se produire. Au cours de 1799, il n'y eut, sur un si grand nombre de détenus, que 34 élargissements, dont 11 en faveur de laïques du Pas-de-Calais et les autres en faveur de prêtres constitutionnels, jureurs notoires, républicains ardents, quelques-uns mariés.

Après le 18 Brumaire, Bonaparte était disposé à désavouer et à combattre la politique anti-religieuse ; mais il avait à compter avec son entourage et ne pouvait arriver que par degrés à une attitude franchement réparatrice. Le 23 décembre 1799, il obtenait des Cinq-Cents le pouvoir de se prononcer sur le sort des déportés et de leur rendre leurs droits de citoyens ; le 25, il demande à Fouché l'état des prêtres détenus ; le 28, un arrêté consulaire déclare légale l'ouverture des églises et en rend l'usage aux communes ; le 29, ordre est donné à Bertier d'accorder toute liberté pour le culte en Vendée ; le 3o, ordre de faire enterrer Pie VII, à Valence, avec tous les honneurs dus à son rang et d'élever un monument à sa mémoire ; enfin, le 10 janvier 1800, un nouvel arrêté supprime tous les anciens serments, qui sont remplacés par la simple promesse de fidélité à la Constitution de l'an VIII.

A cette condition, tous les prêtres déportés du Doubs, du Jura et de la Haute-Saône étaient mis en liberté. Dès lors, les décrets de libération se succèdent; les Belges déportés en masse sont rapatriés de même; les évasions sont favorisées par la complicité des soldats. A la date du 3 juin 1800, il ne restait plus que 140 déportés à la citadelle de Ré (1). Fleury rapporte qu'en mai 1802 il n'y en avait plus que 50. En août 1802, le petit nombre de prêtres qui restaient signèrent la promesse de fidélité sur l'invitation du cardinal Caprara, qui rassurait leur conscience; ils furent libérés.

La persécution du Directoire atteignit plus cruellement quelques prêtres insermentés, en les envoyant au bourreau ou aux exécutions des commissions militaires. Pour compléter notre martyrologe, nous allons citer leurs noms et donner la date de leur exécution.

Ce fut par une injustice cruelle qu'on les condamna comme émigrés rentrés, car ils n'étaient pas des émigrés volontaires, mais des victimes de la loi de bannissement et d'exil forcé, du mois d'août 1792.

Le premier immolé fut Benoît *Lempereur*, ancien prieur de Maroilles, district d'Avesnes, jugé et exécuté de suite à Douai, le 26 octobre 1797.

— Mathieu *de Gruchy*, né à Jersey, fut arrêté à Nantes, condamné le 27 novembre 1797 et fusillé le lendemain. Il voulut marcher au supplice pieds nus, un crucifix à la main; en route, son ancien curé lui donna l'absolution du haut d'une fenêtre, et le martyr, qui était averti, s'inclina pour la recevoir. Arrivé à la place Viarme, il pardonna à son dénonciateur, tomba à genoux et ne rendit son âme à Dieu qu'après trois décharges du peloton d'exécution.

— A *Marseille*, les commissions militaires fusillèrent, le 3 février 1798, l'abbé *Baudin*, ancien vicaire de Saint-Ferréol; le père *Donnadieu*, ancien supérieur du petit séminaire; Antoine *Émeric*.

— A *Besançon*, le 9 décembre 1797, *Patenaille* Jean-François, curé d'Arlay; le 23 janvier 1798, *De Galniche* Claude-François, curé de Dampierre; le 27 janvier; *Jacquinot* Jean, le 9 février.

(1) Lettre de M. Barral, prêtre du Mont-Blanc.

Martelet Jean-Baptiste, lazariste ; le 17 février, *Perrin* Jean-Claude, vicaire de Grande-Combe ; le 26 mai, *de la Pierre* Paul, chanoine ; le 11 juin, *Boutelier* Antoine ; le 30 juillet, *Berlin-Mourot* Pierre, vicaire.

— A *Metz*, le 6 juin 1798, *Saint-Etienne* Joseph, capucin ; le 23 juillet, *Fendt* Jean-Nicolas, prébendé à Thionville ; le 12 août, *Nicolas* Antoine, curé de Saint-Baudier ; le 13 août, *Maucolin* Jean, curé de Bettelainville.

— A *Nancy*, le 1er janvier 1798, *Poirot* Joseph, vicaire ; le 10 avril, *Thouvenin* Sigisbert, prémontré ; le 2 mai, *Lothinger* Antoine, chartreux.

— A *Tours*, le 27 février 1798, *Denais* Pierre, vicaire de Laval ; le 23 mars, *Glatier* Jean-Joseph, vicaire du Mans ; le 30 mars, *Hervieux* Pierre-Julien, vicaire du Mans.

— A *Grenoble*, le 7 septembre 1797, *Lunel*, curé de Buis.

— Au *Puy*, le 15 septembre 1798, *Mermet* Jean, curé de Saint-Ferréol ; le 10 juillet 1799, *Pigeon* Jean, vicaire, fusillé par les gendarmes.

— A *Toulon*, le 28 janvier 1799, *Meyran* Joseph, vicaire d'Aix ; le 13 février, *Sicard* Pierre, du diocèse de Grasse. Ce fut le dernier condamné comme émigré rentré et fusillé comme tel par les commissions militaires.

CHAPITRE XXIV

A la mémoire des martyrs

L'espérance des prêtres déportés. — Les survivants ont fait connaître les supplices et les vertus des martyrs. — Caractère de leurs relations. — Leur noble dessein. — Après un siècle d'oubli, le souvenir des martyrs est en honneur. — Projets de monuments. — Pèlerinages. — Cérémonies. — Le procès de béatification est commencé. — Apologie des martyrs.

En souffrant pour l'Église et pour Dieu, en priant pour la France, les prêtres déportés n'avaient pas seulement une paix inaltérable, la joie d'une bonne conscience et les mérites du sacrifice ; ils gardaient aussi la ferme conviction que justice leur serait rendue dans l'avenir. Ils devaient en effet recevoir la couronne des bons serviteurs au ciel d'abord, et aussi l'estime, la vénération et la confiance des fidèles, instruits de leurs épreuves vaillamment supportées.

Telle fut leur espérance, que l'un d'eux traduisit au nom de tous dans un poème latin où il chante leur bonheur de souffrir pour la religion, où il expose en détail les supplices endurés sur les pontons et la constance surnaturelle des confesseurs de la foi.

Dans cette poésie que nous allons reproduire en terminant cet ouvrage, l'auteur, déjà atteint de la maladie qui devait le conduire à sa fin prochaine et

glorieuse, s'écrie, dans un accent prophétique, à la
vue de l'île où reposaient déjà tant de martyrs :

> . . . . *« Insula felix !*
> *« Ingenti, sis parva licet, donabere famá.*
> *« Quorum nempe tenes sacra pignora, quisque triumphos*
> *« Navita quisque canet, gens ad te confluet omnis,*
> *« Tot certos rebus dubiis orare patronos ! »*

« O île bienheureuse ! bien que tu sois petite, tu jouiras d'une
grande renommée. Tu gardes les ossements sacrés de tes martyrs
dont les marins célébreront le triomphe. On verra tout un peuple
accourir vers toi, pour invoquer, dans les temps d'épreuve, tant
de puissants protecteurs couronnés au ciel ! »

Malgré la profonde humilité des confesseurs de la
foi, malgré leur résolution de ne point se glorifier de
leurs chaînes et de leurs souffrances sur les pontons
et dans les autres lieux de leur déportation, Dieu a
permis que plusieurs d'entre eux, sollicités par leurs
supérieurs ou pressés par les fidèles, aient consenti à
retracer dans leurs relations, en toute sincérité, le
tableau des supplices douloureux qu'ils eurent à subir.
Leur modestie les oblige à s'excuser, mais les motifs
si nobles et si élevés qui les animent, bien loin de leur
faire encourir le moindre blâme, leur assurent au
contraire la reconnaissance et les justes louanges des
familles des martyrs et des fidèles qu'ils ont édifiés.
Un des témoins les plus complets, que nous avons
cité le plus souvent, M. *de la Biche*, chanoine de Limoges, va nous ouvrir son âme :

« Faisons, me suis-je dit à moi-même, l'histoire exacte de ce
qu'ont souffert, pour le maintien de la foi, tant de généreux
confesseurs déportés sur les vaisseaux de Rochefort, à raison du
refus de prêter le serment. Ce tableau, s'il était bien présenté, en
même temps qu'il consolerait les vrais catholiques et qu'il allége-
rait les peines de nos confrères exilés, pourrait encore faire rentrer en eux-mêmes tant de chrétiens lâches ou apostats, qui,
dans ces jours nébuleux, ont exposé témérairement ou totale-

ment abandonné le précieux dépôt de la foi. Peut-être aussi ouvrirait-il les yeux à quelqu'un de ces hommes prévenus qui ne virent d'abord dans les prêtres insermentés que des hommes entêtés ou intéressés à maintenir l'ancien état de choses; ils pourraient bien achever par n'y voir que des hommes à grand caractère, incapables de fléchir en matière de religion. Qui sait même s'il ne ferait pas naître quelques doutes à un certain nombre d'incrédules de bonne foi! L'histoire des premiers siècles de l'Église offre des exemples de conversions subites, dues au spectacle où même au seul récit des tourments endurés pour la foi.

« A Dieu ne plaise que nous tirions vanité, devant les hommes, de ce que nous avons souffert pour Dieu! Nous ne serions pas seulement trop vains, mais encore trop injustes. Qui de nous a tiré de sa captivité tout le fruit qu'il eût dû en tirer pour son salut?

« J'éviterai toute amertume dans les réflexions et toute animosité dans les détails. J'écrirai sans prétention, d'un style simple, familier, adressé à de fervents catholiques plus jaloux de s'édifier que de lire des phrases bien arrondies et d'harmonieuses périodes. Je prie le Seigneur de répandre sa bénédiction sur mon ouvrage, afin qu'il ranime la foi de ceux qui le liront et produise en eux de vifs sentiments de piété. C'est là véritablement tout mon désir.

« C'est à la suite des persécutions qu'il faut recueillir les traits de courage de ceux qu'elles n'ont pu ébranler. S'abstenir de le faire, sous de spécieux prétextes, ce ne serait pas modestie, prudence ou amour de la paix, mais indifférence ou pusillanimité répréhensibles (1). »

Le dessein de M. Rousseau, mort à Amiens, n'est pas moins digne d'éloges. Dans son récit fort détaillé, il a voulu démontrer que l'histoire des anciennes persécutions s'est renouvelée contre les ministres de Jésus-Christ. Ainsi la vérité des actes des premiers martyrs a été confirmée par les divers genres de maux et de tourments auxquels les prêtres furent condamnés de nos jours. Il importait de publier à la face des peuples, pour la grande gloire du sacerdoce catholique, les souffrances endurées par les prêtres déportés.

(1) V. Préface de la *Relation*, p. VIII.

La préface de M. Bottin, curé de Paris, n'est pas moins édifiante :

« L'écrit suivant n'a pas été composé par esprit de vengeance; un pareil sentiment ne trouve point d'accès dans le cœur d'un prêtre qui a été jugé digne de souffrir pour Jésus-Christ. L'auteur n'a eu pour but que d'édifier quelques amis, et de leur faire bénir avec lui le Dieu qui donne la patience et la consolation.

« Après avoir versé des larmes sur la mort de ces hommes irréprochables, ils en conserveront religieusement la mémoire et seront affermis dans la foi par le souvenir de leur généreuse fermeté (1). »

Voici encore le noble dessein de M. Michel, supérieur du grand séminaire de Nancy :

« La grâce de Dieu, se déployant avec force, a renouvelé dans ces temps malheureux des exemples de l'héroïsme des premiers siècles. Elle nous offre de nouveaux motifs à l'affermissement de notre foi, en nous présentant autour de nous ces hommes généreux en qui la conviction de notre sainte religion l'a emporté sur les persécutions, l'exil, la misère, la mort, sur des supplices même plus cruels que la mort.

« Dieu, n'ayant opéré les merveilles de sa grâce que pour faire triompher son Eglise et fortifier les faibles, c'est seconder les vues de sa Providence, de les divulguer aux yeux de tous les fidèles. J'ai cru remplir ce but, en faisant la relation suivante, qui sera à la fois le tableau le plus exact des vexations de toute espèce, ainsi que de la patience et de la résignation la plus grande et la plus entière. Je me contenterai de rapporter les faits, sans ajouter aucune réflexion, les faits en faisant naître par eux-mêmes (2). »

Ces mêmes intentions, si droites et si pures, ont animé tous les autres témoins qui ont laissé des Mémoires : le chanoine Texandier, de Limoges; l'abbé Michel Soudais, de Sens; l'abbé Guilloreau, du Mans; le lazariste Parizot, de Metz; M. Gardette, supérieur du grand séminaire de Lyon; les abbés Cassagnes et Azémar, de Rodez; l'abbé Rollet, de Saint-Dié; Massain-Guiral, de Tulle, etc.

(1) V. *Récit abrégé*, p. 1 et 2.
(2) V. *Journal*, p. 4.

Tous ces documents se confirment et se complètent; ils ont servi à l'abbé Guillon dans ses quatre volumes sur les *Martyrs de la foi*, à l'abbé Manseau dans son ouvrage sur *les Prêtres et les Religieux déportés*, à l'abbé Dubois dans son travail sur *Rochefort et les Pontons de l'île d'Aix*. C'est aussi la mine précieuse et abondante à laquelle nous avons puisé pour ne reproduire que des faits bien authentiques.

C'est encore la source principale qui offre les bases historiques du procès canonique commencé par M⁸ʳ l'Évêque de La Rochelle, en vue de la béatification des confesseurs de la foi qui obtinrent dans leurs épreuves la palme du martyre.

Dans le cours du siècle dernier, on avait souvent, dans les discours et dans les livres, célébré la constance et la fin glorieuse des prêtres immolés dans les massacres de Septembre ou condamnés à mort par les tribunaux révolutionnaires et les commissions militaires. Les martyrs de la déportation, sans être oubliés, n'avaient eu, jusqu'ici, qu'une place secondaire dans les travaux des historiens et des apologistes. L'abbé Manseau, du diocèse de la Rochelle, d'abord curé de Saint-Nazaire et de l'île Madame, puis doyen de Saint-Martin de Ré, disait un jour, en recevant M⁸ʳ *Landriot* dans sa première paroisse : « Notre église a été comblée de l'abondance des dons divins, car nous possédons un peuple de martyrs (1). » Et il travailla pendant vingt ans à réunir les documents et les pièces qui devaient, selon son expression, former la substance et le tissu de son ouvrage sur la déportation. La bénédiction de son évêque encouragea et féconda son zèle; il fut décidé qu'on élèverait un monument commémoratif dans l'île

(1) Saint Ambroise.

Madame, sur la terre sanctifiée par les souffrances et la mort de tant de héros chrétiens.

Un appel fut adressé à l'épiscopat français, qui applaudit à cette noble entreprise et envoya ses offrandes. Les graves événements qui ont marqué la fin du XIXe siècle, la persécution religieuse et la Séparation de l'Église et de l'État, après la rupture du Concordat, n'ont pas encore permis d'ériger ce monument.

En 1890, surgit un nouveau projet. L'amiral Maudet était maire de l'île d'Aix. En faisant des terrassements autour des forts pour établir de nouvelles batteries, on avait découvert beaucoup d'ossements, restes des martyrs. Le maire et le curé les firent recueillir avec respect, les déposèrent dans la crypte de leur église et résolurent de transformer ce trop modeste édifice en une basilique dont le clocher dominerait toute la rade. Elle serait appelée : *Notre-Dame des Martyrs.*

Le dessein, approuvé par Mgr Ardin, fut l'objet d'une lettre pastorale ordonnant une quête dans tout le diocèse. Les archevêques de Paris et de Malines, en mémoire de leurs martyrs respectifs, se mirent à la tête de deux comités ; les souscriptions furent ouvertes, et le terrain de la future église fut acheté. La persécution religieuse est survenue pour susciter ici encore des entraves et imposer un regrettable délai.

En attendant qu'arrive enfin l'heure de Dieu, un simple laïque de La Rochelle, M. Daunas, homme de foi et généreux admirateur des martyrs, avait résolu de dresser, en vue des îles et de la rade où ils ont souffert, une grande croix, mémorial de leur supplice et de leur victoire. Il s'adressa au curé de Saint-Nazaire, qui a l'île Madame dans sa paroisse. De concert avec lui et les fidèles du voisinage, il réunit quelques fonds. Il parvint à acheter à ses frais, à l'entrée de la Passe-aux-Bœufs, un vieux bastion en ruine, avec l'ancienne poudrière et la maisonnette où logeait en 1794 le pourvoyeur des déportés. Et bientôt, sur le terre-plein, en saillie vers la mer, apparaissait une grande croix, simple mais solide, haute surtout, afin de dominer autour et au loin.

Tandis qu'on préparait la base de ce calvaire, il se produisait un phénomène d'un à-propos saisissant. La mer, accumulant des sables et des galets sur la Passe-aux-Bœufs qui conduit à l'île Madame, a formé un talus naturel qui permet désormais d'arriver à l'île à pied sec, à toute heure, tandis qu'autrefois le passage ne pouvait s'effectuer qu'à la faveur de la marée basse. Et les gens du pays se rappellent un dicton de leurs anciens assurant que « *les morts feraient le chemin quand on voudrait venir à eux* ». Depuis lors, les pèlerins sont venus, et en grand nombre.

Le 18 août 1910, à la date précise où commencèrent, en 1794, le débarquement et l'inhumation, on vit accourir, sur l'invitation du curé de Saint-Nazaire, une foule de fidèles de toute la région, heureux d'assister à la bénédiction de la croix et de prier ensemble sur les tombes des martyrs.

L'année suivante, en 1911, *Mgr Lecœur*, évêque de Saint-Flour, était venu honorer ses martyrs d'Auvergne et présidait avec Mgr Eyssautier une splendide démonstration de foi catholique. Devant trois mille pèlerins, par un soleil ardent, à l'ombre d'un petit figuier, il fit entendre une éloquente apologie des confesseurs de la foi. La grand'messe fut chantée en plein air; on donna la bénédiction du Saint-Sacrement, et ensuite la foule défila avec respect pour baiser la relique du crucifix taillé au couteau, fait par

un prêtre, sur les pontons, et présenté aux mourants
pour la suprême consolation. La procession se déroula
ensuite à travers l'île Madame, jusqu'au cimetière où
fut chanté le *Credo*.

En 1912, eut lieu, le 10 août, un pèlerinage semblable, et la cérémonie fut présidée par Mgr Bonne-
foy, archevêque d'Aix. On put alors inaugurer, à côté
de la croix, un oratoire où les prêtres viendront en
tout temps célébrer les saints mystères. Dans le
compte rendu de cette fête, on signale la présence de
parents des martyrs, arrivés de Paris et de Rouen,
prémices des nombreuses familles qui viendront un
jour prier sur les tombes de leurs protecteurs au
ciel.

Le 21 mars 1911, Mgr Eyssautier, évêque de la
Rochelle, prenait l'heureuse initiative d'un monument
d'un ordre plus élevé, pour glorifier la mémoire des
martyrs de la déportation. Il avait résolu d'ouvrir le
procès canonique diocésain en vue de préparer et
d'obtenir le procès apostolique du Souverain Pontife
pour leur béatification. Il écrivait à tous les évêques
de France :

« Vénéré Monseigneur,

« Votre Grandeur sait que le diocèse de la Rochelle a eu l'honneur de recevoir, pendant la Révolution, un grand nombre de
prêtres déportés, en vertu des lois du 26 août 1792 et du 19 fructidor an V, pour avoir refusé le serment à la Constitution civile
du clergé.

« Ces prêtres, vrais confesseurs de la foi, moururent, après de
longues et atroces souffrances, dans les hôpitaux ou dans les prisons, sur les pontons, ou dans les marais de la Guyane.

« Rochefort, Brouage, l'île de Ré, l'île d'Aix, l'île Madame,
toute la partie de nos côtes où stationnaient les navires de la persécution, sont des lieux sacrés où la divine hiérarchie et les droits
de la Papauté trouvèrent d'héroïques témoins.

« Le moment n'est-il pas venu de leur rendre l'hommage
mérité et de donner à leurs grands exemples un nouveau relief,
en préparant l'introduction de leur cause ? Alors que notre fidé-

lité aux ordres du Pape affirme, sous les yeux du monde entier, l'unité de l'Église catholique, ne semble-t-il pas opportun de glorifier ceux qui nous ont montré avec éclat la voie du sacrifice?

« Or, notre pieux projet ne peut réussir que si nous présentons une liste de noms bien identifiés, avec toutes les garanties de certitude et d'authenticité.

« C'est dans ce but que je m'adresse à Votre Grandeur, sollicitant son approbation, ses prières et son concours...

« J'ose vous prier, Monseigneur, de vouloir bien ordonner des recherches pour que les informations et les documents demandés nous soient fournis le plus tôt possible.

« Si, comme nous avons lieu de l'espérer, un décret de béatification vient couronner notre entreprise, quelle gloire et quelle protection pour le clergé français et pour la France tout entière! »

Cet appel de l'évêque de La Rochelle a trouvé partout un fidèle écho; des listes ont été dressées, des études biographiques ont été provoquées dans les diverses régions et au pays d'origine de chaque déporté.

Un tribunal diocésain a été établi à La Rochelle, les séances se succèdent, et, quand tous les témoins auront été entendus, quand tous les documents auront été compulsés, les conclusions et les jugements portés, sur chaque martyr en particulier, seront envoyés à la Sacrée Congrégation des Rites.

On a adopté une mesure propre à abréger les délais, à simplifier les travaux et à lever certaines difficultés. Le procès ne sera d'abord instruit que relativement aux déportés de la grande persécution de 1793 et 1794. Après la conclusion et les résultats de cette première phase de l'œuvre entreprise, on pourra procéder à un nouveau procès au sujet des victimes de la déportation sous le Directoire, dans laquelle les motifs d'ordre politique se mêlèrent souvent aux causes d'un caractère purement religieux.

M. le chanoine Lemonnier, bien au courant des Archives de la Marine et déjà très documenté lui-même, a été chargé de réunir dans le dossier du procès tous les renseignements obtenus dans chaque diocèse, dans les ordres religieux, dans les paroisses et dans toutes les familles intéressées. Un postulateur a été choisi à Rome : c'est M. Herzog, le postulateur de la béatification de Jeanne d'Arc et de la cause des martyrs de Septembre. Une pieuse supplique a été présentée dans ces dernières années au Saint-Siège. Mgr Eyssautier l'a vivemeut appuyée et, après son entrevue avec le Pape, il a rapporté une particulière bénédiction de Pie X « *pour tous ceux qui travaillent à préparer la béatification des prêtres-martyrs* ».

M. Gabriel Aubray, dans son intéressante brochure intitulée : « *Un reliquaire national : Les six cents prêtres martyrs des îles de la Charente* », a réveillé l'attention publique, ranimé la foi et la confiance des fidèles et provoqué des pèlerinages. Il disait :

« Je ne suis, moi, qu'un sonneur de clairon.

« Mais j'ai plus d'une raison de sonner pour les martyrs de la déportation. Fervent pour eux par atavisme, héritier adouci des saintes indignations de mon père contre le crime d'oubli séculaire commis à leur égard, ému par leur histoire qu'il avait commencé d'écrire, ayant ma dette aussi, je leur ai voué sur ma parole et sur ma plume une hypothèque de premier rang.

« Une grande injustice est à réparer, cela est certain. Tombés victimes de la persécution et soldats du catholicisme indépendant, il semble qu'ils sont les patrons nécessaires de l'Église de France affranchie et du clergé meurtri.

« Pourtant nous ne demandons pas encore pour eux des basiliques. Humbles quêteurs, nous ne demandons à chacun qui croit en eux que ce qu'il peut donner : de la curiosité, de la sympathie, des prières, des documents pour leur histoire, pour le procès de canonisation, des neuvaines pour leur acheter des grâces..., et surtout de faire, comme nous, le pieux pèlerinage (1). »

« Une belle page du cardinal Thomas, archevêque de Rouen et ancien évêque de La Rochelle, nous

____

(1) V. *Les 600 prêtres...*, p. 55.

paraît résumer tout ce qu'on peut dire de plus glorieux à la mémoire des martyrs de la déportation.
Nous la reproduisons pour l'édification des lecteurs :

« Des voix éloquentes et autorisées ont bien des fois célébré le
spectacle d'héroïsme offert par le clergé français à l'admiration
des hommes, pendant la Révolution. Elles ont comparé aux
scènes les plus touchantes et les plus sublimes des premiers âges
du christianisme la sainte mort des évêques et des prêtres massacrés, noyés, guillotinés; la patience de dix mille prêtres entassés dans les prisons de la République ; la vie souverainement édifiante de trente mille autres, jetés par l'exil dans toutes les con-
trées de l'Europe.

« Mais ce qu'on savait moins bien, ce qu'on ne peut lire sans
larmes et sans frémissement, c'est l'immolation lente, progressive,
barbare, infligée pendant des mois, par le supplice des pontons,
à la partie la plus jeune et la plus valide du clergé français soumis à la déportation.

« Il est beau de monter à l'échafaud comme à l'autel, calme,
grave, le pardon aux lèvres, et les yeux fixés déjà dans l'éternité.
Il est beau de tomber sous les balles des persécuteurs en les bénis-
sant ; mais il est plus beau, je n'hésite pas à le dire, de souffrir
mille morts, dans le silence et l'obscurité des pontons, de subir,
sans se plaindre, les ignominies et les abjections de ces bagnes
flottants, de voir tout son être se décomposer en lambeaux.

« Or, tel fut le martyre, et tel l'inoubliable exemple de quinze
cents prêtres et religieux.

« Tout le monde sait que la Révolution a été inhumaine pour
les prêtres, mais nulle part elle n'a été si bassement féroce que
dans le supplice des pontons. Ses agents, plus semblables à des
bêtes brutes qu'à des hommes, ont épuisé sur nos confesseurs de
la foi tous les raffinements de la méchanceté ; ils ont été jusqu'aux
extrémités dans le vil et l'ignoble ; ils ont voulu leur faire boire
la lie de toutes les amertumes et de toutes les hontes, en leur
ménageant une mort savamment graduée. Le cœur se soulève de
dégoût au spectacle des inventions de ces valets aux ordres des
tyrans de Paris. Et pourtant, ils n'ont jamais lassé la patience de
leurs victimes. Ils disaient dans leur grossier langage : « Voyez
« ces brigands-là, plus ils souffrent, plus ils sont contents ! »

« En effet, nos prêtres ont égalé en vertu les martyrs de la pri-
mitive Église. Un des témoins de leur supplice, un des infirmiers
de leur bagne, a écrit : « Au milieu de cet abandon total, de cette
« misère profonde, il semblait que la nature si indignement
« outragée eût pu se livrer aux murmures et appeler sur la tête
« des persécuteurs les malédictions du désespoir. Mais que de

« pareils sentiments étaient loin du cœur de nos malheureux
« confrères! Nouveaux martyrs, leurs mains ne s'élevaient vers le
« ciel que pour demander miséricorde en faveur de leurs bour-
« reaux. La sérénité de leur âme était peinte jusque dans leurs
« yeux; on n'entendait ni plaintes ni murmures. D'un bout du
« vaisseau à l'autre, on les voyait au contraire se consoler, se
« fortifier mutuellement par l'espérance prochaine du bonheur
« qui les attendait! Ah! que la religion me paraissait grande et
« majestueuse dans ces lieux si horribles à l'humanité! ».

« On oublie les types hideux des persécuteurs, pour ne voir
que la douce et sainte figure des persécutés, qu'entoure l'auréole
du martyre! (1) »

(1) Lettre du cardinal Thomas à M. Manseau.

CHAPITRE XXV

Poème latin sur le supplice des Pontons

TRADUCTION EN VERS FRANÇAIS

M. l'abbé Claude Dumonet, originaire de Mâcon, avait été principal du collège de sa ville natale.

Déporté comme prêtre insermenté à l'âge de 47 ans, il fut soumis au supplice des pontons, à bord du *Washington*.

La grande facilité qu'il avait acquise dans la composition en vers latins lui permit, sans livre ni vocabulaire, d'offrir à ses confrères un poème respirant la plus suave piété, bien propre à faire diversion à leurs cruelles souffrances et à les adoucir par les réflexions de la foi. Il y retrace les tourments divers qu'il supporte avec eux; il a le talent d'unir la résignation à la confiance, la paix et la joie même à la tribulation, l'espérance à la douleur.

Il succomba le 29 janvier 1795, dévoré par la fièvre, humilié par le triste état où l'avaient réduit les insectes parasites dont il ne pouvait se délivrer et qui lui infligeaient un cruel martyre. Un passage des Livres saints, que lui cita fort à propos un de ses frères, releva tout à coup son âme et le soutint jusqu'au moment où il rendit son âme à Dieu. Il fut enterré à l'île Madame.

M. Lequin, curé de Lauriges, au diocèse de Clermont, a recueilli et retouché le poème, mais il lui a
conservé toute sa verve et sa pleine sincérité.

Un vénérable vieillard, M. Clerec, avocat de Brest,
s'est exercé à traduire en vers français cette poésie
latine, dont le sens a été scrupulement respecté, mais
il était difficile de rendre tout le charme original du
latin.

> Quot fidei patuêre oculis miracula nostris !
> Sedibus ejecti patriis, tumidasque per undas
> Jactati, longâ nimium statione tenentur
> Quos tua sacravit, Deus, unctio ; Christus amoris
> Quos infiniti nobis dedit esse ministros,
> Carcere navali, cancellos inter opacos
> Congestis, adeo tetri nascuntur odores,
> Infesto ut videas languentia membra calore.
> Quod modo purpureum fuerat jam pallor in ore
> Assidet ; at retinent aliquas qui in pectore vires
> Porcinis norunt alimentis fortius uti.
> Exustos rorat dulcissima nomine lympha
> Pulmones, re sæpe putris, parcissima semper.
> Mucidus est panis, vel quo non durior ilex.
> Quas mare dat carnes, corruptæ : sæpe bubulcæ
> Incoctæ, semper conspersæ sordibus ; addas

> Quels miracles de foi frappent tous les regards !
> Chassés de leur patrie, et livrés aux hasards
> D'un perfide élément, sur l'onde palpitante,
> Où, retenus captifs, en leur prison flottante,
> Des hommes consacrés par la sainte onction,
> Prêtres du Dieu d'amour et de rédemption,
> Étouffaient, entassés dans ce cachot immonde
> Dont les barreaux épais les séparaient du monde.
> Ils étaient suffoqués par d'infectes odeurs
> Ou tombaient, privés d'air, dans d'étranges langueurs.
> Au teint frais, colorant leur figure si belle,
> Succédait tout à coup une pâleur mortelle.
> Celui que le lard fort n'avait pas dégoûté
> Conservait seul un peu de force et de santé.
> L'eau, qui devait calmer leur poitrine brûlante,
> Était souvent fétide et même insuffisante.
> Plus dur que le caillou, le pain était moisi,
> Les poissons corrompus, et les viandes aussi.
> Les ordures souillaient les chairs toujours sanglantes,

Si laridum, crudum est, nimiumve sal inficit illud.
Appositæque dapes rostroque teruntur et ungue;
Et vesci in croceis consuetos stercora cingunt.
Permixtæ fœces simul et vinum ; omnia tandem
Hæc adeo parce proscriptis dantur, ut inde
Atra fames miserandorum macilenta depascat
Corpora ; sed memorans, rigeo!... Et quid cætera versu
Prosequar ingrato turpissima? Vilia squalent
Vestimenta. Manus quæ tam scelerato verendos
Fœdavit vultus? Omni caret ipse decore
Christus, divinam nec fas agnoscere stipem.
Crinibus horrescunt et barbâ, frigore ut acri
Vix tuti esse queant. Mundandi ad corporis usum
Tela datur duplex lacera et persæpe lavanda.
Ergo, valete nitentia, dulcia, commoda, quidquid
His superest! pugiles vidêre sibi omnia tandem
Auferri, miseræ jam sustentacula vitæ.
Omnimoda ergo fuit sociis spoliatio cunctis,
Ut nudus nudum sequeretur quisque magistrum.
Si placidus tamen in sensus irreperet ægros
Somnus, spes esset reparandæ certa salutis ;

Le lard cru, trop salé, donnait des soifs ardentes,
Et pourtant l'on broyait, sous son ongle et ses dents,
Ces détestables mets infectés d'excréments.
Le vin était encor mélangé d'immondice,
Enfin, il fallait voir avec quelle avarice
On réduisait la part des malheureux proscrits,
Dont la faim dévorait les membres amaigris...
Je frémis d'y penser ! Mais dans ce préambule
Mes vers n'ont pas tout dit, et je vais sans scrupule
Achever le récit des excès odieux
Auxquels furent soumis les saints religieux :
Leurs habits, en lambeaux, croupissaient dans la crasse,
Et de barbares mains souillaient leur noble face
Des plus lâches affronts ; aucun hommage à Dieu
N'est permis, et son culte est proscrit de ce lieu.
Leur barbe, leurs cheveux poussent à l'aventure,
C'est pour les préserver, dit-on, de la froidure.
Ils n'ont pour se laver que des chiffons boueux,
Ainsi la propreté n'est plus faite pour eux.
Mais, athlètes chrétiens, ils bravent la furie
Des bourreaux les privant des besoins de la vie
Pour qu'à l'instar du Christ, nus, dépouillés de tout,
Ils puissent suivre enfin leur maître jusqu'au bout.
Si le sommeil du moins sur leur âme affaissée
Était venu répandre une douce rosée,
Ils auraient espéré revoir des cieux plus purs,

Quid vero valeant tabulata juvare cubantes
Nuda, quibus cervix non est ubi fessa quiescat?
Quæ miseros torquent percurrere longius esset
Omnia : inauditam patiuntur quisque malorum
Congeriem : sordes varias meritoque tacendas,
Usque renascentes certatim auferre laborant
Per solidas horas : fastidia, tædia, probra,
Et variata omnes sensus tormenta fatigant.
Sacra volumina si saltem solatio haberent,
Sollicitudinibus pressos quam sacra levarent
Cantica ! quam dulces haurirent fonte perenni
Lætitiæ sensus !... Solamina tanta negantur.
Non licet exulibus diræ Babylonis in oris
Tam blandas cytharæ digitis perstringere chordas :
Tot gladios inter pietas gemebunda silescit.
— O cœlestis amor ! quid non mortalibus afflas
Sublime ? Fremat natura ; triumphant
Qui tua sacra pati norunt incendia vincti,
Diversisque manus adhibent languoribus aptas.

Mais on les couchait tous sur des bancs nus et durs,
Sans aucun oreiller pour reposer leur tête.
Et la torture encore devenait plus complète,
Quand on les entassait, deux à deux, trois à trois,
Sur ces lits resserrés, dans ces bouges étroits :
Ainsi leurs pauvres corps, qu'énervait la famine,
Subissaient les tourments d'une affreuse vermine,
Malgré tout leur courage à combattre ce mal,
Et les ennuis comblaient ce supplice infernal.
Hélas ! que n'avaient-ils, pour charmer leurs misères.
Les cantiques sacrés, les livres de prières !
Cette source de joie eût rafraîchi leurs sens,
Et le ciel eût reçu leurs concerts innocents ;
Mais à nul exilé ce bienfait ne se donne :
On leur refuse tout, ils sont à Babylone.
Le luth de la victime à son bourreau déplaît,
Et devant les poignards la piété se tait.
— Céleste charité, vous soufflez dans les âmes
Le sublime ascendant de vos divines flammes !
La nature frémit, mais, captifs courageux,
Les prêtres infirmiers brûlent de tous vos feux ;
De leurs frères mourants ils soignent l'agonie,
Et de leurs dévouements la tâche est infinie.
Dieu leur a suggéré l'instinct médicinal,
S'ils ne peuvent guérir, ils endorment le mal ;
Ils ont, pour appliquer le baume à la blessure,
Leurs yeux toujours ouverts et leur main toujours sûre.

O juvenum generosa cohors! Queis nomina vestra
Laudibus extollam lætum celebranda per orbem!
Nimirum vestri immemores libet omnia adire,
Vivere ut incipiant fratres, discrimina vitæ,
Illorumque dies vestris cumulare diebus.
Sed quam multa tamen cadit hostia, summe sacerdos,
Æternasque tibi properat persolvere laudes!
O clari pugiles qui scanditis atria cœli!
Gaudia nunc tuti bibitis de flumine pleno!
Corporis et pondus retinet me in carcere vinctum,
Inter et, exul adhuc, tenebrosas erro procellas!
Tu, Joberi, super cunctos dilecte, relinquis
Sic me, cujus eras vivus solamen, amicum?
Hei mihi! charta madens lacrymis maculatur abortis,
Ah! super hunc tumulum liceat mihi spargere flores
Cum lacrymis; liceat gemitus effundere, donec
Quos hic junxit amor, rursum jungantur amici
Cœlesti in patriâ. Fragili succurre ministro,
Summe Deus! Culpam, clemens, ignosce precanti!
Non mea, sancte Pater, tua sed fiat usque voluntas.
Parcite, lectores; quem defleo nostis amicum,
Aut verus saltem nostis vos quid sit amicus.

O jeune essaim sacré! je voudrais en tous lieux
Publier votre éloge et vos noms glorieux!
Plusieurs de vous sans doute, en s'oubliant eux-mêmes,
Ont poussé leur courage aux limites extrêmes,
Ont bravé les dangers qui menaçaient leurs jours,
Lorsque l'épidémie, aveugle dans son cours,
Les a frappés soudain, eux, généreux apôtres,
Donnant ainsi leur vie en prolongeant les nôtres.
Fiers martyrs, le bonheur au ciel leur appartient
Quand la vie en prison m'enchaîne et me retient
Je suis toujours en proie au ténébreux orage,
Et toi, digne Jober, tu dors sur le rivage;
Tu m'as abandonné, cher ami de mon cœur,
Toi qui savais si bien soulager ma douleur;
Le torrent de mes pleurs sur ce papier retombe,
Ah! laisse-moi jeter quelques fleurs sur ta tombe!
Et reçois mes regrets, jusqu'au bienheureux jour
Où nous nous reverrons au céleste séjour!
Vous aussi, Dieu clément, pardonnez au ministre
Qui vient vous implorer dans ce cachot sinistre!
Que votre volonté, non la mienne, ô Seigneur,
Soit faite en tous les temps! et vous, mon cher lecteur,
Excusez mes sanglots, vous en savez la cause,
Un véritable ami est la plus douce chose.

Ast opus inceptum jam prosequor. Insula felix
Quæ portus nostros multo defendis ab hoste,
Ingenti, sis parvat licet, donabere famâ.
Quorum nempe tenes sacra pignora, quisque, triumphos
Navita quisque canet, gens ad te confluet omnis,
Tot certos rebus dubiis orare patronos.
— Interea prodeunt oculis spectacula prorsus
Terrifica attonitis : adsunt nova prœlia, venti
En ruere incipiunt luctantes undique, quassa
Ingemit et navis glacialibus acta procellis.
Horrendo ecce furunt aquilones impete : cursu
Autumni medio vel hyems asperrima sævit,
Inque sacerdotes elementa armata videntur
Omnia, tot fractos jam pestibus; urit et imas,
Per laceras vestes, frigus penetrabile costas.
O res fœda! Rigent artus, calor ossa relinquit.
Dentibus et tremulis porrecta cibaria mandunt.
Ergo potes cum martyribus conferre recentes
Antiquis. Non testa, rogus ; non vincla, leones :

Et si vous connaissez celui que j'ai perdu,
Ma douleur gagnera votre cœur éperdu.
Reprenons nos récits et parlons de cette île
Qui défend notre port et sa côte fertile ;
Quoique toute petite, elle porte un grand nom
Et nos pieux marins en feront le renom
En vénérant les saints dont les corps pleins de gloire
Reposent dans ces lieux témoins de leur victoire.
Bientôt même on verra tout un peuple accourir
Et prendre pour patrons ceux qui surent mourir.
— Mais, d'ennemis nouveaux la fureur est immense
Et des prêtres proscrits la lutte recommence.
Ce sont les vents du nord, l'automne et puis l'hiver
Qui viennent les frapper et soulever la mer.
La tempête mugit, partout la foudre gronde,
Et le vaisseau chassé tremble et bondit sur l'onde ;
Pauvres prêtres, contre eux s'arment les éléments,
Pour ajouter encore à leurs durs châtiments.
Des maux sans nombre, en vain, minaient leur existence,
Le froid le plus cruel, le froid le plus intense,
Vient pénétrer leurs corps, à travers les haillons,
Et la mort, de sa faux, a creusé leurs sillons ;
Déjà les malheureux ont leurs dents qui frémissent
Et leurs membres glacés dessèchent et périssent.
Comparons les martyrs aux martyrs d'autrefois ;
Sans doute ils n'ont pas eu les bûchers et la croix,
Les lions dévorants, la chaudière bouillante,
Mais pour eux la torture était équivalente.

Sed mare, squallor, egentia, multa animacula semper
Debellanda manent. Eadem constantia iisdem
Fructibus emerget donata. Corona labori
Respondet, forti succedent præmia pugnæ.

O Deus, æternâ, qui terras, æquora, cœlos
Lege regis, pugilesque tuos das vincere! vires
O repara nostras, ut qui nos perdere gaudent
Nil, defendenti tibi, posse resistere discant.
Martyrio placare, Deus justissime, longo,
Et pacem tua relligio ferat usque serenam!

Hæc ego scribebam, dum me Neptunus haberet
Perfidus, et diris agitaret fluctibus ægrum.

Ils avaient des pontons les supplices divers,
La faim, la soif, le froid, l'asphyxie et les vers;
Leur courage a lutté jusqu'à l'heure suprême,
Et de tous les martyrs la couronne est la même.

O vous qui gouvernez et la terre et les cieux,
Qui rendez vos martyrs forts et victorieux,
Inspirez-nous, Seigneur, cette antique vaillance
Qui peut nous relever de notre défaillance!
Protégez-nous, grand Dieu, pour que nos ennemis
Apprennent désormais à vous être soumis!
Que le sang des martyrs calme votre justice,
Et que la paix enfin succède au sacrifice!

Quand j'écrivais ces vers, j'étais malade à bord
Et les flots me jetaient de tribord à bâbord.

CHAPITRE XXVI

Liste nécrologique des prêtres déportés

Morts : 1° dans les prisons de Bordeaux, 2° à Blaye, sur les Négriers et au Port-des-Barques, 3° sur les pontons en rade d'Aix, 4° à la Guyane, 5° dans l'île de Ré, 6° dans l'île d'Oléron.

Nécrologe des prêtres déportés et morts
dans les prisons de Bordeaux (1)

Agore Joseph, déporté à Bordeaux, m. à l'hôpital.

Albouy Jean, 54 ans, curé de Besse-Noits, Rodez, m. h. S. A. 23 octobre 1794.

Aldebert Augustin-Ant., 61 ans, chan. de la Rochelle, m. exécuté en 1793.

Andraud Barthélemy, 43 ans, de Valence, chartreux à Grenoble, m. h. S. A. 8 déc. 1794.

Anglade Pierre, 56 ans, curé de Campuac, Rodez, m. h. S. A. 17 août 1794.

Aussel-la-Prade Joseph, 43 ans, curé, Rodez, m. h. S. A. 3 janvier 1795.

Aymard Sylvestre, 43 ans, curé de Sébazac, Rodez, m. h. S. A. 29 oct. 1794.

Barlhac Pierre, 60 ans, curé de Cuzoul, Rodez, m. F. H. 12 oct. 1794.

Barriol Jacques, chapelain, Le Puy, m. F. H.

Barriol Jean, prêtre du Puy, m. F. H.

Barry Laurent, 45 ans, de Rodez, cordelier à Bordeaux, m. h. S. A. 11 oct. 1795.

Belliquet Jean, prêtre de Libourne, Bordeaux, m. h. S. A. novembre 1795.

Bénavent Pierre, 57 ans, de Rodez, curé à Nîmes, m. au F. H.

Bergay Jacques, prêtre de Bayonne, m. h. S. A.

Besombes Jean, 57 ans, curé de Fijaguet, Rodez, m. h. S. A. 13 août 1794.

Bessac François, 55 ans, curé à Saint-Flour, m. h. S. A. 6 janvier 1795.

Bessières Jean, 60 ans, grand carme à Cahors, m. h. S. A. 15 nov. 1794.

Besson François, curé de Saint-Germain, Cahors, m. F. H. 1794.

Besson-Duyalet Jean-B., 51 ans, chan. curé, Saint-Flour, m. P. S. 1794.

Bioulac Jean-Pierre, 48 ans, vicaire de Villecomtal, Rodez, m. P. S. 20 sept. 1794.

(1) m. = mort. — F. H. = Fort-Hâ. — P. S. = Petit Séminaire. — G. C. = Grandes Carmélites. — C. = Catherinettes. — O. = Orphelines. — P. B. = Palais Brutus. — h. S. A. = hôpital Saint-André.

Blanc Pierre, de Nant, 46 ans, Rodez, m. h. S. A. 23 août 1794.

Bohaud Antoine, 34 ans, prêtre à Besse, Clermont, m. h. S. A. 3 déc. 1794.

Boissonade Antoine, 45 ans, vic. de Camboulazet, Rodez, m. h. S. A. 8 août 1794.

Bonnefont Pierre, prêtre de la Doctrine-Chrétienne, m. h. S. A. 19 août 1794.

Bos Charles, 49 ans, vicaire, Saint-Flour, m. h. S. A. 25 nov. 1794.

Boudes Etienne, 50 ans, curé de Beauzély, Rodez, m. h. S. A. 25 août 1794.

Boudichon, mort à l'hôpital Saint-André.

Boudou Louis, 31 ans, vicaire de Saint-Georges, Rodez, m. h. S. A. 24 déc. 1794.

Boulon Pierre, prêtre d'Agen, m. h. S. A.

de la Bourdette Pierre, prêtre, Aire, Bayonne, m. h. S. A. 15 nov. 1794.

Boyer Jacques, 47 ans, chapelain, Cahors, m. h. S. A. 16 janvier 1795.

Brouillet Guillaume-Amans, 59 ans, curé du Monna, Rodez, m. h. S. A. 9 août 1795.

Bruslier Jean-François, 55 ans, grand Carme à Toulouse, m. h. S. A. 23 août 1794.

Cabanel Pierre, 61 ans, archiprêtre de Graulhet, Albi, m. h. S. A. 8 nov. 1794.

Calvet Jean, 69 ans, curé de Sévérac, Rodez, m. h. S. A. 31 août 1794.

Cambon François, 56 ans, prêtre de Cahors, m. h. S. A. 25 nov. 1794.

Cayron Pierre-Jean, 60 ans, curé d'Ortizac, Rodez, m. h. S. A. 10 octobre 1794.

Cazeneuve Augustin, religieux tertiaire de Toulouse, m. h. S. A.

Chabert Jean-Pierre, 46 ans, vic. à Salles-Courb., Rodez, m. h. S. A.

Chaboissier Antoine, 48 ans, de Clermont, prof. à Cahors, m. F. H., 12 oct. 1794.

Chambon Ant.-Jean-Jos., chanoine du Puy, m. F. H.

Chanchold, prêtre de Viviers, m. en déportation à Bordeaux.

du Chapteuil Claude, 39 ans, du Puy, vic. gén. à Nantes, m. h. S. A. 28 janvier 1795.

Chareyras Claude, 32 ans, sousdiacre de Clermont, m. h. S. A. 24 déc. 1794.

de Chazous Dominique-Fr.-Louis, chanoine de Clermont, m. au F. H.

Chauchard Jean, missionnaire, Rodez, m. h. S. A. 15 sept. 1794.

Clément, prêtre capucin de Clermont, m. F. H.

Colin Gabriel, 37 ans, chapelain, Clermont, m. h. S. A. 26 août 1794.

Compans Jean-B., 36 ans, vicaire, Pamiers, m. h. S. A. 14 déc. 1794.

Coubret Benoît, 48 ans, minime de Clermont, m. h. S. A. 14 déc. 1794.

Coullon Mathieu-Jos., 51 ans, chanoine de Tours, m. h. S. A. 28 sept. 1794.

Couraud Jean, bénéficier de Bordeaux, m. h. S. A.

Croizat Ambroise, 60 ans, curé de Curan, Rodez, m. h. S. A. 23 sept. 1794.

Dangeyron Jean-Fr., 36 ans, prêtre de Pamiers, m. h. S. A. 19 janvier 1795.

Daussun François, 57 ans, prébendé, Toulouse, m. h. S. A. 4 février 1795.

Dejean Pierre-Paul, 53 ans, de Rodez, curé, Nîmes, m. h. S. A. 5 oct. 1794.

Delbès Pierre, 54 ans, curé, Rodez, exécuté à Bordeaux, 3 avril 1794.

Delsol Pierre, 50 ans, curé, Cahors, m. h. S. A. 29 mars 1794.

Denayrouse Antoine, curé, Rodez, m. F. H.

Depau Pierre, 44 ans, d'Aire, Barnabite à Bayonne, m. F. H.

Descola Jean-Henri, prêtre de Pamiers, m. h. S. A. 1793.

Descorps Henri, curé de Sainte-Eulalie, Bordeaux, m. h. S. A.

Desmoles Pierre, de Mende, prêtre à Toulouse, m. F. H.

Desolmes Jean-Marc-Jos., 48 ans, vicaire, Viviers, m. h. S. A. 19 janvier 1795.

Dinety François, prêtre irlandais à Bordeaux, m. h. S. A.

Donadieu Charles, 55 ans, curé, Rodez, m. F. H.

Dorrat Jacques, 78 ans, curé, Bordeaux, m. h. S. A.

Dubois Louis-Pierre-Fr., 57 ans, de

Tours, curé à Chartres, m. h. S. A. 31 oct. 1794.

Duc Jean, prêtre déporté, m. h. S. A.

Dunaud Jacques, 57 ans, prêtre de Clermont, m. h. S. A.

Duvernin Benoît, 33 ans, de Clermont, chan. à Strasbourg, m. h. S. A. 26 janvier 1799.

Duviella Sylvestre, 50 ans, chanoine de Bordeaux, m. h. S. A.

Escalier Guillaume-Pierre, 40 ans, de Valence, récollet à Cahors, m. h. S. A. 11 mars 1795.

Espagnol Dominique, 46 ans, de Pamiers, prébendé à Mende, m. h. S. A. 22 nov. 1794.

Fabre Joseph, 33 ans, vic. à Sévérac-l'Église, Rodez, m. h. S. A. 12 sept. 1794.

Farges Antoine, 60 ans, curé d'Artonne, Clermont, m. h. S. A. 6 déc. 1794.

Faure, dominicain à Proverville, Carcassonne, m. F. H.

Flottes Joseph, 47 ans, curé de Verrières, Rodez, m. h. S. A. 24 octobre 1794.

Foissac Antoine, 55 ans, vicaire, Rodez, m. h. S. A. 6 déc. 1794.

de Fonfreyde Fr.-Vital, 54 ans, de Mende, chan. au Puy, m. h. S. A. 17 déc. 1794.

Forestier Jean-Bapt., chartreux à Lyon, m. h. S. A.

Foulquier Dominique, 58 ans, curé, Rodez, m. h. S. A. 24 oct. 1794.

Fraysse Jean-B., 55 ans, capucin, Rodez, m. h. S. A. 26 sept. 1794.

Gaillard Joseph, du Puy, bénédictin, Rodez, m. F. H.

Gardère Jean-Fr., 49 ans, d'Auch, bénéficier à Agen, m. h. S. A. 12 nov. 1794.

Garrigues Jos.-Antoine, 40 ans, curé de Manhac, Rodez, m. h. S. A. 16 avril 1795.

Gautier Didier, 53 ans, prêtre de Clermont, m. h. S. A. 30 déc. 1794.

Gayet François, 55 ans, de Montauban, cordelier d'Agen, m. h. S. A. 19 juin 1795.

Gayraud Pierre, 42 ans, curé, Rodez, m. F. H.

Gimbert Antoine, chanoine du Puy, m. F. H.

Giraud Jean-André-Bart., 53 ans, chan. Le Puy, m. h. S. A. 18 mars 1795.

Gouber Joseph, hebdomadier, Le Puy, m. F. H.

Guilhot Jean-Claude, 54 ans, curé, Le Puy, m. h. S. A. 18 nov. 1794.

Guillebé Pierre-André, 38 ans, curé, Tours, m. h. S. A. 1ᵉʳ août 1793.

Hamel Robert, 73 ans, récollet de Coutances, m. h. S. A. 23 juin 1795.

d'Hauteribe Jean-Pierre, bénédictin, Cahors, m. h. S. A. 17 déc. 1794.

Izarn Antoine, 56 ans, curé d'Agen, Rodez, m. F. H.

Izarn Jean-Jacques, 48 ans, de Saint-Amans, Rodez, m. F. H. 15 sept. 1794.

Jarric Antoine, de Saint-Flour, mission. à Clermont, m. F. H.

Juéry Guillaume, 53 ans, de Saint-Flour, curé à Tulle, m. h. S. A. 3 janv. 1794. Rétr.

Junqua Tite-Pierre, 30 ans, prêtre d'Aire, m. h. S. A. 12 janv. 1795.

de Laborie (Milhet) Jean-Jos., 58 ans, chanoine, Le Puy, m. h. S. A. 27 oct. 1794.

Lacan Jean-Julien, 41 ans, de Rodez, curé à Perpignan, m. F. H. 11 août 1794.

Lachoupe Gabriel, curé de Carcassonne, m. F. H.

Lacombe Jean-Joseph, 48 ans, bénédictin de Tulle, m. h. S. A. 22 mars 1794.

Lafage Jean-François, 42 ans, d'Albi, vic. Rodez, m. h. S. A. 8 août 1794.

Lafon Jean-Pierre, 49 ans, curé de Salars, Rodez, m. h. S. A. 9 août 1794.

Lagaye Jean-Jos., 89 ans, de Tulle, carme à Bordeaux, m. h. S. A. 16 janvier 1795.

de La Porte Antoine, 58 ans, chanoine, Clermont, m. h. S. A. 18 nov. 1794.

Larribe Pierre, 60 ans, curé, Cahors, m. h. S. A. 23 août 1794.

Lartigues Jacques, prêtre de Bordeaux, m. h. S. A.

Lauradour Jean, 52 ans, de Tulle, curé à Cahors, m. h. S. A. 2 déc. 1793.

Lavaur Jacques, 60 ans, curé, Tulle, m. h. S. A. 2 mars 1795.

Lebreton François, 57 ans, chanoine, Orléans, m. P. S. août 1794.

Lechevallier Jean-B., prêtre déporté au Fort-Hâ, m. h. S. A. 1794.

Lescure Jean-Alexandre, 44 ans, vicaire, Rodez, m. h. S. A. 4 nov. 1794.

Libaros Antoine, 77 ans, de Montauban, cordelier à Bordeaux, m. h. S. A. 21 nov. 1794.

Loupias Guillaume, 31 ans, vicaire de Pachins, Rodez, m. h. S. A. 3 déc. 1794.

Luzuy Antoine, 60 ans, prêtre de Clermont, m. F. H. 1794.

Mallet Jean, 54 ans, prêtre de Montauban, m. h. S. A. 7 août 1794.

Marcou Pierre, 51 ans, curé, Le Puy, m. h. S. A. 5 août 1794.

Martin Jacques-Phil., de Limoges, curé à Clermont, m. P. S.

Martin Louis, chapelain de Saint-Dié, m. h. S. A.

Martin Michel, 60 ans, chanoine, Orléans, m. h. S. A. 19 sept. 1793.

de Masson Jos.-Victor, 50 ans, curé, Rodez, m. h. S. A. 29 oct. 1794.

Mazerouze Jean, prêtre de Bordeaux, m. h. S. A.

Mazuer Antoine-Fr., 52 ans, curé, Clermont, m. F. H. 1794.

Meilhan Jean-B., 60 ans, chanoine, Bordeaux, m. h. S. A. 1er mai 1794.

Mélies Étienne, 39 ans, d'Amiens, prêtre à Beauvais, m. h. S. A. 19 nov. 1794.

Mercadier Jean-Aug., 56 ans, curé, Rodez, m. h. S. A. 30 juillet 1794.

Mestre Jean, curé d'Auch, m. h. S. A. 1794.

Meynard Gabriel, chanoine de Cahors, m. F. H.

Mignonac Jean-B., 59 ans, curé, Rodez, m. h. S. A. 1794.

Miquel Guillaume, 47 ans, curé, Saint-Flour, m. h. S. A. 29 mars 1795.

Molinier Guillaume, 60 ans, curé, Rodez, m. h. S. A. 26 oct. 1794.

Molinier Jean, 27 ans, de Montauban, prêtre à Bordeaux, m. h. S. A. 6 janvier 1794.

Monceny François, prêtre déporté, m. h. S. A.

Mongheal Jean-Claude, 56 ans, chanoine, Clermont, m. h. S. A. 15 juill. 1794.

de Mothes Louis, chanoine d'Agen, m. F. H. 1794.

Mouraisse Jean, prêtre de Bordeaux, m. h. S. A. 1795.

Moysset Joseph, curé de Chaunhac, Rodez, m. F. H. 1794.

Neuville Jean, 53 ans, de Rodez, curé à Périgueux, m. h. S. A. 6 mars 1794.

Orpellière Charles, 56 ans, vicaire, Saint-Flour, m. h. S. A. 31 oct. 1794.

Palous Paul, 43 ans, curé de Saint-Sauveur, Rodez, m. F. H. 17 août 1794.

Palous Raymond, 35 ans, curé d'Auriac, Rodez, m. h. S. A. 4 octobre 1794.

Piednoir François, 58 ans, prêtre sacriste, Laval, m. F. H. 1794.

Plombat Joseph, prêtre de Rodez, m. h. S. A. 30 août 1794.

Pons de Caylus Ant.-Raymond, 42 ans, de Rodez, vic. gén. Bordeaux, m. h. S. A. 26 août 1794.

Pontvianne André, 53 ans, curé, Le Puy, m. P. S. Rétracté. 1794.

Prat François, 47 ans, chartreux à Millau, Rodez, m. h. S. A. 1794.

Puech André, 34 ans, curé Rodez, m. h. S. A. 25 nov. 1794.

Quesne Charles, 53 ans, curé, Clermont, m. F. H. 1794.

Raimbault Louis-Etienne-Jean, 39 ans, de Tours, chan. à Orléans, m. h. S. A. 1794.

Ramond Jean, 69 ans, cordelier à Bordeaux, m. h. S. A. 30 déc. 1793.

Raviot Claude-Maurice, 51 ans, chanoine, Dijon, m. h. S. A. 26 sept. 1794.

de Raynaldy Charles, 43 ans, de Rodez, chan. à La Rochelle, m. h. S. A. 14 déc. 1794.

Reclus Gabriel, 50 ans, vicaire, Rodez, m. h. S. A. 14 déc. 1794.

Redon Jean-Jacques, 47 ans, chanoine, Carcassonne, m. F. H. 1794.

Robert Henri, 70 ans, récollet à Bordeaux, m. h. S. A. 1794.

Roland des Angles Pierre, 60 ans, de Grenoble, curé à Coutances, m. h. S. A. 18 juin 1794.

Romiguier Jacques-Gervais, 30 ans, vicaire, Rodez, m. h. S. A. 25 février 1795.

Rosier Alexandre-Jean, 51 ans, chanoine, Tours, m. h. S. A. 31 juill. 1794.

Roux Antoine, 49 ans, curé, Clermont, m. F. H. 1794.

Rozan Victor, 48 ans, de Bordeaux, curé à Montauban, m. h. S. A. 31 juill. 1794.

Sabatier Michel, curé, Clermont, m. h. S. A. 14 sept. 1794.

Salvy Mathieu, cordelier de Carcassonne, m. F. H. 1794.

Sauron Sébastien, vicaire, Le Puy, m. F. H. 1794.

Serret Jean-B., 60 ans, capucin de Clermont, m. h. S. A. 22 déc. 1794.

Simon Mathieu, déporté au Fort-Hâ, m. h. S. A. 1794.

Soubre Pierre, curé de Clermont, m. F. H. 1794.

Soyen Thomas, 45 ans, prêtre de Montpellier, m. h. S. A. 11 juin 1794.

Subercaneau Justin, prêtre de Bordeaux, m. h. S. A. 1794.

Sylvestre Joseph-Charles, 55 ans, d'Avignon, curé à Cahors, m. h. S. A. 27 oct. 1794.

Taillardat Michel, 55 ans, cha-noine, Clermont, m. h. S. A. 2 mars 1795.

Tardif Michel, 57 ans, curé, Clermont, m. h. S. A. 17 août 1794.

Trepsac Charles, 53 ans, curé, Rodez, m. F. H. 30 août 1794.

Turenne Jean, prêtre de Bordeaux, m. h. S. A. 1794.

Vary, 54 ans, curé de Bourges, m. h. S. A. 21 octobre 1794.

Vernhes Jean-Pierre, 58 ans, curé, Rodez, m. h. S. A. 21 août 1794.

de Véronnes Jos.-François, 62 ans, d'Agen, abbé à Bourges, m. h. S. A. 20 janvier 1795.

Viallard Guillaume, 54 ans, curé, Rodez, m. F. H. 1794.

Viallard Pierre, 60 ans, curé, Albi, m. h. S. A. 27 juin 1794.

Vibeau Hugues, 50 ans, prêtre de Cahors, m. h. S. A. 21 août 1794.

Vincent Louis-Alexis, 60 ans, chartreux de Soissons, m. h. S. A. 28 déc. 1793.

Nécrologe des prêtres déportés et morts à Blaye sur les Négriers, au Port des Barques (1)

Albouze Jean, 59 ans, curé à Bordeaux, m. hôp. Blaye 23 février 1795.

Arnaud Daniel, 55 ans, de Bayonne, chartreux à Bordeaux, m. F. P. 1 sept. 1794.

Audinet Antoine, 55 ans, cordelier de Beaulieu, Tulle, m. Br. 21 nov. 1795.

Audureau Vincent, 77 ans, aumônier, Bordeaux, m. hôp. Blaye 4 déc. 1794.

Augan Pierre, 37 ans, d'Agen, capucin à Bordeaux, m. F. P. 25 févr. 1794.

Bacquet François-Marg., prieur des dominicains de Toulouse, m. P. d. B. déc. 1794.

Baduel Jean-B., 53 ans, de Saint-Flour, curé à Périgueux, m. Br. 11 déc. 1795.

Battut Jean, curé de Saint-Jean-Lespinasse, Cahors, m. F. P. en réclusion.

Bauduer François, 76 ans, chanoine de Bordeaux, m. hôp. Blaye 11 février 1794.

Baurens Jean-François, 53 ans, hebdomadier, Albi, m. Br. 25 juil. 1795.

Baziot Jean, 33 ans, de Saint-Pierre-Eynac, Le Puy, m. Br. 25 oct. 1795.

Belletrux Jean-Fr., 56 ans, de Digne, chanoine à Orléans, m. hôp. Blaye 7 août 1794.

---

(1) C. B. = Citadelle de Blaye. — F. P. = Fort-Pâté. — P. d. B. = Port des Barques. — Br. = Brouage. — Jean. = sur le *Jeanty*. — Dun. = sur le *Dunkerque*. — Rép. = sur le *Républicain*.

Bessières Joseph, 49 ans, curé de Mombrun, Cahors, m. hôp. Blaye 6 oct. 1794.

Béteille François-Jean, 51 ans, curé de Gages, Rodez, m. Br. 28 déc. 1794.

Blayac Antoine-André, 43 ans, vic. de chœur, Rodez, m. Br. 15 janv. 1796.

Bos Guillaume, 44 ans, cordelier de Cahors, m. Br.

Brast Antoine, 45 ans, capucin à Villefranche, Rodez, m. Br. 2 nov. 1795.

Callemard Benoît-Ant., 55 ans, curé à Clermont, m. Br. 25 oct. 1795.

Canton Pierre, 46 ans, chanoine de Tarbes, m. Br. 3 mai 1795.

Chassaigne Jean-Pierre, 41 ans, prêtre de Clermont, m. Br. 16 nov. 1795.

Couturier Silvain-Joseph, 62 ans, bénédictin de Bordeaux, m. hôp. Blaye 29 févr. 1795.

Delauson, chanoine chantre de Poitiers, m. C. B.

Delvert Etienne, curé, Cahors, m. hôp. Blaye, 25 janvier 1794.

Dufourg Guillaume, de Toulouse, tertiaire à Agen, m. P. d. B. déc. 1794.

Dupuy-Monbrun Jean-Charles, 50 ans, Rodez, m. Br. 17 janvier 1795.

Dur Jean-Baptiste, 52 ans, curé de Roussy, Rodez, m. Br. 1 nov. 1795.

Foucher André, 56 ans, chanoine d'Orléans, m. Br. 11 juillet 1795.

Four François-Jean, 42 ans, vicaire, Rodez, m. Br. 16 nov. 1795.

Glaize François, 47 ans, chapelain, Saint-Flour, m. Br. 2 sept. 1795.

Journiac Louis, 53 ans, curé, Clermont, m. Br. 10 nov. 1795.

Journiac Louis (cadet), 46 ans, vic. Clermont, m. Br. 10 nov. 1795.

Labroue, curé de Coulens, Angoulême, m. C. B.

Lagier Pierre, 51 ans, prêtre de Tulle, m. Br. 2 déc. 1795.

de Lansac Jean, 68 ans, de Tarbes, vic. gén. à Bordeaux, m. Blaye, 10 août 1794.

Larnaudy Pierre, 54 ans, curé de Fargues, Cahors, m. Blaye 27 janvier 1795.

Laurens Jean-François, 32 ans, vic. Rodez, m. hôp. Rochefort 20 avril 1795.

Marchat Léonard, 53 ans, aumônier à Tulle, m. Br. 7 déc. 1795.

Maret François, 51 ans, vicaire, Clermont, m. Br. 20 nov. 1795.

Ménadier Antoine, 46 ans, prêtre, Clermont, m. Br. 25 nov. 1795.

Merlet Sulpice, 78 ans, cordelier à Bordeaux, m. hôp. Blaye 28 mars 1795.

Morize Jacques, 49 ans, de Dijon, chan. à Autun, m. Br. juil. 1795.

Palluis Sébastien, 52 ans, de Lyon, chartreux à Grenoble, m. Rochefort. 9 févr. 1795.

Paris Jacques-Florent, 67 ans, chanoine, Orléans, m. F. P. 14 févr. 1794.

Pelleteret Simon, de Besançon, m. sur le Rép. 1794.

Pelligneau Louis, 58 ans, de la Rochelle, vic. gén. à Bourges, m. F. P. 28 mai 1794.

Périsier Armand, 77 ans, curé, Bordeaux, m. F. P. 29 sept. 1794.

Pethevet Claude-Et., dominicain de Besançon, m. Br. juill. 1795.

Petit Michel, 52 ans, chanoine, Dijon, m. Br. 22 oct. 1795.

Pouzoulet Jean-Pierre, 42 ans, de Rodez, curé à Cahors, m. P. d. B. janvier 1795.

Pyrent Jean-B., 58 ans, Carme de Clermont, m. Br. 7 déc. 1795.

Rey Antoine-Régis, 54 ans, cordelier, Rodez, m. Br. 1 nov. 1795.

Rieu Jean, 55 ans, vicaire, Rodez, m. Br. 29 juill. 1795.

Rodier Pierre, 58 ans, prêtre de Saint-Flour, m. hôp. Blaye 3 oct. 1794.

Saulnier Pierre, 44 ans, d'Angoulême, curé à La Rochelle, m. Blaye 18 févr. 1795.

Sigault Jean-B., 32 ans, chanoine, Dijon, m. Br. 23 janv. 1795.

Singurby Jean, 78 ans, d'Aire, bénédictin à Bordeaux, m. F. P. 30 janv. 1794.

Thomas Célestin, missionnaire, Le Puy, m. P. d. B. 3 juin 1795.

Tournier Jacques, Fr.-Nic., 31 ans, vicaire, Tulle, m. Br. 26 févr. 1796.

Venard Gabriel, 53 ans, curé, Le Puy, m. Br. 23 oct. 1795.

Viollet Urbain, 65 ans, chanoine, Tours, m. hôp. Blaye 26 avril 1794.

Viot Etienne-Bernard, 3i ans, vicaire, Dijon, m. Br. 7 déc. 1795.

Volpellier Pierre, 5o ans, de Rodez, prébendé à Mende, m. Br. 28 nov. 1795.

Nécrologe des prêtres morts sur les pontons en rade d'Aix (1)

Adam Louis-Amand-Jos., 53 ans, cordelier de Rouen, m. D.A. 13 juill. 1794. I. M.

Alexandre Jos.-Louis, 5o ans, capucin de Quimper, m. W. 17 oct. 1794. I. M.

d'Aligre Charles, 5o ans, de Chartres, chan. de Metz, m. W. 23 oct. 1794. I. M.

d'Alville Charles-Sébastien, prêtre de Verdun, m. D.A. 24 avril 1794. I. A.

Ancel Charles-Ant., 3o ans, de Rouen, Eudiste à Bayeux, m. D. A. 29 juillet 1794. I. A.

Andoire François, 36 ans, curé de Moutiers (Verdun), m. D.A. 29 juillet 1794. I. A.

Angard Valery, 5o ans, curé et chan. de Limoges, m. W. déc. 1794. I. M.

Antoine Pierre, 5o ans, de Saint-Dié, cordelier à Nancy, m. D. A. 2 août 1794. I. A.

Anus Charles, 71 ans, curé-doyen de Ligny (Verdun), m. W. 28 août 1794. I. M.

d'Arfeuille Pierre-Marie, 44 ans, de Limoges, chan. de Reims, m. D. A. 8 août 1794. I. A.

d'Artensec Sicaire, 31 ans, vicaire de Périgueux, m. 20 avril 1794 Rochefort. R. S.

Astreuse Eucher, 55 ans, curé de Balmont (Annecy), m. D.A. 21 nov. 1794. I. Fort-Vaseux.

Aubergier François, 53 ans, de Bourges, curé à Moulins, m. D. A. 9 oct. 1794. I. M.

d'Aubigny Gilbert-Claude, 58 ans, chan. de Bourges, m. 20 avril 1794 hôp. de Rochefort. R. S.

Auger Pierre, 29 ans, vicaire de Rouen, m. D. A. 11 août 1794. I. M.

d'Aurelle Pierre, 52 ans, de Clermont, chan. à Autun, m. W. oct. 1794. I. M.

Auriel Paul-Antoine, 3o ans, vicaire de Périgueux, m. D. A. 16 juin 1799. I. A.

Auzanet Jean-Bte, 48 ans, chan. vic. de Limoges, m. D. A. 21 août 1794. I. M.

Bannassat Antoine, 65 ans, curé de Limoges, m. D. A. 18 août 1794. I. A.

Barnon Léonard, 42 ans, de Limoges, chan. à Tulle, m. 20 avril 1794 Rochefort.

Bardas Pierre, 62 ans, chapelain de Verdun, m. W. 23 sept. 1794. I. M.

Bardinet François, 43 ans, de Limoges, génovéfain au Mans, m. D. A. 6 sept. 1794. I. M.

Barthélemy Jean-Bapt., 54 ans, chartreux à Toul, m. D.A. 25 août 1794. I. M.

Barthélemy Nicolas, 66 ans, bénédictin de Verdun, m. D. A. 13 août 1794. I. A.

Bascle Jacques-Philippe, 59 ans, curé La Rochelle, m. D. A. 23 août 1794. I. M.

Baudet Jean-Bapt., 56 ans, chapelain Rouen, m. D. A. 18 juillet 1794. I. A.

Baudoin Pierre, 63 ans, de Metz, jésuite à Verdun, m. W. 10 sept. 1794. I. M.

Bauquet Charles-Jacques, 55 ans, de Bayeux, chartreux à Rouen, m. D. A. 9 août 1794. I. M.

Beaure François, 51 ans, chan. de Saint-Yrieix, Limoges, m. 15 fév. 1795. Rochefort.

---

(1) m. = mort. — W. = sur le *Washington*. — D. A. = sur les *Deux-Associés*. — B. R. = sur le *Bonhomme-Richard*. — I. A. = inhumé à l'île Madame. — R. S. = Rétracta le serment.

Béguignot Claude, 58 ans, de Soissons, chartreux à Rouen, m. D. A. 1794 à Saintes.

Bellivet Pierre-Jean, 5o ans, vicaire Saint-Brieuc, m. D. A. 13 août 1794. I. A.

Beltremieux Joseph-Phil., 48 ans, de la Rochelle, chan. à Amiens, m. D. A. 3 sept. 1794. I. M.

Bénard Robert-Pierre, 25 ans, d'Evreux, sous-diacre à Rouen, m. D. A. 15 sept. 1794. I. M.

Benoit Vincent, 5o ans, prêtre de Vannes, m. D. A. 3o août 1794. I. M.

Béraud Jean-Jacques, 37 ans, chanoine de Moulins, m. D. A. 28 juillet 1794. I. A.

Berger Jacques, 27 ans, diacre de Bourges, m. D. A. 13 juin 1794. I. A.

Bernard Elaphe, 5o ans, cordelier de Verdun, m. W. octobre 1794. I. M.

Bernard Louis-Augustin, 4o ans, vicaire de Vannes, m. D. A. 4 juill. 1794. I. A.

Bernard Junien, 6o ans, de Limoges, chan. à Périgueux, m. D. A. 21 sept. 1794. I. M.

Bernard Jean-Marie, 41 ans, prêtre de Saint-Brieuc, m. D. A. 20 juil. 1794. I. A.

Bernard Jacques, 69 ans, de Moulins, curé à Clermont, m. D. A. 28 août 1794. I. M.

Bernardin, prêtre religieux de Verdun, m. D. A. 25 août 1794. I. M.

Besniard Jean-Louis, 45 ans, chapelain, Séez, m. W. 20 août 1794. I. A.

Billiche Guillaume, 37 ans, Récollet de Verdun, m. D. A. 22 nov. 1794 Fort Vaseux.

Billocque Jean-Bapt., 31 ans, chanoine de Poitiers, m. D. A. 23 avril 1794.

Blondelay Jean-Bapt., 65 ans, chapelain à Verdun, m. W. 17 sept. 1794. I. M.

Blot de Chauvigny Jean, 46 ans, de Moulins, vic. gén. de Vabres, m. D. A. 7 sept. 1794. I. M.

de la Boissière (Oudinot) Erançois, 48 ans, chan. de Tulle, m. D. A. 7 sept. 1794. I. M.

Bonnaire Claude, 6o ans, de Nancy, bénédictin à Metz, M. D. A. 8 sept. 1794. I. M.

de Bonnay, 46 ans, chan. de Mâcon, vic. gén. d'Autun, m. W. sept. 1794. I. M.

de Bonnefonds (Jouffret) Claude-Jos., 42 ans, de Moulins, Sulpicien à Autun, m. D. A. 10 août 1794. I. A.

Bonnet Jean-Marie, 59 ans, curé, Poitiers, m. D. A. 26 avril 1794, I. F. Vaseux.

de la Borderie, 59 ans, curé, Angoulême, m. W. octobre 1794. I. M.

Bordier Alexandre, 38 ans, vicaire, Périgueux, m. D. A. 17 nov. 1794. I. M.

Boucher René, 53 ans, chan. curé, Chartres, m. D. A. 11 nov. 1794. I. A.

Bougarel Charles, 63 ans, curé, Moulins, m. 3o décembre 1793, eu route.

Bourdeille Thomas, 56 ans, chanoine, la Rochelle, m. 24 sept. 1794.

Bourdet François, 48 ans, clerc trésorier, Rouen, m. D. A. 6 août 1794. I. A.

Bourdet Mathieu, prêtre de Périgueux, m. D. A. 28 oct. 1794, I. M.

Bourdon Jean-Pierre, 49 ans, de Séez, capucin à Rouen, m. D. A. 23 août 1794. I. M.

Bourgoin Mathurin, 33 ans, de Périgueux, aum. à Paris, m. D. A., 6 août 1794. I. A.

Bourry Antoine, 36 ans, de Nancy, vicaire à Verdun, m. W. oct. 1794. I. M.

Boutoutc Jean, 53 ans, de Saint-Flour, curé à Moulins, m. D. A. 25 nov. 1794. I. F. Vaseux.

Brandel Philippe, 69 ans, bernardin à Metz, m. W. 9 juillet 1794. I. A.

Breton Pierre, 58 ans, capucin à Rouen, m. D. A. 27 août 1794. I. M.

de Bric Pierre, 55 ans, de Limoges, vic. gén. d'Arles, m. D. A. 21 août 1794. I. A.

de Brigeat-Lambert Jérôme, 62 ans, de Verdun, vicaire gén. à Coutances, m. W. 4 sept. 1794. I. M.

Brin Pierre, 52 ans, curé, Poitiers, m. D. A. 7 août 1794. I. A.

des Brochères Charles-Denis, 45 ans, de Saint-Dié, chartreux à Nancy, m. D. A. 16 sept. 1794. I. M.

Bru Jean, 33 ans, vicaire, Périgueux, m. D. A. 22 sept. 1794. I. M.

Brulard Michel-Louis, 36 ans, de Chartres, carme à Paris, m. D. A. 25 juill. 1794. I. A.

Brulon André-Fr., 49 ans, chapelain, Vannes, m. D. A. 28 août 1794. I. M.

Brunel Gervais, 50 ans, de Nancy, trappiste à Séez, m. D. A. 26 août 1794. I. M.

Bruslé Philippe, 40 ans, de Langres, vic. à Châlons, m. W. 7 mars 1795. Saintes.

Bruslon Pierre, 55 ans, prieur à Varennes, Verdun, m. W. 7 fév. 1795. Rochefort.

Bruson Pierre, 45 ans, prieur à Azenay, Verdun, m. W. 26 août 1794. I. M.

Bruxelles Jean-Bapt., 60 ans, chanoine, Limoges, m. D. A. 18 juill. 1794. I. A.

Bucquet Jean-Nicolas, 40 ans, chapelain, Rouen, m. D. A. 9 août 1794. I. A.

Cajan Guillaume, 27 ans, de Quimper, capucin à Nantes, m. D. A. 26 juill. 1794. I. A. A. 16 juillet 1794. I. A.

Calvez Jean-Marie, 60 ans, curé, Quimper, m. W. sept. 1794. I. M.

Carcanol Jean-François, 34 ans, chanoine, Verdun, m. D. A. 16 août 1794. I. A.

de Cardaillac (Dumontel) Florent, 47 ans, de Limoges, vic. gén. à Castres, m. D. A. 4 sept. 1794. I. M.

Castillard Thomas, 68 ans, chapelain, Verdun, m. W. 8 sept. 1794. I. M.

Caulle Amand, 35 ans, professeur, Rouen, m. D. A. 17 juillet 1794. I. A.

Causse Jean, 61 ans, curé, Moulins, m. D. A. 7 juillet 1794. I. A.

Cauvin Toussaint, 33 ans, sous-diacre, Rouen, m. D. A. 2 août 1794. I. A.

Cérendas Pierre, 52 ans, de Clermont, chan. Moulins, m. D. A. 18 août 1794. I. A.

Charbonnier Jean, 36 ans, de Poitiers, curé, Bourges, m. W. nov. 1794. I. M.

Charles Paul-Jean, 50 ans, de Dijon, trappiste à Autun, m. D. A. 25 août 1794. I. M.

Chauvet Jean, 36 ans, curé, Limoges, m. W. 10 sept. 1794. I. M.

Chedez Antoine, 39 ans, prieur, Autun, m. D. A. 16 sept. 1794. I. M.

Cherrier Antoine, 39 ans, de Nancy, chan. Toulouse, m. D. A. 1 sept. 1794. I. M.

Chevresson Jean-Bapt., 53 ans, de Nancy, chan. Saint-Dié, m. D. A. 17 août 1794. I. A.

Cholet Charles, 64 ans, chanoine de Verdun, m. W. août 1794. I. A.

Cholet Pierre-Hip., 69 ans, chanoine, Verdun, m. W. 13 juillet 1794. I. A.

Christiani Adam-Jean, 64 ans, chanoine, Metz, m. W. 12 sept. 1794. I. M.

Claude Nicolas, 49 ans, chan. préb., Nancy, m. D. A. 16 août. 1794. I. M.

de Cluny Pierre, 58 ans, relig. minime, Moulins, m. 16 janvier 1794. Saintes.

Collas de Longchamp Jacques-Fr., de Séez, curé, Rouen, m. D. A. 8 sept. 1794. I. A.

Collas-Dubignon Charles, 51 ans, de Laval, Sulpicien, Bourges, m. D. A. 3 juin 1794. I. A.

Collignon Nicolas, 81 ans, de Verdun, curé, Metz, m. W. 4 sept. 1793. I. M.

Collignon Nicolas (neveu), 45 ans, curé, Verdun, m. W. 31 août 1794. I. M.

Collin Jean-Bapt., 43 ans, de Metz, curé, Strasbourg, m. W. 5 sept. 1794. I. M.

Collin Jean, 51 ans, de Saint-Dié, cordelier, Nancy, m. D. A. 19 août 1794. I. M.

Colobert Julien, 36 ans, de Quimper, aum., Vannes, m. D. A. 22 août 1794. I. M.

Come, frère Récollet de Périgueux, m. Rochefort.

Comus Claude, 70 ans, curé, Verdun, m. 9 juin 1794. Rochefort.

Constant Paul-Antoine, 30 ans, de Cahors, prêtre à Périgueux, m. D. A. 16 juin 1794. I. A.

Corbet Jean-Bapt., 42 ans, de Coutances, capucin à Rouen, m. D. A. 16 juill. 1794. I. A.

Cordier Nicolas-Jean, 84 ans, jésuite, aum. Verdun, m. W. oct. 1794. I. M.

Cornelly Pierre-Jacques, 40 ans,

Irlandais, récollet à Metz, m. 4 août 1794. Rochefort.

de Cornette Philippe, 49 ans, de Poitiers, chan. Limoges, m. D. A. 24 avril 1794.

Cornuault Charles, curé, Poitiers, m. La Rochelle, 2 mars 1794, massacré.

Corvaisier Joseph-Marie, 59 ans, curé, Quimper, m. W. 24 sept. 1794.

Coste Pierre, 37 ans, frère Récollet, Périgueux, m. hôpital. Rochefort.

Coudert Joseph-Louis, 43 ans, de Limoges, carme à Angoulême, m. D. A. 28 juill. 1794.

Courbin Etienne, 58 ans, de Paris, curé à Versailles, m. W. 10 déc. 1794. I. F. Vaseux.

Courvoisier Pierre-Etienne, 44 ans, de Besançon, bénédictin à Nancy, m. D. A. 22 août 1794. I. M.

de Cramouzeaud Melchior, 53 ans, chanoine, Limoges, m. D. A. 25 juill. 1794. I. A.

de Cramouzeaud Léonard-Jos., 55 ans, chanoine Limoges, m. D. A. 31 juillet 1794. I. A.

Creitte Charles de Metz, 60 ans, curé à Etain, Verdun, m. W. 4 août 1794. I. A.

Cugnières Jos.-Jean, 70 ans, chanoine, Verdun, m. D. A., 31 juil. 1794. I. A.

de Cuny Jean-Bapt., 62 ans, de Saint-Dié, chan. à Metz, m. W. oct. 1794. I. M.

Dabert Etienne, prêtre de Verdun, m. D. A. 22 sept. 1794. I. M.

Dardounceau Guillaume, 46 ans, de Tulle, curé, Limoges, m. D. A. 12 sept. 1794. I. M.

Darus Claude, 47 ans, bénédictin, Autun, m. W. sept. 1794. I. M.

Dauche Jacques, missionnaire de Marie, Luçon, m. 21 mars 1793. La Rochelle, massacré.

Davergne Pierre-Jérôme, 31 ans, d'Amiens, prêtre à Périgueux, m. D. A. 21 juin 1794. I. A.

David Antoine, 49 ans, bénéficier, Autun, m. W. 6 oct. 1794. I. M.

David Pierre, 44 ans, curé, Moulins, m. D. A. 7 sept. 1794. I. M.

Davilet Pierre, 50 ans, de Verdun, Prémontré à Saint-Dié, m. D. A. 22 août 1794. I. M.

de Bets Pierre, 31 ans, de Périgueux, chan. à Auch, m. D. A. 3 sept. 1794. I. M.

Defer Pierre, 27 ans, diacre de Saint-Dié, m. D. A. 1 février 1795. Rochefort.

de Gardin Joseph, 45 ans, d'Arras, religieux, Moulins, m. D. A. 5 juillet 1794. I. A.

de la Haye Jean, 27 ans, prêtre de Rouen, m. D. A. 23 sept. 1794. I. M.

Delarue Etienne, 52 ans, prêtre de Rouen, m. D. A. 13 août 1794. I. A.

Delatre Nicolas, 55 ans, curé, Verdun, m. D. A. 4 sept. 1794. I. M.

Delatre Etienne, 71 ans, curé, Verdun, m. W. 25 août 1794. I. M.

Delphieux François, 57 ans, d'Angoulême, curé à La Rochelle, m. W. 5 sept. 1794. I. M.

Deltour Denis, 73 ans, de Saint-Flour, curé à Clermont, m. D. A. 3 août 1794. I. A.

Demoy François, 51 ans, de Périgueux, religieux Rodez, m. D. A. 29 juill. 1794. I. A.

Demoy Fr.-Pierre, 54 ans, chan. rég., Périgueux, m. Rochefort.

de Pons Louis, 62 ans, curé, Moulins, m. D. A. 4 juill. 1794. I. A.

Deschamps Pierre, 45 ans, capucin, Rouen, m. D. A. 8 août 1794. I. A.

Deschamps Michel, 42 ans, capucin, Rouen, m. D. A. 9 oct. 1794. I. M.

Deschamps de Pavier Maurice, 50 ans, prêtre, Moulins, m. 11 déc. 1793. Angoulême.

Desgranges, 44 ans, minime d'Autun, m. W. octobre 1794. I. M.

Desprès Nicolas-Laurent, curé, Châlons, m. D. A. 17 août 1794. I. A.

des Rit du Teil Jean-Bapt., 64 ans, curé, Limoges, m. D. A. 25 juill. 1794. I. A.

d'Etyre Antoine, 52 ans, chanoine, Sens, m. W. 9 octob. 1794. I. M.

Doveaux Thomas, 63 ans, de Metz, curé, Verdun, m. W. octobre 1794. I. M.

Dezessarts Jean-Bapt., 61 ans, curé, Moulins, m. D. A., 27 juill. 1794. I. M.

Didelot Pierre-Claude, 70 ans, capucin, Verdun, m. D. A. 30 août 1794.

Dieudonné Joseph, 78 ans, cordelier, Verdun, m. W. 29 janv. 1795. F. Vaseux.

d'Incamps Jean-Joseph, 67 ans, de

Pamiers, trappiste à Moulins, m.
D. A. 19 juin 1794, I. A.

Diville Jean-Pierre, 58 ans, prêtre,
Rouen, m. D. A. 7 sept. 1794, I.
M.

Douté Pierre-Denis, 53 ans, prêtre,
Rouen, m. D. A. 16 août 1794, I. M.

Douvreleur Jean, 36 ans, de Saint-
Flour, bénédictin à Moulins, m.
D. A. 5 sept. 1794, I. A.

Drand Jean, 55 ans, chanoine rég.
Nancy, m. D. A. 5 sept. 1794, I.
M.

Druillet de Chironceau Fr., 61 ans,
de Nancy, chan. à Limoges, m.
W. 25 juillet 1794, I. A.

du Barry Sébastien, 36 ans, d'Auch,
doctrinaire à Moulins, m. D. A.
25 août 1794, I. M.

Dubois Nicolas, 43 ans, d'Evreux,
bénédictin à Rouen, m. D. A. 29
août 1794, I. M.

du Bois François, 47 ans, capucin à
Nancy, m. D. A. 11 juin 1794, I. A.

du Bost Jean, 67 ans, de Moulins,
curé à Bourges, m. D. A. 19 juill.
1794, I. A.

du Bost Antoine, 66 ans, de Moulins, curé à Bourges, m. D. A. 9
août 1794, I. A.

Dugrayler Jean-Bapt., 35 ans, prêtre à Bordeaux, m. D. A. 11 juill.
1794, I. A.

Dujonquoy Michel-Jos., 48 ans, de
Cambrai, trappiste à Séez, m. D.
A. 11 août 1794, I. M.

Dumonet Claude, 48 ans, principal,
(poète), Autun, m. W. 29 janv.
1795, I. M.

Dumontail Jean, 41 ans, de Limoges, chan. à Rennes, m. D. A. 2
juill. 1794, I. A.

Du Pac-Morel Jacques, 35 ans, vic.
Angoulême, m. D. A. 21 juin
1794, I. A.

Duplain Etienne, 44 ans, de Laval,
vic. au Mans, m. W. 14 sept.
1794, I. M.

Duplessis François, 46 ans, curé,
Angoulême, m. W. 2 sept. 1794,
I. M.

Dupont Louis-Charles, 39 ans, de
Séez, prêtre à Moulins, m. D. A.
4 juill. 1794, I. A.

Dupré Jean-Bapt., 78 ans, curé,
Prémontré, Verdun, m. W. 10
août 1794, I. A.

Dupré Pierre, de Bayeux, prof. à
Coutances, m. Br. 23 janvier 1795,
Rétr.

Dupuis Nicolas, 41 ans, chapelain,
Rouen, m. D. A. 10 juill. 1794, I.
A.

Durangeon Etienne, 40 ans, de
Moulins, Récollet à Tours, m.
D. A. 18 nov. 1794, F. Vaseux.

Dussolier (Desgranges) Jos.-Pierre,
56 ans, curé, Périgueux, m. D.
A. 15 oct. 1794, I. M.

Duval-de-Hazey Jacques, 51 ans,
prêtre à Rouen, m. D. A. 29 août
1794, I. M.

Duvaux Henri, 45 ans, curé, Langres, m. W. oct. 1794, I. M.

Duverneuil Pierre-Jean-Bapt., 57
ans, de Limoges, Carme à Angoulême, m. D. A. 1 juill. 1794,
I. A.

Eblinger Michel-Elie, 66 ans, religieux, Metz, m. W. 3 juill. 1794,
I. A.

Esnault Jean-Jos., 41 ans, de Chartres, chartreux à Séez, m. D. A.
1 oct. 1794, I. A.

Etienne Jean-Pierre, 66 ans, curé,
Verdun, m. W. 27 sept. 1794, I. M.

Etringer Etienne, 40 ans, de Metz,
curé à Trèves, I. M.

Eymard Elie, 31 ans, vicaire, Périgueux, m. D. A. 28 août 1794, I.
M.

Fabignon Pierre, 36 ans, chapelain, Amiens, m. D. A. 17 août
1794, I. A.

Fault Jean-Joseph, 35 ans, curé,
Nevers, m. D. A. 21 sept. 1794, I.
M.

du Fauquemberge Jean-Louis, 55
ans, chapelain, Poitiers, m. D. A.
15 août 1795, I. A.

Faure Pierre-Jean, 31 ans, vicaire,
Périgueux, m. D. A. 17 juill.
1794, I. A.

Faverge Pierre, 48 ans, d'Orléans,
frère à Moulins, m. D. A. 15 août
1794, I. M.

Fercocq Charles-Marie, 39 ans, de
Quimper, curé à Saint-Brieuc,
m. D. A. 8 sept. 1794, I. M.

Ferey Joseph-Gilles, 39 ans, de
Coutances, chapelain à Rouen,
m. D. A. 18 août 1794, I. M.

Férin Jean-Bapt.-Gabriel, 45 ans,
prêtre d'Amiens, m. D. A. 26
sept. 1794, I. M.

Ferrand Pierre, 50 ans, prêtre de
Rouen, m. D. A. 21 août 1794, I.
M.

Feuillette Nicolas, 55 ans, curé,
Verdun, m. W. sept. 1794, I. M.

Flaugeac Jean-Bapt., 37 ans, curé, Périgueux, m. D. A. 1 sept. 1794, I. M.

Fontaine Jean-Vincent, 29 ans, prêtre de Rouen, m. D. A. 15 août 1794. I. A.

Fontenaud Jacques, 23 ans, d'Angers, curé à Meaux, m. D. A. 14 août 1794. I. A.

de Fontenay François, 36 ans, d'Evreux, capucin à Rouen, m. D. A. 8 sept. 1794. I. M.

de Forestier Jean-Bapt., 55 ans, chanoine, Limoges, m. D. A. 25 juill. 1794. I. A.

Foret Louis-Gabriel, 38 ans, de Paris, Chartreux à Chartres, m. D. A. 27 août 1794. I. M.

Formey Cloud, 60 ans, d'Amiens, prof. à Moulins, m. D. A. 18 août 1794. I. A.

Fortin Jean-François, 44 ans, prêtre de Rouen, m. D. A. 20 août 1794. I. A.

Foucault d'Hautefaye Léonard, 54 ans, archidiacre Limoges, m. W. 15 sept. 1794. I. M.

François Nicolas, 49 ans, prébendé de Metz, m. W. 19 août 1794. I. A.

François François, 45 ans, capucin de Nancy, m. D. A. 10 août 1794. I. A.

de Frémery Marien-Gabriel, 58 ans, de Nancy, chan. à Metz, m. W. 2 oct. 1794. I. M.

Frémiot François, 74 ans, chan. rég. de Verdun, m. W. 2 nov. 1794. I. M.

Fritche Nicolas, 67 ans, Augustin à Metz, m. W. 30 août 1794. I. M.

Gabilhaud Pierre, 49 ans, curé, Limoges, m. D. A. 13 août 1794. I. A. Rétr.

Gagnol Jacques, 41 ans, carme de Nancy, m. D. A. 10 sept. 1794. I. M.

Gardye (Lachapelle de) Louis-Jos., 40 ans, prêtre de Vannes, m. D. A. 12 mai 1794. I. A.

Garnier Benjamin, 36 ans, chapelain de Sens, m. W. février 1795. Rochefort.

Genèle Nicolas, 53 ans, chapelain, Metz, m. Rochefort mai 1794.

Gennet Louis-Jacques, 49 ans, aumônier à Poitiers, m. D. A. 25 août 1794. I. M.

Gentrac Elie-Jean, 58 ans, curé, Périgueux, m. D. A. 20 juill. 1794. I. A.

Georges Jean-Bapt., 74 ans, chanoine, Metz, m. en route 8 juin 1794. I. à Tours.

Georget Jean, chanoine de Montfaucon, Verdun, m. W. 2 juillet 1794. I. A.

Georget Charles, chanoine, Verdun, m. W. 2 nov. 1794. I. M.

Georgin Nicolas, 40 ans, de Metz, prébendé à Nancy, m. D. A. 4 sept. 1794. I. M.

Gerberon Louis, 55 ans, de Blois, curé, Bourges, m. D. A. 27 août 1794. I. M.

Gibouin François, 31 ans, curé, Périgueux, m. D. A. 12 sept. 1794. I. M.

Gignoux Antoine, 36 ans, de Montauban, doctrinaire à Périgueux, m. D. A. 2 sept. 1794. I. M.

Gilbert des Héris Jean, 52 ans, chanoine d'Angoulême, m. W. 12 sept. 1794. I. M.

Giraud Nicolas, 60 ans, curé, Moulins, m. D. A. 4 mai 1794. I. A. Rétr.

Giriel Pierre-Clément, 55 ans, chapelain, Rouen, m. D. A. 7 juill. 1794. I. A.

Godard Jean-Alex., 33 ans, prêtre de Séez, m. D. A. 10 sept. 1794. I. M.

Godin Pierre-Charles, 75 ans, curé, Bourges, m. D. A., 11 juill. 1794. I. A.

Gollier Jean-Jacques, 64 ans, de Metz, curé, Verdun, m. W. 13 juill. 1794. I. A.

Gosset Louis-Augustin, 49 ans, curé, Rouen, m. D. A., 9 sept. 1794. I. M.

Gougelot Jean, 38 ans, curé, Châlons, m. W. 4 sept. 1794. I. M.

Gouget Nicolas-Hubert, 66 ans, curé, Verdun, m. D. A. 6 sept. 1794. I. M.

Graillot Jacques, 61 ans, curé, Moulins, m. D. A., 16 août 1794. I. A.

Grancolas Pierre, 60 ans, Carme de Verdun, m. D. A. 6 sept. 1794. I. M.

Grandgury Jean-Louis, 46 ans, capucin de Saint-Dié, m. D. A. 23 août 1794. I. M.

Grandmaire Jean-Bapt., 60 ans, de Saint-Dié, religieux à Nancy, m. D. A. 22 mai 1794. I. A.

Grangier Joseph, 47 ans, du Puy, bénédictin à La Rochelle, m. D. A. 30 juin 1794. I. A.

Gravier Pierre, 38 ans, vicaire, Clermont, m. D. A. 26 août 1794. I. M.

Gréard Jean-Fr., 63 ans, d'Orléans, capucin à la Rochelle, m. D. A. 25 mai 1794. I. A.

Grégoire Jean-Antoine, 41 ans, chapelain, Amiens, m. D. A. 1 févr. 1795.

Greische Jos.-Thomas, 43 ans, de Saint-Dié, vic. gén. d'Embrun, m. W. 1 mars 1795.

Grimond Louis-Joseph, 48 ans, de Soissons, chan. de Toul, m. D. A. 21 mai 1794. I. A.

Grosbras Jos.-Pierre, 48 ans, de Limoges, curé à Périgueux, m. W. 4 oct. 1794. I. M.

Guérin Joseph-J.-B., 51 ans, de Nancy, tertiaire à Verdun, m. D. A. 30 août 1794. I. M.

Guéroult Jean, 60 ans, chanoine à Rouen, m. D. A. 16 août 1794. I. A.

Guéroult Simon-Pierre, 39 ans, chapelain, Bayeux, m. D. A. 12 août 1794. I. A.

Guéroult Louis-Martin, 29 ans, dir. sém. Rouen, m. D. A. 1 sept. 1794. I. M.

Gueston Pierre, 66 ans, curé, Moulins, m. D. A. 14 mai 1794. I. A.

Guichard Jean-Bapt., 55 ans, chapelain, Autun, m. W. 4 oct. 1794. I. M.

Guignard Antoine, 39 ans, minime à Autun, m. W. 13 sept. 1794. I. M.

Guignier Louis, 52 ans, de Bourges, religieux à Rouen, m. D. A. 22 août 1794. I. M.

Guillaume Jean-Bapt., 39 ans, de Besançon, frère à Nancy, m. D. A. 22 août 1794. I. M.

Guillot Pierre-Ant., 58 ans, curé, Rouen, m. D. A. 29 juin 1794. I. A.

Guyot Jean, 40 ans, curé, Périgueux, m. D. A. 10 juill. 1794. I. A.

Hanus Charles-Arn., 76 ans, de Nancy, curé, Verdun, m. W. août 1794. I. A.

de Haut André, 55 ans, de Verdun, chan. à Saint-Dié, m. D. A. 15 août 1794. I. A.

Hautcolas Nicolas, 72 ans, curé, Verdun, m. W. 30 août 1794. I. M.

d'Hauzenne Joseph, 63 ans, de

Metz, chan. à Verdun, m. W. 5 nov. 1794. I. F. Vaseux.

Hédou Jean-Bapt.-Ambroise, 55 ans, prêtre, Rouen, m. D. A. 10 juill. 1794. I. A.

Hennequet Jean, 60 ans, principal, Rouen, m. D. A. 21 août 1794. I. M.

Henry Jean-Bapt., 43 ans, prébendé Nancy, m. D. A. 13 octobre 1794. I. M.

Henrion du Vignot Jacques, 75 ans, de Verdun, capucin à Saint-Dié, m. W. 4 oct. 1794. I. M.

Hervé Jean-Mathurin, 38 ans, prêtre de Saint-Brieuc, m. D. A. 16 août 1794. I. A.

Hervé Pierre 32 ans, prêtre de Vannes, m. D. A. 25 août 1794. I. M.

Hervoit Jacques-Louis, 31 ans, vicaire, Périgueux, m. D. A. 9 déc. 1794. F. Vaseux.

Hesnard Jean-Bapt., 67 ans, de St-Claude, prieur à Verdun, m. W. 25 juill. 1794. I. A.

Heudebert Jean-Louis, 55 ans, de Rouen, Récollet à Nevers, m. D. A. 23 sept. 1794. I. M.

Heyberger Jacques, 46 ans, de Strasbourg, cordelier à Saint-Dié, m. D. A. 17 juin 1794. I. A.

Huas Charles-Claude, mort à bord de la Cigogne, le 9 juin 1794.

d'Huberte Étienne, curé de Verdun, m. D. A. 18 sept. 1794. I. M.

Huguet Jean-Bapt., 54 ans, curé, Poitiers, m. D. A. 23 avril 1794.

Hulé Louis, curé de Largeasse, Poitiers, massacré à la Rochelle, 21 mars 1794.

Hunot Jean, 42 ans, curé chan. Sens, m. W. 6 octobre 1794. I. M.

Hunot Sébastien, 38 ans, vicaire Sens, m. W. 17 nov. 1794. I. M.

Hunot François, 35 ans, chan. chantre, Sens, m. W. 7 octobre 1794. I. M.

Huppy Louis, 28 ans, de Soissons, prêtre à Limoges, m. D. A. 29 août 1794. I. M.

Hureaux Éloi, 36 ans, cordelier de Saint-Dié, m. W. 13 oct. 1794. I. M.

Hussenot Jean-Bapt.-Nic., 47 ans, tertiaire à Nancy, m. D. A. 14 août 1794. I. A.

Imbault Claude, 57 ans, curé,

Chartres, m. D. A. 13 déc. 1794. F. Vaseux.

Imbert Joseph, 75 ans, de Marseille, jésuite à Moulins, m. D. A. 9 juill. 1794. I. A.

Irondy Guillaume, 71 ans, de St-Flour, curé à Moulins, m. D. A. 25 sept. 1794. I. M.

Jacquemard Urbain-Ant., 55 ans, de Verdun, prêtre à Paris, m. W. 12 oct. 1794. I. M.

Jacques Louis, de Nancy, récollet à Saint-Dié, m. D. A. 10 sept. 1794. I. M.

Jannet Jean-Louis, 36 ans, de Périgueux, Lazariste à Angoulème, m. W. 10 sept. 1794. I. M.

Jayle Jean, 58 ans, curé, Périgueux, m. W. 11 sept. 1794. I. M.

Jean François, 55 ans, vicaire, Metz, m. W. 5 août 1794. I. A.

Jeanson Jean-Fr., 49 ans, de Verdun, capucin à Saint-Dié, m. D. A. 21 juill. 1794. I. A.

Jenot Jean-Fr., 58 ans, curé de Briey, Metz, m. W. 14 oct. 1794. I. M.

Jobier Pierre, 59 ans, curé prieur, Moulins, m. D. A. 14 août 1794. I. A.

Jonchade Mathurin, 37 ans, curé, Limoges, m. D. A. 8 août 1794. I. A.

Josselin Nicolas-Fr., 60 ans, curé, Verdun, m. W. 10 oct. 1794. I. M.

Joudioux Jacques, 56 ans, curé, Moulins, m. D. A. 3 sept. 1794. I. M.

Jourdain François, 58 ans, de Limoges, chan. à Périgueux, m. W. 19 février 1795 à Saintes.

Juge de Saint-Martin Jean-Jos., 55 ans, de Limoges, chan. à Périgueux, m. D. A. 7 juill. 1794. I. A.

Juhel Alexis, 62 ans, prêtre de St-Brieuc, m. en route 18 avril 1794.

Juitiaut Pierre, prêtre de Poitiers, m. D. A. 25 août 1794. I. M.

Julien Jean, 53 ans. vicaire de St-Brieuc, m. D. A. 19 fév. 1795, à Saintes.

Juliard des Plaines Fr.-Jacques, 53 ans, curé, La Rochelle, m. D. A. 15 juill. 1794. I. A.

Kerlem Pierre-Joseph, 50 ans, curé prieur, Quimper, m. W. 5 oct. 1794. I. M.

Kleck Pierre, 53 ans, de Metz, prêtre à Nancy, m. W. 5 oct. 1794, I. M.

Labelle Thomas-Jean, 26 ans, diacre de Rouen, m. D. A. 27 août 1794. I. M.

La Biche de Reignefort Marcel, 42 ans, chan. Limoges, m. D. A. 26 juill. 1794. I. A.

de La Biche Jean-Baptiste, 56 ans, de Limoges, bénédictin à Bourg, m. D. A. 12 août 1794. I. A.

de Laborderie (de Labrouhe), 38 ans, Pierre, chan. Limoges, m. D. A., 1 juill. 1794. I. A.

Laborie, 62 ans, archidiacre de Mâcon, Autun, m. W. 18 sept. 1794. I. M.

Lafont du Mazubert Daniel, 58 ans, curé, Limoges, m. D. A. 6 juin 1794. I. A.

Lagrange Jean-Bapt., 58 ans, d'Angoulème, capucin à Limoges, m. W. 28 déc. 1794. F. Vaseux.

Lagravière, 57 ans, chanoine d'Angoulème, m. sur le Washington.

Lallemand Claude-Jos., carme de Nancy, m. W. 7 sept. 1794. I. M.

Lalouelle Pierre-Alexis, capucin de Rouen, m. W. 20 juill. 1794. I. A.

Lambaud Fr.-Nicolas, 63 ans, de Nancy, curé à Verdun, m. W. 9 juill. 1794. I. A.

Lamontre Jean-Bapt., 56 ans, bénéficier de Limoges, m. D. A. 17 août 1794. I. M.

Lamontre Psalmode, 55 ans, bénéficier de Limoges, m. D. A. 25 août 1794. I. M.

La Morelle du Breuil Jean-Fr., 42 ans, chan. Limoges, m. D. A. 31 juill. 1794, I. A.

La Morelle des Biards Barth., 40 ans, relig., Limoges. m. D. A. 13 juill. 1794. I. A.

La Morelle de Puyredon Pierre, 57 ans, chan. Limoges, m. D. A. 10 août 1794. I. A.

de Lamorre Antoine, 58 ans, principal, Verdun, m. D. A. 30 août 1794. I. M.

de Lamorre Etienne, 35 ans, chanoine, Verdun, m. W. 6 août 1794. I. A., à la mer.

Lamoureux Jean-Blaise, 36 ans, de Reims, curé à Verdun, m. D. A. 22 sept. 1794. I. M.

Lanauve Pierre-Jacques, 36 ans, d'Angoulème, curé à Périgueux, m. W. 5 oct. 1794. I. M.

de Laplace Claude, 69 ans, d'Autun, curé à Moulins, m. D. A. 14 sept. 1794. I. M.

de La Ramade Adrien, 31 ans, curé, Périgueux, m. D. A. 30 juil. 1794. I. A.

Larcher Jonathas, 52 ans, curé de Rouen, m. D. A. 9 août 1794. I. A.

Laurens de la Locherie Hubert-Jean, 45 ans, chan. Limoges, m. D. A. 13 sept. 1794. I. A.

Laurens de Masclou Claude, 59 ans, chan. Limoges, m. D. A. 7 sept. 1794. I. M.

Laurent Benoît, 52 ans, curé, Rouen, m. D. A. 14 août 1794. I. A.

Laurent Pierre, 74 ans, vicaire, Verdun, m. D. A. 13 août 1794. I. A.

Laurent Simon, 53 ans, curé, Verdun, m. W. 24 août 1794. I. M.

Laurent Jean-Fr., 63 ans de Saint-Dié, curé à Verdun, m. W. 7 sept. 1794. I. M.

Laurette François, 74 ans, curé, Verdun, m. W. 1 sept. 1794. I. M.

Lavergne François, 31 ans, curé, Périgueux, m. D. A., 22 août 1794. I. M.

Laveuf François, 70 ans, curé, Verdun, m. W. septembre 1794. I. M.

Le Bihan Sébastien, 46 ans, vicaire, Vannes, m. D. A. 6 oct. 1794. I. M.

Lebis Guillaume, 58 ans, curé, Quimper, m. W. 4 janvier 1795, F. Vaseux.

Leblanc François, 51 ans, de Bourges, chartreux à Tours, m. D. A. 21 août 1794. I. M.

Leblanc Nicolas-Louis, 57 ans, chan. Verdun, m. W. 26 août 1794. I. M.

Leblanc Antoine, 61 ans, curé, Verdun, m. W. 12 sept. 1794. I. M.

Lebrun Louis-François, 50 ans, bénéficier, Rouen, m. D. A. 19 août 1794. I. M.

Leclerc Charles, 37 ans, chanoine, Angoulême, m. W. 11 oct. 1794. I. M.

Le Clerc Charles-César, 44 ans, cusé, Quimper, m. W.

Le Coent François, 44 ans, de Quimper, vic. à St-Brieuc, m. D. A. 24 juillet 1794. I. A.

Le Comte Noël-Hilaire, 28 ans, de

Chartres, organiste à Bourges, m. D. A. 17 août 1794. I. A.

Lefèvre Charles-Etienne, 41 ans, prêtre, Rouen, m. D. A. 13 sept. 1794. I. M.

Lefort Jean-François, 43 ans, de Reims, Prémontré à Verdun, m. D. A. 29 sept. 1794. I. M.

Legry Jacques-Germain, 33 ans, chan. Sens, m. W. 13 janvier 1795. F. Vaseux.

Lejan Jacques, 53 ans, vicaire, St-Brieuc, m. D. A. 14 juill. 1794. I. M.

Lelandais Remy, 38 ans, vicaire, Séez, m. W. 7 nov. 1794. F. Vaseux.

Lelièvre Gatien, 60 ans, du Rennes. Carme à Quimper, m. W. 11 oct. 1794. I. M.

Lemaire Nicolas-Charles, 55 ans, missionnaire, Verdun, m. D. A., 11 sept. 1794. I. M.

Le Masson Simon, 57 ans, chapelain, Quimper, m. Saintes, 9 fév. 1795, W.

Lemoine Joseph, 55 ans, Picputien à Nancy, m. D. A. 13 sept. 1794. I. M.

Lenel, 65 ans, aumônier, Verdun, m. W. 17 sept. 1794. I. M.

Lenfumez Adrien, 58 ans, de Bayeux, capucin à Rouen, m. D. A. 16 juill. 1794. I. A.

Lenormand Pierre-Fr., 42 ans, de Bayeux, chapelain à Rouen, m. D. A. 26 avril 1794.

de Léonard de Bélair François, 55 ans, curé, Limoges, m. D. A. 22 août 1794. I. M.

Léonard Louis-Joseph, 45 ans, curé, La Rochelle, m. D. A. 13 août 1794. I. A.

Lepelletier François-Mathurin, 56 ans, curé, Angoulême, m. W. 28 août. I. M.

Leroux Augustin-Joseph, 30 ans, diacre, Vannes, m. D. A. 16 sept. 1794. I. M.

Leroy René, 55 ans, d'Angers, trappiste à Moulins, m. D. A. 22 août 1794. I. M.

Lesaulnier Fr.-Mathurin, 27 ans, sous-diacre, St-Brieuc, m. D. A. 19 juill. 1794. I. A.

Le Thiec Jean, 51 ans, vicaire, Vannes, m. D. A. 21 août 1794. I. M.

Le Toullec Louis, 31 ans, vicaire Vannes, m. 2 juin 1794. I. A.

Letourneau J.-B.-Pierre, 42 ans, d'Angers, carme à Poitiers, m. D. A. 10 sept. 1794. I. M.

de Leymarie (Laroche) Elie, 36 ans, de Périgueux, prieur à Bordeaux, m. D. A. 22 août 1794. I. M.

Lintillac Jean-Bapt., 38 ans, de St-Flour, curé à Périgueux, m. D. A. 21 juin 1794. I. A.

Loir Jean-B., 77 ans, de Besançon, capucin à Lyon, m. D. A. 19 mai 1794. I. A.

Loiselière Pierre-Martin, 55 ans, prêtre de Rouen, m. D. A. 14 sept. 1794. I. M.

Lombal Nicolas, 63 ans, curé, Verdun, m. D. A. 17 août 1794. I. M.

Lombardie Jacques, 67 ans, de Limoges, curé à Tulle, m. D. A. 22 juill. 1794. I. A.

de Longueil Claude-Joseph, 64 ans, chan. vic. gén. Metz, m. W. 6 sept. 1794. I. M.

Lucas François, 68 ans, curé-prieur Moulins, m. D. A. 30 août 1794. I. M.

Lucas Pierre, 59 ans, curé, Moulins, m. D. A. 26 juill. 1794. I. A.

Luchet de la Motte Michel-Dominique, 60 ans, chan., La Rochelle, m. D. A. 20 août 1794. I. M.

Mabille Nicolas, 59 ans, prêtre, Rouen, m. D. A. 20 août 1794. I. M.

Macusson Paul-Hyacinthe, 64 ans, jésuite, Verdun, m. W. 24 août 1794. I. M.

Maillard Louis-Gabriel, 40 ans, de Séez, vicaire à Laval, m. W. 26 oct. 1794. I. M.

Maillard Pierre, 42 ans, professeur Le Mans, m. W. 26 oct. 1794. I. M.

Mamiel de Marieulle Georges-Claude, 55 ans, curé, Metz, m. à Rochefort.

Le Marchand Bernard, 47 ans, vicaire, Rouen, m. D. A. 15 juill. 1794. I. M.

Marchandon Joseph, 52 ans, Sulpicien, curé, Limoges, m. D. A. 15 sept. 1794. I. M.

Marchal Claude-Alexis, 39 ans, curé, Verdun, m. D. A. 25 août 1794. I. A.

Marcoux Jacques, 60 ans, chanoine Poitiers, m. D. A. 19 juin 1794. I. A.

de la Marle Louis, 74 ans, curé, Metz, m. W. 11 oct. 1794. I. M.

Marquet Jean-Baptiste, 42 ans, curé, Verdun, m. D. A. 8 sept. 1794. I. M.

Martin Jos.-Barthélemy, 54 ans, curé, Limoges, m. D. A. 15 août 1794. I. A.

Martin Jos.-Jean, 52 ans, chanoine, Limoges, m. D. A. 25 juill. 1794. I. A.

Martin François, 59 ans, curé, La Rochelle, m. D. A. 11 sept. 1794. I. M.

Masleau Michel, 55 ans, bénéficier Limoges, m. D. A. 17 juill. 1794. I. A.

Mater Jean-Guillaume, 58 ans, curé, Périgueux, m. D. A. 18 août 1794. I. A.

Mathebs Antoine, 46 ans, de Strasbourg, cordelier à Nancy, m. D. A. 12 août 1794. I. A.

Mathieu Pierre, 38 ans, vicaire, Nancy, m. D. A. 19 juin 1794. I. A.

Matrier Jacques, aumônier à Autun, m. B. R. 16 déc. 1794. I. Rochefort.

Maucourt Louis, 62 ans, aumônier à Verdun, m. W. 8 sept. 1794. I. M.

Mayaudon François 55 ans, de Périgueux, vic. gén. à St-Brieuc, m. D. A. 16 sept. 1794. I. M.

Mazard Clet-Pierre, 47 ans, chanoine, Limoges, m. D. A. 29 juil. 1794. I. A.

Mazurier Jean-B., 50 ans, prêtre de Rouen, m. W. 18 août 1794. I. A.

Meffet François, 61 ans, de Metz, chan. à Strasbourg, m. D. A. 30 juill. 1794. I. A.

Meilhac Jean-B., 39 ans, chanoine, Limoges, m. D. A. 17 juill. 1794. I. A.

Menestrel Jean-Bapt.-Louis, 40 ans, prêtre de Verdun, m. W. 16 août 1794. I. A.

de Menou Raymond, 56 ans, curé, Périgueux, m. W. 23 janvier 1795. F. Vaseux.

Mercier Jean-Claude, 45 ans, de St-Dié, chan. à Nancy, m. W. 12 oct. 1794. I. M.

Michel Claude-Fr., 73 ans, de Besançon, capucin à Verdun, m. D. A. 23 sept. 1794. I. M.

Michel Jean-Georges, 66 ans, prêtre

de Metz, m. W. 21 sept. 1794. I. M.

Michel Jean, 64 ans, curé, Langres, m. W. 12 octobre 1794. I. M.

Michelan Jos.-Thomas, 36 ans, de St-Dié, minime à Nancy, m. D. A. 30 juill. 1794. I. A.

de Millaguet (Rolles) Pierre, 48 ans, de Limoges, curé à Angoulême, m. D. A. 9 juill. 1794. I. A.

Molle Gibert, 36 ans, curé, Clermont, m. D. A. 27 août 1794. I. M.

Momet Jean-Fr.-Marie, 49 ans, vicaire, Limoges, m. W. 12 octobre 1794. I. M.

de Monchy Louis-François, 59 ans, chanoine, Verdun, m. D. A. 12 octobre 1794. I. M.

Montjournal (de Vernoy) Pierre, 59 ans, chan., Moulins, m. D. A. 1 juin 1794. I. A.

Mopinot Jean, 72 ans, de Reims, frère à Moulins, m. W. 21 mai 1794. I. A.

Moreau, 40 ans, chapelain à Autun, m. W. 12 octobre 1794. I. M.

Moutet Alexandre, 35 ans, du Puy, vic. à Moulins, m. D. A. 28 sept. 1794. I. M.

Naud Pierre, 55 ans, aumônier, Angoulême, m. W. 14 oct. 1794. I. M.

Neveux Jean-François, 50 ans, chanoine, Verdun, m. W. sept. 1794. I. M.

Nicolas Florentin, 54 ans, carme à Nancy, m. D. A. 25 août 1794. I. M.

Niot François-Silvain, 42 ans, curé, Limoges, m. D. A. 23 sept. 1794. I. M.

Nivelon Michel, 72 ans, curé, Moulins, m. D. A. 16 juillet 1794. I. A.

Noel Pierre-Michel, 40 ans, prêtre de Rouen, m. D. A. 5 août 1794. I. A.

Normand Fr.-Nicolas, prêtre de Rouen, m. D. A. 26 avril 1794. F. Vaseux.

Nottin Nicolas, 50 ans, chanoine de Verdun, m. W. sept. 1794. I. M.

Nouvelet Pierre, 64 ans, chanoine, Verdun, m. W. 21 sept. 1794. I. M.

Ochotte André, chanoine de Saint-Dié, m. Deux-Associés.

Ogeard Michel-Jean-Marie, curé de Poitiers, massacré 21 mars 1794, à la Rochelle.

d'Ormonville Pierre-Bernard, 53 ans, chanoine, Rouen, m. D. A. 20 janvier 1795. F. Vaseux.

d'Oppel Jean-François, 57 ans, chanoine de Nancy, m. D. A. 22 août 1794. I. M.

d'Oray Pierre-François, 39 ans, de Rouen, Chartreux à Soissons, m. D. A. 18 août 1794. I. A.

Paignon-de-Chantegrand Joseph, 39 ans, chanoine Limoges, m. D. A. 10 janvier 1795. F. V.

Papon Pierre-Philippe, 50 ans, curé de Moulins, m. D. A. 17 juin 1794. I. A.

de la Papotière (Lécuyer) Henri, 55 ans, chan. de Chartres, m. D. A. 18 mai 1794. I. A.

Paradis Nicolas, 68 ans, curé de Verdun, m. W. 14 septembre 1794. I. M.

Parelon-du-Marroy Sylvain, 35 ans, professeur, Limoges, m. W. 29 janvier 1795. F. V.

Parelon Jacques-Barthélemy, 27 ans, prêtre de Limoges, m. D. A. 14 juill. 1794. I. A.

Parisot Nicolas, 37 ans, de St-Dié, Lazariste à Metz, m. W. 14 oct. 1794. I. M.

Patoureau Guillaume, 42 ans, de Périgueux, curé à La Rochelle, m. D. A. 22 sept. 1794. I. M.

Pautard Guillaume, 43 ans, de St-Flour, curé à la Rochelle, m. D. A. 22 sept. 1794. I. M.

Pébeyre Géraud, 38 ans, de Cahors, vic. à Périgueux, m. D. A. 20 août 1794. I. M.

Péchard Jean-B.-Jos., 39 ans, de Poitiers, curé à Luçon, m. D. A. 27 août 1794. I. M.

Pelletier Jean-Pierre, 37 ans, de Rouen, récollet à Versailles, m. D. A. 16 août 1794. I. A.

Pelletier, 55 ans, curé de La Faye, Angoulême, m. W. août 1794. I. A.

de Péret Jean-Nic.-Jos., 65 ans, de Metz, vic. gén. à Châlons, m. W. 1er février 1795. Rochefort.

Pergaud Gabriel, 41 ans, de Limoges, chan. de Saint-Brieuc, m. D. A. 21 juillet 1794. I. M.

Périnet Jean, 50 ans, de Reims, curé à Sens, m. W. 14 octobre 1794. I. M.

Perrault Jérôme-Fr., 39 ans, curé de Séez, m. W. 15 nov. 1794. F. V.

de Pétiniaud (de Journiac) Raymond, 47 ans, vic. gén. Limoges, m. D. A. 26 juin 1794. I. A.

de Pétiniaud (du Garraud) Jacques-Jos., 42 ans, chan. Limoges, m. D. A. 17 août 1794. I. A.

Petit Jean-B.-Charles, 39 ans, vic. de Rouen, m. D. A. 7 août 1794. I. A.

Petit Pierre, 28 ans, prêtre de Moulins, m. D. A. 29 juillet 1794. I. A.

Petit Augustin, 30 ans, prêtre de Limoges, m. D. A. 6 oct. 1794. I. M.

Picard Jean, 64 ans, de Verdun, curé Metz, m. W. 27 novembre 1794. F. V.

Pichot Pierre, 50 ans, curé de Poitiers, m. D. A., 27 août. I. M.

Pierre Pierre, 48 ans, professeur à Vannes, m. D. A. 14 juillet 1794. I. A.

Pinturel Jean-Pierre, 66 ans, curé, Moulins, m. D. A. 23 juill. 1794. I. A.

Piveteaux, 70 ans, d'Angoulême, curé à La Rochelle, m. en route. Rochefort.

Planard Germain, 50 ans, vicaire de Quimper, m. W. 13 sept. 1794. I. M.

Poirson Joseph, 54 ans, de Saint-Dié, cordelier à Nancy, m. D. A. 23 août 1794. I. M.

Poissonnière Antoine, 58 ans, chanoine de Limoges, m. W. 27 août 1794. I. M.

Poitevin Jacques-Pierre, 52 ans, curé de Poitiers, m. D. A. 22 août 1794. I. M.

Poujol de l'Isle Jacques, 38 ans, de Périgueux, vic. à Cahors, m. D. A. 29 août 1794. I. M.

Poujol de l'Isle, Mathieu, 30 ans, prêtre à Périgueux, m. D. A. 3 sept. 1794. I. M.

Pourteyrou, 55 ans, curé de Chenaud, Périgueux, m. W. 16 oct. 1794. I. M.

Prat Jean-Pierre, 28 ans, de Belley, chan. à Moulins, m. D. A. 19 juillet 1794. I. A.

Prat Gilles-Marie, 32 ans, prêtre de Saint-Brieuc, m. D. A. 28 juillet 1794. I. M.

Prévost Jean-Fr., 34 ans, de Ver-

dun, cordelier à Saint-Dié, m. D. A. 16 sept. 1794. I. M.

Prion Claude, 58 ans, de Genève, curé génovéfain à Sens, m. W. 16 octobre 1794. I. M.

Quarteau Olivier, 57 ans, prêtre de Saint-Brieuc, m. à bord de la Cigogne, 9 juin 1794.

Quesnel Paul-J.-B., 53 ans, chapelain de Rouen, m. D. A. 4 juillet 1794. I. A.

Raffey Pierre-Fr.-Alexis, 51 ans, prêtre de Rouen, m. D. A. 10 juillet 1794. I. A.

Rambour Charles, 46 ans, chartreux à Nancy, m. D. A. 21 juil. 1794. I. A.

Raoul Jean, 49 ans, prêtre de Saint-Brieuc, m. D. A. 6 août 1794. I. M.

Ravette Jacques, 36 ans, chanoine de Rouen, m. D. A. 26 août 1794. I. M.

Ravette Joseph, 30 ans, chanoine de Rouen, m. D. A. 26 août 1794. I. M.

Raymond Antoine, 59 ans, ex-jésuite, Limoges, m. D. A. 28 juil. 1794. I. A.

Raymond Jean, 63 ans, de Clermont, curé à Moulins, m. D. A. 12 août 1794. I. A.

Rémond André, 60 ans, d'Autun, curé à Sens, m. W. 20 sept., à la mer.

de la Rémondie Freisse, 33 ans, vicaire de Périgueux, m. Rochefort, avril 1794.

Rempnoulx, Jean-Paul, 43 ans, de la Rochelle, curé à Limoges, m. D. A. 5 sept. 1794. I. M.

Renaudin Antonin-Fr., 47 ans, vicaire de Verdun, m. W. sept. 1794. I. M.

Renchoux Jean-Antoine, 49 ans, d'Autun, chan. à Clermont, m. D. A. 9 juillet 1794. I. A.

René Georges-Edme, 47 ans, chanoine de Sens, m. W. 2 octobre 1794. I. M.

Retouret Jacques, 49 ans, grand Carme à Limoges, m. D. A. 25 août 1794. I. M.

Reux Jean-Baptiste, 49 ans, procureur à Rouen, m. D. A. 10 août 1794. I. A.

Reveilhas Pierre, 51 ans, de Périgueux, curé à Angoulême, m. D. A. 28 juillet 1794. I. A.

Richard Claude, 53 ans, de Verdun,

bénédictin à Nancy, m. D. A. 9 août 1794. I. A.

de Richemond François, 54 ans, de Périgueux, vic. gén. à Limoges, m. D. A. 19 juillet 1794. I. M.

Richy Eloi, 42 ans, de Nancy, trappiste à Séez, m. D. A. 29 août 1794. I. M.

Rigault Pierre, 64 ans, vicaire de Rouen, m. D. A. 2 sept. 1794. I. M.

Riguidel Jean-Louis, 32 ans, aumônier à Vannes, m. D. A. 1er sept. 1794. I. M.

Rion François, 42 ans, vicaire, Poitiers, m. D. A. 2 mai 1794. I. A.

Ripoud Jean, 63 ans, chanoine de Moulins, m. D. A. 19 juill. 1794. I. A.

Robert Christophe-Hubert, 50 ans, curé, Verdun, m. D. A. 18 août 1794. I. M.

Robert Joseph-Pierre, 48 ans, vic. Vannes, m. D. A. 2 sept. 1794. I. M.

Roddier Antoine, 61 ans, de Saint-Flour, curé à Moulins, m. D. A. 24 août 1794. I. M.

Rolland Pierre, vicaire général de Mâcon, Autun, m. D. A. août 1794.

Rollet Martin, 55 ans, de Rouen, curé à Séez, m. D. A. 23 août 1794. I. M.

de la Romagère Pierre-Jos., 42 ans, de Moulins, vic. gén. de Bourges, m. D. A. 26 juillet 1794. I. A.

Romécourt Alexis, 80 ans, jésuite, chan. Verdun, m. D. A. 20 août 1794. I. M.

Rouillé François, 55 ans, grand carme à Limoges, m. D. A. 16 juillet 1794. I. A.

Roulhac Antoine, 40 ans, chan. Limoges, m. D. A. 3 mai 1794. I. M.

du Roulle Nicolas, 36 ans, d'Evreux, capucin à Rouen, m. D. A. 16 juin 1794. I. A.

Rousseau de Céron Pierre, 62 ans, curé, Moulins, m. D. A. 14 sept. 1794. I. M.

Roussel Jean-Fr., 63 ans, bénédictin de Verdun, m. D. A. 8 sept. 1794. I. M.

Roussel Damien, 41 ans, chapelain à Rouen, m. D. A. 16 juin 1794. I. A.

de la Rouverade Léonard, 55 ans, de Périgueux, chan. Limoges, m. D. A. 16 juillet 1794. I. A.

Roux Henri, 56 ans, de Bourges, curé à Moulins, m. D. A. 24 juil. 1794. I. A.

Roux Jean, 41 ans, de Clermont, curé à Moulins, m. D. A. 17 juin 1794. I. A.

Rouyère François, 78 ans, curé, Verdun, m. W. Rochefort, 10 juin 1794.

Ruelle Pierre-Gabriel, 40 ans, vic., Bayeux, m. W. Saintes, 6 mars 1795.

Sauro-Fombelle Jean-Fr., prébendé à Angoulême, m. W. 16 octobre 1794. I. M.

Sauvage François, 51 ans, chan. Limoges. m. D. A. 7 juill. 1794. I. M.

Savary Joseph, 50 ans, grand carme, Limoges, m. D. A. 5 mai 1794. I. A.

Savouret Nicolas, 62 ans, de Besançon, cordelier à Moulins, m. D. A. 16 juillet 1794. I. M.

Schaik Christophe, 64 ans, frère Ec. chr., Metz, m. W. 6 septembre 1794. I. M.

Scheletzer Nicolas, 50 ans, curé, Metz, m. W. 18 octobre 1794. I. M.

de Serre de Farsat Charles, 58 ans, chanoine, Limoges, m. D. A. 8 août 1794. I. A.

Sigorgne de Chazerai Jean-B., archidiacre, Autun, m. D. A. 20 août 1794. I. M.

Sirejean Pierre, 45 ans, cordelier à Nancy, m. D. A. 25 juillet 1794. I. A.

Souchard Joseph, 45 ans, de Clermont, cordelier à Moulins, m. D. A. 14 juillet 1794. I. A.

Soulhier Léonard, 50 ans, de Périgueux, récollet à Limoges, m. D. A. 25 juillet 1794. I. A.

Soullez Adrien, 30 ans, dir. au Sém. de Rouen, m. D. A. 22 août 1794. I. M.

Souzy Jean-B.-Etienne, vic. gén. de la Rochelle, m. D. A. 27 août 1794. I. M.

Subrezil Ferréol, 59 ans, de Périgueux, curé, Angoulême, m. W. sept. 1794. I. M.

Tabaraud Mathurin, 60 ans, curé, Limoges, m. D. A. 3 août 1794. I. A.

Tabouillot Nicolas, 55 ans, curé, Verdun, m. D. A. Rochefort 23 février 1795.

Talmeuf Pierre, 61 ans, de Clermont, bénédictin à Autun, m. D. A. 14 février 1795, à Saintes.

Taupin Joseph, 52 ans, curé, Poitiers, m. D. A. 12 août 1794. I. A.

Teulier Henri, 43 ans, bénéficier à Limoges, m. D. A. 17 août 1794. I. A.

Texandier Jacques-Jean, 50 ans, chanoine de Limoges, m. D. A. 25 août 1794. I. M.

Texier des Marais Fr., 53 ans, d'Angoulême, curé à La Rochelle, m. D. A. 14 août 1794. I. A.

Teyssandier Pierre-Jos., 58 ans, de Rodez, curé à Périgueux, m. D. A. 3 sept. 1794. I. M.

Thomas Charles-Hyac., 66 ans, chanoine de Verdun, m. D. A. 18 août 1794. I. M.

Thomas Jean, 40 ans, de Nancy, dominicain à Strasbourg, m. D. A. 11 août 1794. I. A.

Thomas Joseph, 64 ans, de Metz, capucin à Nancy, m. W. 11 oct. 1794. I. M.

Tiersot Lazare, 56 ans, de Sens, chartreux à Moulins, m. W. 10 août 1794. I. A.

Tissot Henri-Claude, 44 ans, de Besançon, aumônier à Metz, m. W. 5 sept. 1794. I. M.

Tournaire Antoine, 55 ans, de Clermont, curé à Moulins, m. D. A. 6 sept. 1794. I. M.

Tramonteil Jean-B., 55 ans, curé de Limoges, m. W. 28 novembre 1794. F. V.

Trin Antoine-Fr., 46 ans, de Saint-Flour, curé à Périgueux, m. D. A. 20 août 1794. I. M.

Tripied François, 77 ans, curé, Verdun, m. W. septembre 1794. I. M.

Tronçon Jean-Bapt., chanoine à Montfaucon, Verdun, m. B. R. 22 janvier 1795. Rochefort.

Trudel Georges, de Lyon, précepteur à Orléans, m. D. A. 16 juin 1794. I. A.

Tynot Daniel-Henri, 63 ans, curé, Metz, m. W. 19 septembre 1794. I. M.

Urbain Gilles, 76 ans, curé de Montmédy, Verdun, m. D. A. 13 août 1794. I. M.

de Vachier de la Grave Jos., 45 ans, de Limoges, curé à Clermont, m. W. sept. 1794. I. M.

Valarcher Jacques, 75 ans, de St-Flour, curé à Moulins, m. D. A. 10 juillet 1794. I. A.

Valette Jean, 47 ans, curé de Paussac, Périgueux, m. D. A. 26 juin 1794. I. A.

Vallée Jean-Fr., 59 ans, de Coutances, capucin à Rouen, m. D. A. 27 juillet 1794. I. A.

Valentin Jacques-François, 64 ans, curé à Verdun, m. W. 2 juillet 1794. Rochefort.

Varaigne Nicolas, 48 ans, bénéficier de Limoges, m. D. A. 30 juillet 1794. I. A.

Varin Charles-François, 25 ans, vic. de Verdun, m. W. 2 juill. 1794. Rochefort.

Vary Louis, 55 ans, curé de Bourges, m. hôp. Rochefort. 1794.

de Vassimont Daniel, 50 ans, de Verdun, vic. gén. à Rennes, m. W. 21 oct. 1794. I. M.

Vauquet Nicolas-Fr., 46 ans, récollet de Rouen, m. D. A. 8 sept. 1794. I. M.

Vautrot Jean, 70 ans, chapelain à Verdun, m. en route, 6 mai 1794.

Vazoux Jean, 50 ans, curé de St-Aignan, Tours, m. W. déc. 1794. I. M.

Véchambre Bertrand, 28 ans, vic. de Périgueux, m. D. A. 2 septembre 1794. I. M.

Veilhon Jean-Jos., 40 ans, curé de Saint-Brieuc, m. D. A. 1ᵉʳ août 1794. I. A.

Vergé André, 54 ans, de Nantes, miss. à Luçon, mas. 21 mars 1794, à la Rochelle.

Vinand Jean-Pierre, 49 ans, chapelain, La Rochelle, m. D. A. 7 sept. 1794. I. M.

Violleau Christophe, 65 ans, curé de Poitiers, mas. La Rochelle. 21 mars 1794.

Vivien Louis-Jean-B., 57 ans, de Bayeux, chartreux à Rouen, m. D. A. 27 août 1794. I. M.

du Vivier (Laborier) Jean-B., 61 ans, chanoine, Autun, m. D. A. 27 sept. 1794. I. M.

Nécrologe des prêtres morts déportés à la Guyane (1)

Adam Jean-Nicolas, 40 ans, de Luçon, curé de Noirlieu (Poitiers), d. D., m. M. 14 novembre 1798.

Agaisse Henri, 25 ans, clerc tonsuré, de Rézé (Nantes), d. D., m. M. 4 juin 1798.

Allagnon Pierre, chapelain de Cahors, d. B., m. en mer 4 septembre 1798.

Asaert Pierre-Jacques, 58 ans, belge, chanoine d'Ypres, m. K. 18 novembre 1798.

Bailly Jean-Baptiste, 37 ans, de St-Dié, bénédictin à Strasbourg, d. D., m. K. 18 septembre 1798.

Balesdens Louis, 48 ans, vicaire de Rouen, m. à Rochefort.

Bauleret Louis, 48 ans, de Langres, vicaire à Besançon, d. B., m. K. 22 novembre 1798.

Beaugé Joseph, prêtre d'Annecy, d. B., m. en mer, 28 août 1798.

Bécherel Augustin, 45 ans, de Rennes, vicaire à Nantes, d. D., m. R. 12 septembre 1798.

Bellouet Jean-Baptiste, 48 ans, de Dijon, curé à Troyes, d. D., m. M. 29 septembre 1798.

Berger Charles-Henri, 32 ans, bénédictin à Nancy, d. D., m. K. 11 novembre 1798.

Bernard Louis-Fr.-Jos., 56 ans, de Lille, religieux à Poitiers, d. D., m. R. octobre 1798.

Berthod Pierre-François, 56 ans, chanoine de Sallanches (Annecy), d. B., m. S. 17 janvier 1799.

Bertrand Henri-Michel, 42 ans, de Trèves, bernardin à Orval, d. D., m. K. 25 septembre 1798.

Billard Etienne, 49 ans, curé de Soissons, d. D., m. S. 27 déc. 1798.

Boscaut Jean, 51 ans, de Cordes, chanoine à Albi, d. B., m. A. 6 novembre 1799.

Boterf Marc, 40 ans, vicaire de Nérillac (Vannes), d. D., m. K. 11 septembre 1798.

Bouchard Pierre-André, 46 ans, curé à Lille (Tournai), d. D., m. K. 11 novembre 1798.

Bougeard Jean-Baptiste, 35 ans, vicaire de Rennes, d. D., m. K. 22 septembre 1798.

Bourdois Marie-Eloi, 45 ans, de Joigny, curé de Sens, d. D., m. R. 19 octobre 1798.

Bourgeois Jean-François, 46 ans, de La Villeneuve, bénédictin à Besançon, d. B., m. R. 8 nov. 1798.

Brémont Antoine, 52 ans, curé de Grenoble, d. D., m. G. 21 décembre 1798.

Brétaud René-Pierre, 56 ans, curé à Strabourg, d. D., m. K. 4 nov. 1798.

Brochier Victor-Amédée, 56 ans, augustin à Grenoble, m. à Rochefort 19 juillet 1798.

Broglie Pierre-Fr.-Jos., 58 ans, curé à Strasbourg, d. D., m. S. 11 octobre 1798.

Brothier André-Charles, 46 ans, de Nevers, chanoine à Sens, d. V., m. S. 12 septembre 1798.

de Brunegat Pierre, 56 ans, de Pornic, vicaire à Luçon, d. D., m. K. 8 septembre 1798.

Buchet Léopold, 44 ans, curé de Breury (Besançon), d. B., mort en mer, 27 août 1798.

Cabé Jean-Nicolas, 55 ans, de Boulay, capucin à Metz, d. B., m. K. 15 novembre 1798.

Caillac Calixte, 36 ans, professeur (Cahors), d. D., m. A. 17 août 1798.

Cambefort Paul, 55 ans, de St-Flour, curé (à Clermont), d. D., m. K. 9 novembre 1798.

(1) d. D. = déporté sur la *Décade*. — d. B. = déporté sur la *Bayonnaise*. — d. V. = déporté sur la *Vaillante*. — m. C. = mort à Cayenne. — m. S. = mort à Sinnamary. — m. K. = mort à Konanama. — m. M. = mort à Makouria. — m. A. = mort à Approuage. — m. O. = mort à Oyapock. — m. R. = mort à Roura.

Quelques prêtres sont portés comme morts à Rochefort avant le départ, quelques autres comme morts dans la traversée.

Cardine Jean-Baptiste, 41 ans, de Bayeux, curé (à Versailles), d. D., m. K. 4 septembre 1798.

Carret Joseph-Claude, 48 ans, de Séez, dominicain à Metz, d. D., m. K. 27 novembre 1798.

Chapuis Joseph, 46 ans, de Valence, curé (à Grenoble), d. B., m. K. 18 novembre 1798.

Chevallier Benoît, 56 ans, chanoine de Chambéry, d. B., mort en mer, 3 septembre 1798.

Colard Jean, 59 ans, d'Ornans, curé (Besançon), d. B., m. K. 21 octobre 1798.

Colus Jean-Nicolas, 47 ans, curé (Saint-Dié), d. D., m. A. 6 oct. 1798.

Combot Jean, 44 ans, vicaire (Quimper), d. D., m. K. 9 octobre 1798.

Coppieters Pierre-Laurent, 46 ans, bénédictin à Gand, m. Rochefort 25 juillet 1798.

Coursières Jean-Baptiste, 40 ans, vicaire à Valence (Albi), d. B., m. S. 17 janvier 1799.

D'Armand Humbert-François, 41 ans, chanoine à Samoins (Annecy), d. B., m. K. 7 nov. 1798.

David Pierre, 45 ans, génovéfain, curé de Pranzac (Angoulême), d. B., m. S. 23 janvier 1799.

Daviot Jean-François, 51 ans, capucin (Besançon), d. D., m. Yracoubo, 14 octobre 1798.

Daviot Denis, 49 ans, bernardin de Besançon, d. D., m. S. 10 octobre 1800.

de Bruyn Jean-Baptiste, 32 ans, belge, curé (Malines), d. D., m. K. 20 juillet 1798.

Dehogues, chanoine de Tours, m. à Rochefort.

de Lestre François, 37 ans, principal à Neufchâtel (Rouen), d. D., m. K. 20 juillet 1798.

D'Hosier, chanoine, vicaire général de Chartres, m. à Rochefort.

Desmaels François, 42 ans, bernardin à Anvers (Malines), d. D., m. K. 12 nov. 1798.

de Noinville Albert, curé de Mincy (Soissons), d. D., m. M. 16 avril 1798.

Denoual Louis-Vincent, 54 ans, chantre à Vannes, d. D., m. S. 11 décembre 1799.

Desmazures Jacques-Marie, 56 ans, de Caen, curé (à Chartres), d. D., m. K. 22 septembre 1798.

Desprès François, 45 ans, chanoine, chantre à Bourges, d. D., m. S. 2 octobre 1798.

Des Rolands R.-J.-J., 36 ans, augustin, chanoine (la Rochelle), d. D., m. H. 10 juin 1798.

Doazan François, 53 ans, curé de Loudun (Poitiers), d. D., m. S. 14 février 1799.

Dorival Jean, 51 ans, curé de Cohan (Soissons), d. B., m. K. 10 novembre 1798.

Dry, capucin gardien du Couvent d'Autun, mort à Rochefort.

Dubois Jean, 60 ans, de Tours, curé de Pierrefite (Poitiers), d. D., m. C. 22 nov. 1798.

Du Laurent-Labarre Hip.-André, de Poitiers, 84 ans, vic. gén. de Quimper, m. à Rochefort.

Dulac Jean-Marie, prêtre de Lyon, assassiné à Rochefort 6 septembre 1797.

Duval Jean-Claude, 49 ans, de Châlons, chanoine à Soissons, d. D., m. R. 22 octobre 1798.

Enis Louis-Pierre, 40 ans, prêtre de Besançon, d. B., m. C. 7 nov. 1798.

Everard Jean, 40 ans, vic. gén. chanoine de Chartres, d. D., m. M. 17 décembre 1798.

Eyskens Paul, 40 ans, bernardin de Malines à Anvers, d. B., m. K. 13 nov. 1798.

Fleurance Joseph, 44 ans, capucin de Saint-Dié, d. D., m. S. 10 janv. 1799.

Fournier Hugues, 42 ans, chartreux de Clermont, d. D., m. A. 18 fév. 1799.

Frère Jean-François, 42 ans, chanoine de Poitiers, d. D., m. C. 1er oct. 1798.

Gaillard Julien, 26 ans, eudiste, prêtre de Coutances, d. D., m. A. 13 nov. 1798.

Galley Joseph, 38 ans, chanoine et curé (Annecy), d. B., m. K. 14 nov. 1798.

Garnesson Pierre, 44 ans, curé de Connaintray (Châlons), d. D., m. S. 6 déc. 1798.

Garnier Jacques, 33 ans, de Chartres, vicaire de Langres, d. D., m. C. 17 oct. 1798.

Garric Pierre, 36 ans, de Castres, vicaire (Albi), d. B., m. K. 8 nov. 1798.

Gaudin Pierre, 42 ans, vicaire de

Saint-Philbert (Angers), d. B., m. S. 3o janv. 1799.

Gerdil François, 53 ans, vicaire-ex-missionnaire (Annecy), d. B., m. K. 7 nov. 1798.

Guin Claude-François, 45 ans, lazariste de Besançon (à Paris), d. D., m. S. 3 janv. 1799.

Guérin Jean, 41 ans, bénédictin à Metz, d. D., m. C. 15 sept. 1798.

Gurliaz Pierre-Louis, 51 ans, vic. missionnaire (Annecy), d. B., m. S. 16 août 1801.

Havelange Jean-Joseph, 5o ans, recteur de Louvain, d. D., m. K. 18 nov. 1798.

Humbert Jean-Baptiste, 4o ans, de St-Dié, curé de Fréjus, d. D., m. S. 7 janvier 1798.

Humblot Nicolas, 54 ans, archiprêtre de Langres, m. à Rochefort.

Hurach Louis-François, 6o ans, d'Amiens, curé à Soissons, d. D., m. O. 12 sept. 1798.

Huybrech Pierre-François, 47 ans, curé de Gand, d. D., m. K. 7 sept. 1798.

Joly Pierre-Paul, 64 ans, curé d'Orgeux (Dijon), mort à Rochefort.

Judet Nicolas, 32 ans, vicaire à Limoges, d. B., m. R. 6 déc. 1798.

Kerckhofs Guillaume, 4o ans, oratorien de Malines, d. B., m. C. 17 août 1798.

Kéricof Guy-Marie, 47 ans, de Quimper, chanoine à Paris, d. D., m. curé de Cayenne, 12 mars 1803.

Lachenal Jacques, 34 ans, missionnaire d'Annecy, d. B., m. S. 5 décembre 1798.

Lafargue Jean-Pierre, 45 ans, curé de Villeneuve (Toulouse), d. B., m. K. 18 nov. 1798.

Lafaurie Jean, 56 ans, curé de Floirac (Cahors), d. B., m. S. 7 fév. 1799.

Lapanouze Gabriel, 4o ans, vicaire de Rabastens (Albi), d. D., m. R. 24 juin 1799.

Larchantel (de Gilard) Louis-Jean, 76 ans, vic. gén. de Quimper.

Laurence Martin, 35 ans, de Coutances, vic. à Versailles, d. B., m. K. 15 novembre 1798.

Lavort Marc-J., 52 ans, curé de Rochenoire (Clermont), d. B., m. S. 3 nov. 1798.

Le Bailly Jean-Alexandre, 43 ans,

vicaire de Sulniac (Vannes), d. D., m. S. 27 nov. 1798.

Lebas Bonaventure, 5o ans, prêtre à Orteville (Rouen), d. B., m. S. 3 janvier 1798.

Le Boursicault Pierre, 36 ans, vicaire de Sarzeau (Vannes), d. D., m. S. 12 déc. 1799.

Leclerc de Vaudosne Etienne-Ch.-Mamert, 5o ans, bénédictin de Langres, d. D., m. M. 2 novembre 1798.

Le Corre Alexis, 3o ans, diacre de Martigné (Rennes), d. D., m. S. 11 fév. 1799.

Le Divelec Louis, 62 ans, archiprêtre de Vannes, d. D., m. K. 13 oct. 1798.

Léger Jean-François, 55 ans, d'Orléans, curé à Blois, d. D., m. K. 21 oct. 1798.

Lemaistre Jean, 42 ans, bernardin de Nantes, d. D., m. K. 12 sept. 1798.

Lepape André, 43 ans, de Quimper, vicaire à Saint-Brieuc, d. D., m. K. 11 oct. 1798.

Leroy André, 47 ans, de Bayeux, curé à Rouen, d. B., m. K. 14 nov. 1798.

Lortec Jean-Jos.-Pascal, 54 ans, prêtre de la Merci à Toulouse, d. D., m. K. 9 sept. 1798.

Lucquet François, 43 ans, d'Autun, curé à Lyon, d. B., m. K. 14 nov. 1798.

Marce Charles, curé de Saint-Privat (Le Puy), d. B., m. en mer, 23 août 1798.

Marolles Jean, 37 ans, de Limoges, chartreux à Bordeaux, d. D., m. S. 3o sept. 1799.

Mantel Claude, 58 ans, de Chambéry, chartreux à Belley, d. B., m. C. 1er juin 1799.

Mathieu Jean-Charles, 33 ans, prêtre de Saint-Dié, d. D., m. K. 11 septembre 1798.

Michel François, 41 ans, prêtre de Lyon, d. B., m. S. 27 déc. 1798.

Millocheau Lubin, 37 ans, de Chartres, curé à Versailles, d. B., m. K. 7 novembre 1798.

Montagnon Grégoire-Jos., 47 ans, curé de Villers (Besançon), d. D., m. K. 19 novembre 1798.

Morel Barthélemy, 47 ans, de Soissons, professeur à Lyon, d. B., m. K. 10 nov. 1798.

Moutiés Ignace, curé de Thoux,

Auch, d. B. mort en mer, 27 août 1798.

Muller Nicolas, 41 ans, du Luxembourg, professeur à Trèves, d. D., m. S. 6 sept. 1798.

Musquin Pierre-Benoît, 42 ans, de Meaux, professeur à Sens, d. D., m. S. 26 nov. 1798.

Mutel Jean, 76 ans, de Langres, archidiacre de Toul (Nancy), m. à Rochefort.

Nusse Jean-François, 57 ans, de Soissons, anc. vic. épisc. de Grégoire, rétracté, m. A. 7 sept. 1798.

Oudaille Fr.-Augustin, 39 ans, de Bauvais, curé à Versailles, rétracté, m. A. 28 sept. 1798.

Peyras Pierre, 39 ans, de Gap, cordelier à Valence, m. K. 15 nov. 1798.

Picard Mathieu, 59 ans, de Joigny (Sens), curé de Rujéreux (Meaux), m. S. rétracté, 6 août 1799.

Pilon Nicolas, 43 ans, de Toul, chan. de Saint-Victor (Paris), m. R. 15 nov. 1798.

Pineau Pierre, 42 ans, curé du Pas (Leman), m. Rochefort, rétracté.

Poirsin Henri, 55 ans, de Verdun, capucin à Toul. m. K. 2 novembre 1798 (grandes vertus).

Pradal Joseph, 32 ans, prêtre d'Albi, m. K. 28 sept. 1798.

Pradier Guillaume, 51 ans, de Clermont, chanoine à Rabastens (Albi), m. K. 20 nov. 1798.

Prévigneau-Coudert Jean-Guill., 52 ans, de Périgueux, curé à Poitiers, m. K. 11 oct. 1798.

Raimbault César-Auguste, 56 ans, de Blois, lazariste à Séez, m. S. 18 juin 1799.

Rey Jean-Michel, 50 ans, dir. au Séminaire de Maurienne, m. K. 20 nov. 1798.

Reyphins Jean-Joseph, 39 ans, curé à Ypres, m. en mer, 22 août 1798.

Roelandts Albert, 49 ans, bernardin à Anvers, m. K. 5 nov. 1798.

Rossignol Louis-Bernard, 54 ans, vicaire de Soissons, m. A. 29 août 1798.

Roux Jean-François, 46 ans, de Clermont, chanoine de Bourges, m. M. 8 sept. 1798.

Rouyre Pierre, 52 ans, curé de S.-Saturnin (Saint-Flour), m. K. 9 nov. 1798.

Rouyer Nicolas-Joseph, 35 ans, vicaire à Vilotte (St-Dié), m. S. 23 janv. 1799.

de Saint-Privé Jean-Fr., 45 ans, d'Amiens, curé à St-Dié, m. C. 20 sept. 1798, rétracté.

Sansterre Julien, 47 ans, de Vannes, m. R. 25 nov. 1798.

Sartel Gabriel-François, 49 ans, bénédictin, curé de N.-D. de Gand, m. S. 4 janv. 1799.

Sautré Jean-Fr., 51 ans, de Metz, prof. à Nancy, m. S. 2 avril 1800.

Schever Félix-Alex., 65 ans, de Cologne, aumônier à Paris, m. K. 7 oct. 1798.

Segons Raymond, 54 ans, curé (La Rochelle), m. Rochefort 1797.

Seguin Nicolas, 48 ans, de Chartres, curé (Versailles), m. K. 13 oct. 1798 (pieux et savant).

Senez Louis, 47 ans, de Soissons, curé (Châlons), m. R. 1er déc. 1789 (astronome).

Songeon Dominique, 29 ans, chanoine d'Annecy, m. C. 11 janv. 1799.

Souchon Pierre-Paul, 42 ans, vicaire à Issingeaux (Le Puy), m. K. 12 nov. 1798.

Sourzac Jean, 53 ans, de Tulle, curé à Salignac (Périgueux), m. K. 14 août 1798.

Taymans Pierre-Joseph, 48 ans, doyen de Sulize (Malines), m. Rochefort, 1er sept. 1799.

Thomas Pierre-Fr.-Jos., 58 ans, d'Autun, chanoine de Belley, m. M. 8 juin 1799.

Tournafol Pierre, 56 ans, chan. de N.-D. d'Annecy, m. K. 12 nov. 1798.

Traynier Pierre-Alex., de Clermont, curé à La Rochelle, m. en mer, 26 août 1798.

Vallée Alexis-Jean, 45 ans, curé de Plouhinec (Vannes), m. K. 15 oct. 1798.

Van Bever Jean-Bapt., 48 ans, bernardin d'Anvers, m. K. 9 nov. 1798.

Van Cauvenberghe Jean-Bapt., 50 ans, curé de Louvain, m. K. 6 oct. 1798.

Van Der Sloten Ferd.-Jos., 43 ans, doyen de Turnhout (Anvers), m. K. 27 nov. 1798.

Van Hezewyck Fr.-Thomas, 49 ans, de Gand, oratorien à Malines, m. K. 1er oct. 1798.

Van Volxem Fr.-Jos., 54 ans, de Bruxelles, curé (Malines), m. K. 18 nov. 1798.

Veauzy François, 49 ans, de Thiers,

curé (Clermont), m. S. 5 décembre 1798.

Venaty Jean, 57 ans, de Verdun, curé (Soissons), m. K. 27 oct. 1798.

Velitot Victor-Ant., 48 ans, curé de Langres, capucin à Sens, m. S. 11 mars 1799.

Vergne Dominique, 41 ans, vic. de Beaufort (Angers), m. S. 15 déc. 1798.

Vlieghem Arnauld-J.-Fr., 45 ans, oratorien de Malines, m. K. 2 oct. 1798.

Nécrologe de Saint-Martin de Ré (1)

Alardin, chanoine de Namur, à Nivelles, m. en route, à Saint-Maur, 25 janv. 1799.

Alric Jean-Antoine, de Millau, 62 ans, curé de Mayrie (Carcassonne), m. H. 20 mars 1800.

Bérard Étienne-Pierre, 39 ans, curé de Raudens (Savoie), m. H. 9 févr. 1800.

Berthaud Michel, 57 ans, de l'Arbresle (Lyon), curé à Soissons, m. C. 10 sept. 1800.

Bessières Jacques-Martial, 60 ans, curé de Sept-Fonts (Cahors), m. H. 18 oct. 1799.

Billiet Jean-Bernard, 59 ans, chanoine à Chambéry, m. C. 5 avril 1800.

Bonnore Jean-Amans, 71 ans, de Sévérac (Rodez), jésuite à Soissons, m. H. 22 août 1798.

Bontron Pierre, 55 ans, de Turin, chanoine à Chambéry, m. H. 6 mars 1799.

Bourel François, 42 ans, né à Plonégat (Quimper), m. C. 3 sept. 1801.

Brulez Dom.-Benoît, 52 ans, belge, bénédictin, à Cambrai, m. C. 15 sept. 1799.

Caroff Bernard, 50 ans, de Ploudiry (Quimper), m. C. 29 déc. 1800.

Castelot François-Dominique, 56 ans, chapelain à Saint-Sulpice (Rouen), m. C. 4 nov. 1800.

Chassain-Caumartin Antoine, 38 ans, né à Ussel (Tulle), m. H. 29 nov. 1799.

Clerc Ferdinand, 50 ans, de Besançon, chapelain, m. H. 12 mars 1799.

Comtes Claude-François, 49 ans, du Supt (Saint-Claude), m. H. 23 nov. 1799.

Delpont Armand, 77 ans, gardien des capucins à Bordeaux, m. H. 17 août 1798.

Despierre François, 51 ans, curé de Varennes (Autun), m. C. 5 août 1800.

Desvoisin Barthélemy, 67 ans, de Soissons, cordelier à Lavaur (Albi), m. C. 20 août 1798.

Dirix Jean-Joseph, 41 ans, récollet d'Anvers, m. H. 17 avril 1800.

Dorlé Luglien, 41 ans, de Beauvais, curé à Amiens, m. H. 22 sept. 1799.

Dourlot Claude-François, 36 ans, grand carme à Paris, né à Saint-Claude, m. H. 15 sept. 1799.

Du Bouvot-Faivre Louis-Victor-Joachim, 68 ans, curé d'Auzel (Besançon), m. H. 10 décembre 1799.

Duchez-de-Maisonneuve Gabriel, 56 ans, de Périgueux, curé de La Ménècle (Angoulême), m. H. 13 déc. 1799.

Duclos Martial, 60 ans, de Limoges, curé à Saint-Germain (Albi), m. C. 19 déc. 1798.

Eve-Ribet Joseph, 51 ans, chapelain à Verneuil (Coutances), m. H. 17 déc. 1799.

Faudoas Marie-Joseph, 45 ans, de Paris, vic. gén. à Évreux, m. H. 18 oct. 1799.

Figuet Pierre, 56 ans, de Belley, curé à Annecy, m. C. 27 mars 1799.

Gatez Etienne-Martin, 41 ans, cordelier à Besançon, m. H. 15 janv. 1800.

(1) m. H. = mort à l'hôpital. — m. C. = mort à la Citadelle. — m. V. = mort en ville.]

Goury Guillaume, 64 ans, capucin à Vierzon (Bourges), m. H. 14 oct. 1798.

Grillet Jacques, 55 ans, du Puy, missionnaire à Besançon, m. H. 29 août 1798.

Grosgnard Jean-Louis, 60 ans, chanoine de Romorantin (Orléans), m. H. 20 janv. 1800.

Guillerm Michel, 59 ans, vicaire à Saint-Pol-de-Léon (Quimper), m. H. 19 déc. 1800.

Hamard-la-Chapelle, Charles-Fr., 52 ans, bénédictin de Rennes, m. H. 24 août 1899.

Hosdey Jacques-Alexandre, 57 ans, curé d'Ypres (Belgique), m. C. 22 mai 1799.

Jouette Nicolas, 64 ans, de Reims, prémontré à Laon (Soissons), m. H. 14 sept. 1799.

Laganne Pierre, 33 ans, vicaire à Saint-Germain (Cahors), m. H. 11 oct. 1798.

Lagoule Joseph, 70 ans, de Favergney, récollet à Langres, m. C. 2 déc. 1800.

de Laroche Charles-Pierre, 72 ans, curé de Chérac (La Rochelle), m. en ville, 2 fév. 1799.

Lazou François, 65 ans, vicaire à Garlen (Saint-Brieuc), m. H. 27 août 1800.

Lebedel Jean-Antoine, 54 ans, de Coutances, curé à Vierville (Chartres), m. H. 1 mars 1799.

Lelièvre Pierre-François, 63 ans, curé de Cuinière (Beauvais), m. C. 19 sept. 1799.

Lesaoult Yves, 70 ans, curé de Tréflouan (Quimper), m. H. 6 mai 1799.

Magalon de Combre Joseph, 42 ans, de Boguier (Nîmes), m. H. 1 mars 1799.

Marty Alexis-Martin, 40 ans, vic. de La Capelle-Farcel (Rodez), m. H. 14 oct. 1799.

Massadier Jacques, 73 ans, du Puy, vic. de Vaillauques (Montpellier), m. H. 22 déc. 1799.

Morel Pierre-Lucien, 49 ans, de Beauvais, chartreux à Soissons, m. H. 29 nov. 1798.

Morey Claude-François, 36 ans, capucin de Besançon, m. C. 11 sept. 1799.

Morin Antoine-Charles, 55 ans, de Luçon, curé à Surin (Poitiers), m. en ville, 30 mars 1800.

Morlier Joseph, 51 ans, vicaire à Telles (Rennes), m. H. 14 sept. 1799.

Naquefaire André, 62 ans, de Saumur (Angers), m. H. 14 mars 1800.

Nayrand Pierre-Joachim, 62 ans, d'Avignon, chanoine à Poitiers, m. C. 30 nov. 1801.

Nicolas Etienne, 67 ans, prêtre à Tréal (Vannes), m. C. 1 sept. 1800.

Penne Joseph-Marie, 38 ans, de Plestins (Saint-Brieuc), m. H. 29 janv. 1800.

Pètre Jacques, 53 ans, Belge, capucin à Cambrai, m. C. 5 fév. 1799.

Pichard Julien-Antoine, 61 ans, curé de Saint-Valéry (Rouen), m. H. 11 janvier 1800.

Piclet Jean, 59 ans, curé de Locromon (Quimper), m. C. 8 février 1801.

Pignolle Jean, 66 ans, de Girousseins (Albi), m. H. 12 nov. 1798.

Pradier Antoine, 73 ans, chanoine à Rabastens (Albi), m. H. 17 oct. 1799.

Roddier François-Jacques, 74 ans, de Clermont, chartreux à Bordeaux, m. C. 22 déc. 1800.

Rollet Jean-Baptiste, 60 ans, de Cluny, vic. gén. de Mâcon, m. C. 21 sept. 1799.

San-Douly Bonnet, 55 ans, prêtre à Sayat (Clermont) m. H. 29 oct. 1799.

Sannier Louis-Guillaume, 33 ans, vicaire à Morlaix (St-Brieuc), m. H. 10 avril 1800.

Sarraute Jean-Pierre, 48 ans, curé à Escalqueus (Toulouse), m. H. 8 décembre 1799.

Schuermans François, 60 ans, belge, récollet à Malines, m. C. 1 mai 1799.

Sidel Meinral, 44 ans, professeur de Strasbourg, m. C. 24 nov. 1799.

Sirejacob Jean, 51 ans, belge, chapelain à Bruxelles, m. C. 29 août 1800.

Yvenat Jérôme, 50 ans, professeur de théologie de Quimper, m. C. 21 mars 1801.

Nécrologe des prêtres morts déportés dans l'île d'Oléron

Claès Jean-Guillaume, 51 ans, bénéficier de Malines, m. le 17 sept. 1799.

David Balthasar, 50 ans, curé de Grignon (Grenoble), m. 29 déc. 1799.

Delent François, 47 ans, curé de Rochemaure (Viviers), m. 19 nov. 1789. Rétracté.

Delmotte François-Joseph, 35 ans, bénéficier de Liège, m. 3 fév. 1800.

Doulet Jean-Antoine, 45 ans, prêtre de Rodez, m. 3 nov. 1799.

Ferret Etienne, 56 ans, chanoine de Clermont, m. 1799.

Guillet Joseph, 40 ans, vicaire de Saint-Pierre, chart. (Grenoble), m. 5 oct. 1799.

Guy René, 47 ans, curé du diocèse de Bourges, m. au château.

Herman Louis, 31 ans, prêtre de Liège, m. 7 janvier 1799.

Hopsomer Louis, 42 ans, vicaire d'Ypres, m. à la Citadelle.

Jacobs Aloys, 57 ans, prédicateur, né à Loochristy, m. 1799.

Julien Jean, 45 ans, chanoine d'Avignon, m. au château, 1799.

Labbé Barthélemy, 45 ans, vicaire de Roussillon (Grenoble), m. 14 oct. 1799.

Laès Guillaume, prêtre de Malines, m. au château, 17 nov. 1799.

Mayers Jean, 50 ans, vicaire de Viversé (Ypres), m. 25 oct. 1799.

Muguet Pierre, 60 ans, prêtre de Malte (Lyon), m. 31 oct. 1899.

Provoost Hercule-Charles, 55 ans, Prémontré à Furnes (Ypres), m. 13 nov. 1800.

Van Compel Corneille, 56 ans, récollet de Malines, m. 26 janv. 1800.

Van Speybrouck Joseph, 49 ans, dominicain de Bruges, m. 28 févr. 1800.

<h1 style="text-align:center">TABLE DES MATIÈRES</h1>

CHAPITRE IV

Les prisons de Bordeaux

CHAPITRE V

Les prisons de Blaye et du Fort-Pâté

CHAPITRE VI

A bord des trois négriers

CHAPITRE VII

Au Port-des-Barques et à Brouage

CHAPITRE VIII

Les prisons de Rochefort

CHAPITRE IX

Le supplice des pontons

CHAPITRE X

Les journées sur le pont

CHAPITRE XI

Les nuits dans l'entrepont

CHAPITRE XII

Épidémies et mortalité

CHAPITRE XIII

L'île d'Aix

CHAPITRE XIV

L'île Madame

CHAPITRE XV

Vers la libération

CHAPITRE XVI

L'hospitalité de Saintes

CHAPITRE XVII

La Délivrance

CHAPITRE XVIII

Persécution sous le Directoire

CHAPITRE XIX

Les prêtres sur la *Charente* et la *Décade*

CHAPITRE XXIII

Aux îles de Ré et d'Oléron

CHAPITRE XXIV

A la mémoire des martyrs

CHAPITRE XXV

Poème latin sur le supplice des Pontons

CHAPITRE XXVI

Liste nécrologique des prêtres déportés

Imprimerie E. Aubin. — Ligugé (Vienne).